编号：2021-2-167

纺织服装高等教育"十四五"部委级规划教材

服装 生产管理

孙玉钗 主编 / 苏军强 胡洛燕 副主编

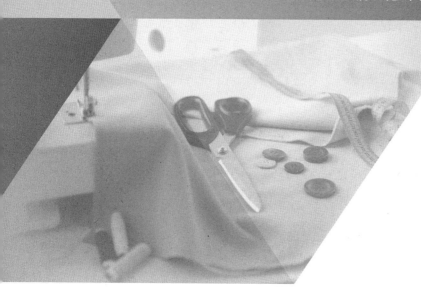

东华大学出版社
·上海·

内 容 简 介

《服装生产管理》着眼于我国服装制造业现状及发展趋势,面向服装设计与工程专业本科教学需求,在密切跟踪服装企业生产实际和总结多年的教学经验及教学改革成果、行业从业经验的基础上,从理论到实践系统介绍了服装生产技术与管理知识。本书分为上、下两篇,共十章:上篇五章依据服装生产过程展开,包括生产准备、裁剪工程、缝制工程和整理工程,下篇五章为生产管理与实践篇,包括质量管理、成本管理、工作研究、作业测定、生产组织及流水线编排。本教材既可作为高等院校的教科书,也可作为服装企业技术及管理人员、其他相关人员的参考用书。

图书在版编目(CIP)数据

服装生产管理 / 孙玉钗主编. —上海:东华大学出版社,2022.10
ISBN 978-7-5669-2130-7

Ⅰ.①服… Ⅱ.①孙… Ⅲ.①服装工业－生产管理
Ⅳ.①F407.866.2

中国版本图书馆 CIP 数据核字(2022)第 204788 号

责任编辑:杜燕峰
封面设计:魏依东

出　　　版:东华大学出版社(上海市延安西路 1882 号,200051)
出版社网址:http://dhupress.dhu.edu.cn
天猫旗舰店:http://dhdx.tmall.com
营 销 中 心:021-62193056　62373056　62379558
印　　　刷:苏州工业园区美柯乐制版印务有限责任公司
开　　　本:787 mm×1092 mm　　1/16
印　　　张:18
字　　　数:426 千字
版　　　次:2022 年 10 月第 1 版
印　　　次:2025 年 1 月第 2 次印刷
书　　　号:ISBN 978-7-5669-2130-7
定　　　价:59.00 元

前　言

我国是世界第一制造大国，尤其是服装制造大国；是世界上最大的服装消费国和生产国，也是世界上最大的服装出口国。乘着改革开放的东风首先起飞的服装制造业，经过40多年的发展，在生产规模、生产技术、设备水平等方面均已跻身世界强国的行列。当前世界正处于百年未有之大变局，一方面，新一轮产业变革加速并处于取得关键突破的历史关口，供应链管理、智能制造等在服装制造中越来越重要；另一方面，高等工程教育强调加强与产业界的联系，教育理念与国际接轨。

服装生产管理课程是一门与工程实践结合紧密的专业课程。近年来，我国服装产业的快速转型升级使得行业发生了巨变，高等教育的改革和发展都已进入了一个新的历史时期。本次的教材编写力争在内容及教育理念两方面契合行业和高等教育发展的需求。

《服装生产管理》着眼于我国服装制造业现状以及发展趋势，面向服装设计与工程专业本科教学需求，在密切跟踪服装企业生产实际及总结多年的教学经验和教学改革成果、行业从业经验的基础上，由理论到实践系统地介绍了服装生产技术与管理。内容上在保证先进性的同时，注重处理好传统的基础内容和反映学科进展的新内容之间的关系，处理好内容的系统性、完整性与内容过多间的矛盾，在较为详细地介绍服装生产管理相关的基本概念、基本知识的同时，注重理论知识与生产实际的结合，将行业新技术、新设备、新方法、新工艺等融入教材各章节，同时将供应链管理、工作研究、自动化、智能化生产等反映行业发展新态势的内容引入教材；内容安排顺序上，搭建"阶梯"，使得内容安排符合学生知识学习以及能力形成规律的需要，注重学生的知识学习，更注重学生能力与素质的提升。全书分为上下两篇，共十章，上篇根据服装生产过程展开，包括生产准备、裁剪工程、缝制工程和整理工程，下篇为生产管理和实践篇，包括质量管理、成本管理、工作研究、作业测定、生产组织及流水线编排。本教材既可作为高等院校的教科书，也可作为服装企业技术及管理人员、其他相关人员的参考用书。

《服装生产管理》由国内多所院校长期与服装生产企业密切合作并担任服装生产管理课程的主讲教师、长期在服装生产一线担任技术与管理工作的企业及行业人士共同编写完成。全书共十章，编写人员分工如下：

第一章第一、二节与第六章由孙玉钗、刘华编写；第一章第三节与第八章、第九章由苏军强编写;第二章由陈秀娜编写;第三章由姚怡编写;第四章、第七章由胡洛燕编写;第五章由匡才远编写;第十章由胡洛燕、张小林编写。

由于编者水平有限,书中不妥与疏漏之处在所难免,敬请读者指正。

孙玉钗

2022 年 9 月于苏州

目　录

上　篇

第一章　概述 ··· 3

　　第一节　服装行业概述 ··· 3
　　第二节　生产管理概述 ··· 8
　　第三节　服装生产管理现状与发展趋势 ···························· 11

第二章　生产准备 ··· 15

　　第一节　生产供应链 ·· 15
　　第二节　生产计划 ·· 19
　　第三节　原材料采购及检验 ······································ 31
　　第四节　技术资料准备 ·· 36

第三章　服装裁剪工程 ··· 40

　　第一节　裁剪方案制定 ·· 40
　　第二节　排料划样 ·· 44
　　第三节　铺料 ·· 49
　　第四节　裁剪 ·· 53
　　第五节　裁片打号与分扎 ·· 55
　　第六节　裁剪精度 ·· 57

第四章　服装缝制工程 ··· 61

　　第一节　缝制前裁片预处理 ······································ 61
　　第二节　线迹和缝型 ·· 65
　　第三节　缝纫设备及附件 ·· 73
　　第四节　缝纫工艺与质量 ·· 81

第五章　服装整理工程 ··· 87

　　第一节　成衣整烫定型 ·· 87
　　第二节　成衣后整理 ·· 91
　　第三节　包装 ·· 94
　　第四节　相关质量要求 ·· 103

下　篇

第六章　质量管理 ………………………………………………………… 111

　　第一节　质量概念的发展 ………………………………………… 112

　　第二节　质量管理的发展 ………………………………………… 114

　　第三节　质量标准 ………………………………………………… 118

　　第四节　质量检验 ………………………………………………… 121

　　第五节　统计质量管理 …………………………………………… 132

　　第六节　全面质量管理 …………………………………………… 156

第七章　服装成本管理 …………………………………………………… 161

　　第一节　成本管理概述 …………………………………………… 161

　　第二节　成本核算 ………………………………………………… 164

　　第三节　成本管理 ………………………………………………… 170

第八章　工作研究 ………………………………………………………… 176

　　第一节　工作研究 ………………………………………………… 176

　　第二节　方法研究 ………………………………………………… 182

　　第三节　程序分析 ………………………………………………… 185

　　第四节　流程程序分析 …………………………………………… 189

　　第五节　管理事务分析 …………………………………………… 195

　　第六节　工作研究与优化综合应用案例 ………………………… 199

第九章　作业测定 ………………………………………………………… 219

　　第一节　作业测定 ………………………………………………… 219

　　第二节　工作分析与浮余率的测定 ……………………………… 221

　　第三节　工序分析与优化 ………………………………………… 228

　　第四节　动作分析 ………………………………………………… 236

　　第五节　时间研究 ………………………………………………… 241

第十章　服装生产组织及流水线编排 …………………………………… 247

　　第一节　生产场地布局及设计 …………………………………… 247

　　第二节　流水线编排及人员分配 ………………………………… 256

　　第三节　流水线设备排列 ………………………………………… 269

　　第四节　单件流与棋盘流 ………………………………………… 271

参考文献 …………………………………………………………………… 281

上　篇

第一章　概　述

(1) 能够解释服装行业的特点；
(2) 能够解释我国服装企业的类型；
(3) 能够描述服装产业链的构成；
(4) 能够描述我国服装业发展历程与现状；
(5) 了解我国服装生产管理发展现状与趋势。

第一节　服装行业概述

服装行业具有投资成本及进入壁垒较低、投资回报周期短、产品品种多、更新快、产品的附加值高低不一的特点，属劳动密集型产业，因此竞争激烈。

一、服装产业链

经过改革开放以来四十多年的快速发展，我国服装行业已经逐渐地形成了从设计、生产、到销售的完整产业链。服装产业链可粗分为上、中、下游三段，其中上游主要指服装原材料生产织造与印染行业，中游主要指服装设计、生产环节，下游则主要指各种服装销售环节。中游的服装企业居于整个产业链的核心位置，如图1-1所示。

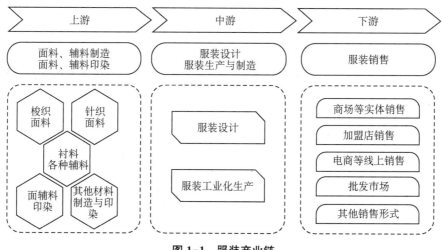

图1-1　服装产业链

此外,服装产业链还关联到其他组织和企业,如各级的行业协会和各种形式的专业网站等、生产设备类企业(各类缝制设备制造企业)、服装数字化及信息化技术设备及软件企业[服装辅助设计与制造(CAD/CAM)、企业资源管理系统(ERP)、标准工时(GST)系统软件公司]等。

二、服装企业的类型

我国服装企业主要分为三种类型:

1. 综合型企业

主要特点是服装产品的研发、设计、生产、营销等全部都由企业完成,这类服装企业通常拥有自己的服装品牌。

2. 虚拟经营型企业

虚拟经营是企业为了适应市场环节急剧变化的要求,突破有形的组织界限,只保留最关键的功能,而将其他功能虚拟外延,通过整合内外部资源,完成企业的产品研发、生产、销售等经营活动。

服装虚拟经营型企业一般指的是企业有品牌经营和营销渠道。有的企业拥有自己的设计队伍,以 OEM(original equipment manufacture)的形式将产品的生产外包;有的企业不拥有设计队伍,而是将服装设计与产品生产以 ODM(original design manufacture)的形式一起外包。

3. 加工型企业

主要特点是以 OEM 或 ODM 的形式承接服装的(设计)加工。

上述分类是根据企业承担服装设计、生产、营销功能的形式进行分类的。需要特别指出的是,作为全球最大的服装生产国,我国的服装企业情况复杂,形式多样,从不同的角度对服装企业进行分类可以得出不同的结果,任何一种分类方式都难以覆盖全部的服装企业。例如,我国的服装企业还可以分为自有品牌自主生产型企业、纯加工型企业、贸易生产型企业、技术服务型企业四类;有的人把拥有自主服装品牌的企业统称为品牌企业。

三、我国服装行业的特点

纺织服装工业是我国传统支柱产业、重要的民生产业。我国是当今世界最大的服装生产和出口国,也是服装消费大国,服装行业在国民经济发展中占有重要地位。我国服装行业的主要特点表现为:

1. 具有良好的产业基础和强大的产业配套优势

经过四十多年的发展,我国服装产业已经具备世界上最优良的产业基础、最完整的产业链、最强的产业配套优势,是世界上最重要的服装制造中心,在全球纺织服装业中傲视群雄;

2. 大中小型企业并存

现有的服装企业中,呈现大型企业及中小型企业并存的态势。从企业数量上看,中小型企业数量众多;

3. 企业水平参差不齐

不同层次的企业差异较大,整体呈现"橄榄型"分布。少数领军型企业拥有世界一流的服装生产设备和技术,拥有智慧型生产车间、集成化生产系统、功能模块化的先进生产设备,信息化技术得到广泛应用,智能技术开始在企业得到运用;数量众多的"橄榄中部"企业,在拥有了良好的生产设备、较高技术水平及一定的管理水平的基础上,企业的自动化、信息化水平逐步提升;同时,也存在一些"作坊式"的小微型企业,设备及技术水平较低,主要以承接零星的生产加工为主。

4. 服装产业区域分布不均,产业区域集中度高

服装企业集中分布在我国东部、南部沿海地区。整体来看,华东、华南地区服装企业最多,效益情况也最好;中南地区次之;近年来,我国的服装产业逐渐向西部转移,但西北、西南地区仍然是服装企业少、企业的效益较差。

5. 产业集群现象明显,综合竞争能力强

产业集群是我国服装业走向集约化、专业化的重要形式。服装产业集群指的是,在服装主产区,围绕服装专业市场、出口优势、龙头企业形成了众多以生产某类产品为主的区域产业集群,高度集中于东南沿海地区,如江苏常熟的羽绒服、浙江湖州的童装等。这些服装产业集聚地产业链完整,发展强劲。产业集群的发展变迁影响着产业区域和产品布局,影响着产业资源的流动和重新配置,同时,产业集群在发展过程中带动和加速了产品细分、市场细分和专业化的步伐,在促进科技进步、促进品牌诞生方面起到了重要作用,有效促进了我国服装产业的升级。

四、我国服装业的发展历程

我国服装工业是从 1940 年代开始逐步形成的。电动缝纫机的应用使得服装加工速度大大加快,促进了生产能力的成倍提高。随着加工设备的不断更新升级,生产能力不断增长,以小作坊形式为主的服装加工方式的弊病日益显现,其中最突出的矛盾就是不能适应服装加工任务不断加大的需要。于是,分工作业的改进方案逐步出现,一部分人专门从事裁剪,一部分人专门从事缝纫,一部分人从事整烫等,以专业分工协作为特征的、应对批量生产任务的服装工业逐步形成。

服装业发展的主要历程为:

1. "十二五"之前服装行业的发展

改革开放以来,我国服装业随着经济的发展而迅速发展。1980 年起,中国逐渐成为全球服装产业的制造中心,OEM 成为中国服装生产企业的主要经营模式;1990 年后,服装行业飞速发展,生产制造技术日臻成熟,经营模式由 OEM 向更高层次的接单加工模式ODM 转变。从行业规模上,我国已发展成为服装生产大国,外贸出口和内销均达到世界领先地位。据历史统计数据显示,截至 2001 年我国加入 WTO 之前,我国历年服装总产量如图 1-2 所示。

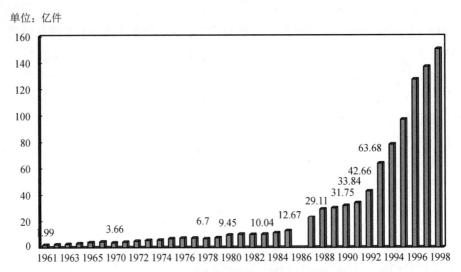

图 1-2　2000 年前服装年产量统计数据

资料来源:纺织工业年鉴

　　由上图可以看出,改革开放之前的计划经济体制下,服装工业技术进步缓慢,生产工艺落后,服装业整体发展迟缓。改革开放后我国服装产业开始蓬勃发展,进入 80 年代,乡镇企业、三资企业快速发展,"市场"成了核心词。民营经济快速发展,行业内的领军企业逐渐发展起来,中国服装业迎来了"黄金十年",服装业开始了第一次大规模的产业升级,走上了真正的工业化发展道路,对外贸易速度扩大,服装出口快速增长。

　　进入 90 年代,民营和股份合作制企业快速发展,受开放政策以及非公有制经济企业发展的推动,1992 年之后的一段时期是我国服装产业产量增幅最大的时期;90 年代末期,由于国内进入买方市场、国际贸易壁垒增加等原因,服装产业产量增幅减缓。

　　2001 年我国加入 WTO 以后,随着国际国内市场需求的变化,服装行业开始进入个性化、多元化和时尚化时代,市场竞争逐渐从价格、数量的竞争转向品牌的竞争,品牌服装的发展进入快速成长期。

　　"十一五"期间(2006—2010 年),我国加大了研发、管理、科技进步、品牌建设、商业模式创新的步伐,进而调整了产业结构,合理整合国内外优质资源,优化服装业协作链,从业人员素质提高。抓住加入 WTO 后的机遇,提高设计水平,增加出口产品附加值,将信息技术引入服装业,建立了对市场需求的快速反应机制。尤其是 2008 年,受全球金融危机的影响,中国的服装业生产总额有所下降。但此时中国的服装业已完成了规模扩张的使命,不再以量取胜,而是更强调效率,以价值创新为核心的品牌发展成为重点。服装业在后危机时代积极进行产业调整,开启了由服装大国向服装强国迈进的步伐。

　　经过改革开放 30 年,服装产业取得了骄人的业绩,主要表现为:①具备了产品深加工能力;②加工工艺技术得到规范;③形成了高效能的技术队伍;④拥有了全球先进的生产装备;⑤信息化技术已被广泛采用;⑥完整的产业链让其他国家无法比拟。

　　2. "十二五"期间服装行业的发展

　　"十二五"期间(2011—2015 年),从全球的经济低迷到中国经济的调整,从消费增长放缓到综合成本提高,从产业要素的变化到竞争格局的重组,中国服装业虽经受了前所未有的考验,但中国的服装业快速发展,是服装工业"由大变强"的重要时期。工业规模效益增速放缓,产业升级,重视自主创新、品牌建设、扩大内需和改善民生,逐步形成结构优化、技术先进、绿色环保、附加值高、吸纳就业能力强的现代服装工业体系,服装业取得了内涵式发展的新成绩,整个产业呈现创新发展的良好态势,主要表现为:

① 产业布局优化。服装产业由沿海向内地转移的同时,从中国境内向新兴经济国家转移;产业协同日趋紧密,产业链整合加速,产业结构调整加速,产业素质明显提升。

② 行业科技水平大幅提高。新技术、新工艺、新材料广泛应用,生产加工向智能化、模块化、数据化方向发展,CAD 技术大面积普及,吊挂流水线大量应用,信息化技术不断发展。

③ 服装产业由传统制造业向现代化技术型产业、知识型产业、时尚型产业转变。

④ 服装产业加速从代工转型到品牌发展,中国特色的服装品牌群体基本形成。品牌形象提升,品牌内涵愈加饱满。

⑤ 电子商务助推品牌发展。服装网络零售取得了爆发式增长。

⑥ 在全球化视野中,积极整合国际优质资源。一方面与国际知名设计、研发、品牌、管理等机构合作,实现资源广度和深度上的整合;另一方面,许多国内企业进行了国际品牌合作或并购。行业跨国合作实现新突破,国际化运营迈向新高度。

⑦ 服装产业日趋成熟,国际竞争力也由劳动力成本优势向产品质量优势、产品开发创新优势、品牌创新优势、文化创新优势等高层次优势转变。

3. "十三五"期间服装行业的发展

"十三五"期间(2016—2020 年)是我国深化改革、全面调整经济结构、加快转变发展方式的攻坚期,也是推进服装行业"由大变强"的关键期。服装行业利用良好的产业基础,抓住创新驱动良机,加快结构调整和转型升级。"十三五"期间,我国服装消费加速向时尚、文化、品牌方向转型,服装行业处于转型升级的挑战期和机遇期。主要表现为:

① 服装行业发展总体平稳,行业稳中有进,量质齐升,服装制造业步入了世界服装制造强国的行列,我国作为世界第一大服装生产国和出口国的地位稳固。

② 产业体系更加完善,产业链协同能力不断提升,产业的数字化升级、科技赋能加速推进,智能工厂建设取得了积极进展,以全流程自动化制造为目标的生产模式被推出和试用,有效促进了行业领军型企业的业态跃升。

③ 新零售新模式渐成常态。

④ 品牌文化属性显著增强。

⑤ 时尚发展能力进一步提升的同时,绿色发展能力得到积极推进。

4. "十四五"期间服装行业发展态势展望

2021 年是我国"十四五"的开局之年。"十四五"期间,我国服装产业仍处于重要的战略机遇期。纺织服装行业智能化进程加速,新一轮的科技创新加速重塑服装行业结构,推动服装产业向数字化、智能化、网络化方向发展。

在这个新的发展时期,高质量制造被赋予了全新的内涵和价值,高质量制造是产业基础高级化、产业链现代化的重要节点,是产业智能化转型、网络化协同、数字化管理能力提升的重要体现,也是产业在数字经济时代系统再造、迭代跃迁的重要标志。

服装行业需要准确把握产业自身的发展阶段与现实基础,科学分析面临的战略机遇与形势变化,抓住产业发展的新机遇,不断推进产业基础高级化、产业链现代化,全面提升科技和文化的创造力,迎接服装产业更加美好的未来!

第二节　生产管理概述

生产是人类社会最基本、最重要的一项活动。人类最早的管理活动就是对生产活动的管理。传统的生产管理主要的研究领域是制造业的制造过程。由于服务业的兴起,服务业在国民经济中具有举足轻重的地位,因此,如何加强和改善服务业的管理也成为人们关心的热点问题。西方学者认为现在应把"生产管理"的概念加以扩展,使生产管理的对象包含制造业与服务业。为了区别于传统的生产管理,西方的生产管理教科书把书名由 *Production Management* 改为 *Operation Management* 或 *Production/Operation Management*,我国多翻译为"运作管理"或"生产运作管理",表明同时兼顾制造业与服务业的管理。人们把有形产品的"生产"和无形产品的"运作"统称为"生产与运作",前者是产品导向型,后者是活动导向型。本书主要讨论的是以产品为导向的有形产品的生产。自企业组织出现以来,生产职能一直就是企业的安身立命之本。生产管理的主体一般是指产业革命以来的工业企业,制造业是其中的典型代表。

一、生产系统的构成要素

工业企业生产系统的主要功能是制造产品。生产系统的构成要素可以分为两类:

1. 结构化要素

生产系统的结构化要素是指构成生产系统主体框架的要素,包括生产技术、生产设施、生产能力和生产系统的集成等。其中:

生产技术(Technology):生产工艺特征、生产设备构成、生产技术水平等;

生产设施(Facility):生产设施的规模、设施的布局、工作地的装备和布置等;

生产能力(Capacity):生产能力的特征、生产能力的大小、生产能力的弹性等;

生产系统的集成度(Integration):系统集成的范围、方向、系统内部与外部的协作关系等。

结构化要素是形成生产系统框架结构的物质基础,是指生产系统中的硬件及其组合关系。这里指的是采用何种工艺和设备,要求达到什么样的技术水平,生产线和设备如何布局,生产能力能到多大的规模,生产过程集成的范围等。系统结构化要素对形成系统功能起决定作用,一旦建立起来并形成一定的组合关系,要想改变和调整是比较困难的。但是,在产品更新换代十分频繁的现代社会里,生产系统的不断改进和重建是必不可少的。因此,如何正确选择系统的结构化要素并进行合理组合将十分重要。

2. 非结构化要素

生产系统的非结构化要素是指在生产系统中支持和控制系统运行的软性要素,主要包括人员组织、生产计划、库存管理和质量管理等。

人员组织：人员的素质特点、组织形式和对人员的管理政策等；

生产计划：计划体系、计划编制方法及其相关技术；

库存管理：库存类型、出入库管理制度、库存控制方式等；

质量管理：质量检验制度、质量控制方法、质量保证体系等。

在实施过程中非结构化要素容易受其他因素的影响，这类要素在实施上比较复杂。

二、生产管理的概念

生产管理是指为实现企业的经营目标，有效地利用生产资源，对企业生产过程进行计划、组织、控制，生产出满足市场需要的产品的管理活动的总称。

从生产管理的范畴来讲，有狭义和广义之分：

狭义的生产管理是指从计划生产到发货期间，以企业内部的生产过程为对象进行的管理工作。它的着眼点主要在生产系统内部，即着眼于一个开发、设计好的生产系统内，对开发、设计好的产品生产过程进行计划、组织、指挥、协调和控制等。一般包括生产过程组织、生产能力核定、生产计划与生产作业计划的制订与执行、日常生产准备、在制品管理、生产调度、生产进度控制及生产作业核算等；

随着现代企业的发展，对企业生产管理也有了新的要求，生产管理必须要参与到产品的开发与生产系统的选择、设计中去，以便使产品工艺的可行性、生产系统的合理性能够得到保障。因此，广义的生产管理可以理解为对企业内部全部生产活动进行的系统综合管理。

日本学者加藤治彦将生产管理范围从狭义到广义的变化进行了归纳，如图1-3所示：

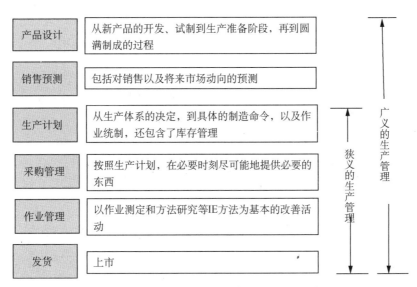

图1-3　生产管理的范围

三、生产管理的职能

1. 基本职能

生产管理的基本职能就是要使投入的 3M(Man 人, Material 材料, Machine 设备)和输出的 QCD(Quality 质量、Cost 成本、Delivery 交货期)达到一个平衡。

在"最为需要的时刻、以更为低廉的价格、提供更好的产品",这是顾客对产品的需求。在生产活动中,QCD 是生产活动输出的三要素。生产管理的职能就是将生产活动的输入三要素 3M 投入生产过程并得到高效率的利用。

2. 扩展职能

传统的生产管理范围局限在生产制造环节。但当今社会,生产管理要求以企业整体为对象来进行企业的综合运营。基于这样的时代要求,如果对生产活动的投入和输出重新定义的话,投入就是投资,输出就是赢利。因此,当今生产管理的扩展职能应该是在传统观点的 3M 和 QCD 之外,加上投入多少资金、能收获多少利润这一企业整体运行息息相关的观念。

同时,时代的变化使得以企业为主导的时代已经不复存在,现在是以市场或者说以消费者为主导的经济时代了。这意味着在进行生产管理的时候,必须懂得站在消费者的立场为消费者考虑。在进行生产管理的时候,拥有这类意识变得越来越重要。

3. 恰当的调控

在当今的生产管理中,根据生产管理进行判断,下达生产指示以及原材料采购调配指示等,越来越受到关注。如果在这些问题上判断及调控失误,就会导致库存增加等一系列影响企业生存与发展的问题。因此,恰当的调控在当今社会环境下已经成为决定企业业绩的一个重要因素,需要纳入生产管理的范畴。由此,加藤治彦重新将生产管理的职能进行了描述,如图 1-4 所示:

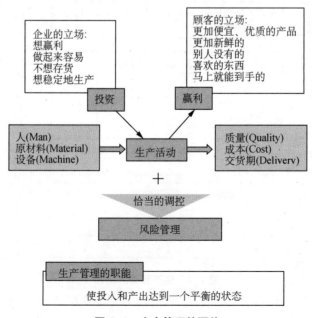

图 1-4　生产管理的职能

四、社会变革对生产管理提出了新的要求

当前,社会处于"百年未有之大变局",利用信息物理系统(Cyber-Physical System),将生产中的供应、制造、销售等信息数据化、智慧化,达到快速、有效、个人化的产品供应的工业4.0必将推动制造业的全面升级,必将影响生产管理的发展。

工业4.0是以"智能制造+智能服务"为标志的一场生产及服务方式革命。其核心目标是实现数字化、网络化、智能化的制造及服务,其本质是以"智能制造+智能服务"为标志的一场生产及服务方式革命。

从产业层面看,工业4.0强调大生产系统。工业4.0不只是建设智能车间、智能工厂,更是以此为基础,以工业物联网为载体,构建包括智能产品、智能制造和智能服务并存体系,这是一个制造企业协同,平台企业、工业软件服务商、工业安全方案提供支撑的制造业生态系统,是整个制造业网络体系的重构,带来的是产业组织方式的根本改变。

从制造层面看,工业4.0强调的是服务型制造。在新技术推动下,传统制造企业的业务重心正逐渐从生产型制造向服务型制造过渡,制造与服务正呈现出融合发展的趋势。借助工业物联网平台,通过在产品智能化的基础上衍生出越来越多的附加服务,制造企业可以提供更大范围的"产品+服务"组合,延伸服务体系,创新服务模式。

与工业3.0时代以前的生产流水线的大批量生产不同,工业4.0时代的生产流水线更易于实现小批量、多批次的生产,这意味着个性化需求、小批量定制将成为潮流。

此外,随着信息技术时代的来临,信息获取变得非常容易和快捷,产品消费呈现出新的态势。消费者会灵活运用各种信息判断什么是自己真正需要的东西,其结果就是产品的寿命骤然变短,市场走向瞬息万变。因此,生产制造要满足消费者"品种更多、质量更好、价格更低、交货期更短、服务更优"的需求。新态势下,"卖不出去"便会导致"不得不废弃的库存"的发生。事物的快速发展变化,使得生产管理的任何一个环节出现决策失误都会给企业造成巨大的损失。

确立符合时代要求、适合自身特点的生产管理的模式将是今后生产管理工作的重中之重。

第三节　服装生产管理现状与发展趋势

服装行业是消费导向特征明显的行业,服装生产受到销售需求的影响显著。在企业经营过程中,市场营销是先导,企业生产什么产品、生产多少、什么时间生产等决策必须在营销部门进行市场调查和预测后才能做出。而生产管理则是在市场营销导向和销售计划的规定下,按质、按量、按时、低成本地制造产品或提供服务。因此,生产管理是市场营销的后盾,它为营销部门提供有竞争力的产品或服务。

一、服装消费现状及发展趋势

党的十九大报告指出,随着国际金融危机的持续影响,国内外发展环境和条件发生变

化,我国经济发展进入新常态。在服装销售领域,各种市场营销模式积极求新求变,适应"经济新常态"的要求。服装产业、消费者、生产者三者的关系正在不断地重新架构,随着经济新常态的出现,消费者成为服装产业转型升级的主导因素,消费者需求也成为生产决策与管理的重要因素。当前及今后一段时间内,我国服装产业正处于转型升级的关键时期,服装产业上中下游深刻变革、深度融合的速度正在加快,传统服装生产和销售模式正在发生变化,以"互联网+"、"大数据"等为支撑的"个性化"、"定制化"需求日益形成规模,以"柔性制造"、"快速反应"为应对手段的"智能化"服装生产模式方兴未艾。

当前,服装销售领域所表现出来的特点及其发展趋势为:

1. 线上消费快速发展,营销渠道多元化

2011年开始,电商渗透率的提升带动线上消费的快速发展,除传统的百货大厦、专卖店等线下销售渠道之外,电商平台等线上销售渠道快速崛起。统计数据显示,2012—2016年,全国重点大型零售企业的服装类商品零售额从2071.3亿元增至2100.4亿元,仅增长了1.4%;与此同时,全国服装行业B2C市场规模从1065.6亿元增长到9735.6亿元,增长了近800%。这说明,随着互联网和移动终端的普及,服装消费逐渐形成了线下线上相结合的模式,但是线下渠道的销售收入占比连年下降,而网络销售收入呈现爆发式增长。

此外,从2015年开始,营销渠道不再大量依赖传统的中心化的渠道(如电视、纸媒等),而是更多地通过自媒体的形式(如微信公众号、网红等)来引起消费者对服装的消费欲望。随着自媒体传播方式的蓬勃发展,该类服装销售模式及其发展趋势值得持续关注。

2. "移动经济"所带来的"即兴消费"模式正在形成

随着移动终端的快速普及,消费者的生活习惯和消费决策逻辑发生了深刻的变革。电商、社交平台和自媒体的快速发展,使得消费者的购买决策由原先的"需求—实体店或者网站搜索—购买"转变为自媒体推荐的即兴消费。这种消费模式对于生产制造商来说,容易导致"突发性"需求(如2022年冬奥会期间的冰墩墩需求暴增),往往难以提前预测和预判。

二、服装生产与管理模式的"新常态"

为适应上述销售模式的需求,尤其是"个性化、定制化"所带来的"多品种、小批量、快反应"的订单需求,当前服装生产模式也在发生显著的变化,主要表现为:

1. 以"规模化定制"生产模式,应对个性化需求

个性化的消费需求更加钟情于"小众化"产品,买"商品"也逐渐转变为买"服务"。大规模定制作为服装制造企业服务化的实现形式,其最终目的是在不增加企业成本和延长交货期的基础上,提供更多样化、个性化的服装定制服务,从而提高企业的盈利能力。当前,服装企业正在探索、尝试借助互联网技术,通过大规模定制来实现生产制造企业服务化转变的可行路径。

2. 推行工业工程理念和方法,提升服装生产制造的"精益化、标准化"程度

近年来,一方面,消费者的需求越来越"个性化、定制化、高性价比化",这就使得企业必须以更加优质的产品质量、更加低廉的价格、更加快速的产品供给或者服务速度来满足消费

者的需求;另一方面,随着人力、原材料、土地等成本逐年提高,服装产业尤其是制造环节面临"用工荒"的窘迫,这种"两头挤"的形势,使得服装企业认识到迫切需要进行智能化生产,提高生产效率,降低成本。

在总结发达国家工业发展成功经验的过程中,人们发现工业工程(企业界也常称其为精益生产、精益管理,本书不做详细区分)是提升企业效益和竞争力,实现由"粗放型"向"集约型、精益化"经营与管理转变的有力武器。

工业工程是以大规模工业生产为研究对象,在制造工程学、管理科学和系统工程学等学科基础上逐步形成和发展起来的一门交叉的工程学科。它是将人、设备、物料、信息和环境等生产系统要素进行优化配置,对工业等生产过程进行系统规划与设计、评价与创新,从而提高工业生产率和社会经济效益专门化的综合技术。其核心思想是消除浪费和持续改善,即去除生产环节中一切无用的东西、撤掉一切不增值的岗位;改善产品开发设计、生产、管理中一切不产生附加值的工作,旨在以最优品质、最低成本和最高效率对市场需求做出最迅速的响应。

工业工程常用的做法包括:

(1)抓好现场管理

搞好现场管理是工业工程的管理基础,其管理状态的优劣直接影响着员工的工作表现和工作效率。采用5S管理是创建一流生产环境的重要举措,创造有条不紊的现场环境、维护最佳作业流程、控制异常流程,保证成品、半成品、在制品、返修品和废品区域清楚、账物相符,物流顺畅、信息准确。

(2)加强设备预防维护保养

设备故障会造成生产线停顿,要实现准时生产就必须做好设备预防维护管理工作,追求100%的设备可动率。设备预防维护强调全员参与,使用人员全面了解掌握设备特点、使用和维护好设备;管理部门应制订警示措施,使设备管理由故障维修向事先预防的方向发展,做到异常报警、自动停止、快速转换等。

(3)实行目视管理

目视管理的目的就是让每位员工了解与生产状况相关信息,利用公告栏等多种形式定期进行信息公布,使生产计划、存在的问题、产出量、质量状况、设备状况、人员培训、成本数据等信息渗透到每个层次。

(4)制订科学的生产流程

以产品交货期为最终时间节点,制订出科学可行的生产流程,生产调度部门做好前期组织、协调工作,以确保产品生产的每个环节流转有序、每个步骤不拖延。

(5)完善质量管理

工业工程要求将质量管理落实到每道工序、每个员工的操作中。当操作者出现质量问题时有权停止生产、及时通知管理者,共同找出问题的根源,彻底解决问题。生产过程推行先进先出控制法,对原材料、元器件、零部件和成品均采用先进先出的原则,便于追溯质量问题。

(6)实行标准化作业,不断追求尽善尽美

工业工程最终的目标就是持之以恒地杜绝浪费现象,追求综合效益最大化。一般来说,企业需要推行标准化作业,实行SOP(Standard Operating Procedure)管理。按照PDCA(计划-执行-检查-改进)循环原则,不断改善、不断完善,将精益生产的理念贯彻到产品生产的全过程,并予以持续改进、不断提高,使精益生产制度化、日常化、标准化。

3. 提升制造系统智能化水平,积极构建服装智能制造标准体系

在世界各国陆续提出智能制造战略(德国"工业4.0"、美国"先进制造国家战略计划"、日本"科学技术基本计划"、"机器人新战略"等)的背景下,为抢占智能制造的发展机遇,2015年我国推出"中国制造2025"计划,提出以加快新一代信息技术和制造业的深度融合为主线,以推进智能制造为主攻方向,强化工业基础能力,促进产业转型升级,实现制造业由大变强的历史跨越。

在推进"智能制造"的过程中,服装行业作为多学科交叉应用行业,面临科技创新资源分散的问题。因此,行业企业急需一个平台,获取创新信息,进行专业交流,指导发展方向,优化资源配置,促进协同创新,加速创新成果的产业化应用。在此契机下,"中国服装智能制造技术创新战略联盟"(以下简称联盟)应运而生,该联盟由中国服装协会发起,联合多个产业相关协会、科研院校和龙头企业于2016年5月在北京成立,24家单位成为首批联盟成员。

为了有效实现服装企业智能制造,根据我国服装行业现状和国内外智能制造发展环境,联盟提出我国服装行业实现智能制造"三步走"战略:第一阶段用1—3年,实现服装流程自动化制造;第二阶段用2—3年,实现部分智能自动化制造;第三阶段用3—5年,实现服装智能制造工厂。针对我国有大大小小的服装企业12.8万多家的现实情况,采取"以点带面"的推进策略,陆续推出了一批服装智能制造示范企业;同时,鉴于服装品类繁多,提出以"三衣两裤"工程(三衣为西服、衬衫、T恤或文化衫;两裤为西裤、牛仔裤)为抓手,先行探索这些标准化程度较高的服装品类的智能制造模式。

截止2020年,第一阶段任务已基本完成,"'三衣两裤'单机与流程自动化"基本实现。第二阶段任务"'三衣两裤'部分智能功能的流程自动化"正在推进中,其中,以"AI(人工智能)+机器人+缝制设备"为特征和抓手的机器人与智能缝制设备的协同系统是下一阶段研发工作的重点。

在推进智能制造硬件系统发展的基础上,联盟进一步提出了构建智能制造标准体系的战略方向。行业标准对行业发展有重要意义,拥有标准,便有先发优势。当前各国都在发力智能制造,谁掌握了标准,谁就赢在了起跑线。

从现状来看,服装智能制造研发单位与生产型服装企业还需要更为直接、有效确定研究方向,在缝制单元的研发过程中,提倡采用"多元化结对研发"的模式,并且尽快制定高质量的智能制造标准。智能制造涉及到"机""电""信息"等多种技术接口,其中一个很重要的环节就是必须实现生产环节的数据兼容和互通。进入服装智能制造的各项设备的参数需要统一化、规范化,只有设备参数实现标准化,才能实现设备数据采集装置特别是传感器的标准化,才能实现采集后的数据规范化。

第二章 生产准备

大家普遍认为服装生产流程是从裁剪开始，事实上，裁剪只是生产环节的显现作业，裁剪之前是需要进行周密的产前准备的，产前准备要输出的一系列文件或实物，要么在企业ERP系统或者研发管理系统中流转，要么在相关部门交接，最终要送达生产部门，对服装生产起到指导作用。这些工作仅仅通过企业参观是看不到的。

良好的产前准备，不但能够使服装生产流程更加顺畅，而且能够获得更好的服装质量。反之，如果产前准备不够充分，如生产计划不合理，会使业务部门陷入工作无序状态；技术资料不完善，或者出现错误，不但拖延了生产周期，可能还会导致整批大货质量问题；而面辅料的货期和质量，更是后续影响大货生产的重要因素。

第一节 生产供应链

产前准备是服装生产流程之前的环节，为了能够充分理解对产前准备的要求，首先要对服装生产有个整体认知，这个认知要从服装生产部门在行业内、企业中处于什么位置、承担何种职能开始，因而，这里要引入供应链的概念。

一、供应链

供应链的概念在20世纪80年代末被提出，并随着全球制造的出现，供应链在制造业管理中得到普遍应用。供应链是围绕核心企业，通过对信息流、物流、资金流的控制，从采购原材料开始，制成中间产品以及最终产品，最后由销售网络把产品送到消费者手中的将供应

15

商、制造商、分销商、零售商,直到最终用户连成一个整体的功能网链。

英国知名专家 Martin Christopher 曾经说过:"21 世纪的竞争不是企业和企业之间的竞争,而是供应链和供应链之间的竞争"。对于服装行业来说,供应链贯穿了从原料的加工供应,到成品的设计、生产、分销、零售。它不仅是一条连接供应商到用户的物流链、信息链、资金链,还是一条增值链,其目标是最大化客户的价值、最小化供应链的成本。

从供应链上下游来分,服装供应链可以分成生产供应链和营销供应链。如图 2-1 所示。

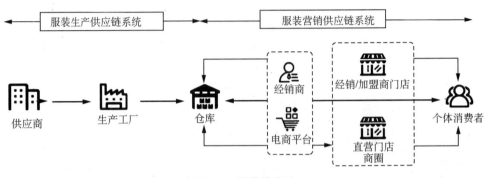

图 2-1 服装供应链

二、服装供应链管理模式

为了追求更好的服装质量、更低的成本和更快速的时间,服装供应链管理模式有如下分类。

1. 纵向一体化

纵向一体化是指服装企业拥有供应链全部功能,既有生产供应链系统,也有分销供应链系统,其特点为:

(1) 企业拥有完整的生产和营销系统,有完善设备、设施及组织机构。

(2) 多采取集权式管理,对原材料、产品制造和销售全过程管控。

(3) 多为标准化产品生产线,如西服套装、衬衫等品类,少品种、大批量、专用的流水生产线。

(4) 能够最大限度提高生产效率,降低成本,获取规模化效益。

以一家纺织服装企业为例,企业的业务范围涵盖棉花种植、纺纱、织造、染整、制衣、产品包装与产品销售,该企业是目前全球最大的全棉衬衫制造及出口商,其供应链管理模式是典型的纵向一体化模式。此外,我国还有许多的综合性纺织服装企业的供应链管理模式是纵向一体化的模式,如一些职业装的上市公司等。

该模式优点突出,如规模效应好,内部控制力强,集团内部部门之间结算成本低等;但是这种大而全的模式也有一些问题,如企业投资负担大,管理层次多,响应速度慢,在每个业务领域都直接面临众多竞争对手等,因而在目前市场竞争压力下,产品生命周期越来越短,应运而生了新的供应链管理模式。

2. 横向一体化

进入供应链管理阶段,每个企业仅提供供应链环节上一部分服务,其特点为:

(1) 企业充分利用外部资源快速响应市场需求;

(2) 企业间为了共同的市场利益而结成战略联盟;本企业只抓自己的核心业务,其他业务委托或外包给合作伙伴企业。

（3）相邻节点企业表现出一种需求与供应的关系。

目前大多数服装相关企业都是这种模式，如有的专注于生产加工，有的专注于服装销售等，更有利用互联网优势迅速成长起来的服装科技公司。

横向一体化模式是在社会分工越来越细，个体单位越来越独立的大趋势下应运而生，通过互联网应用平台将这些独立公司整合在一起。多渠道销售推动多渠道设计、多渠道研发和多渠道生产。供应链管理模式也由链状体系逐渐趋向网状的供应链体系。如表 2-1 所示。

表 2-1　供应链管理模式的不同类型

模型	链状模型	网链状模型	网状模型
图示	供应商1—供应商2—核心企业—分销商—零售商—用户	供应商、供应商→核心企业→分销商/零售商、用户	供应商1、供应商2、供应商N→核心企业1、核心企业2、核心企业N→分销商1、分销商1、分销商1
特点	简单的直线型关系；物流、信息流和资金流直线连线链条状	具备链状、网状关系；物流、信息流和资金流呈多元单链状	一对多的网状关系，物流、信息流和资金流也呈现网状交叉

三、生产供应链

对于一定规模的服装品牌企业来说，一般拥有设计研发、营销和生产三大业务板块，也可称为"三元式结构"，这三个板块通过企业的商品部门进行有效连接，保障企业的运营与发展，如图 2-2 所示。

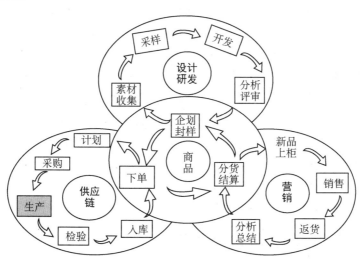

图 2-2　服装品牌企业三大业务板块

对于一个品牌来说，包含服装品类多样，即便品牌拥有自己的服装加工厂，也不可能将一个品牌所需要的各个品类服装全部自行生产，如一个女装品牌既需要连衣裙、套装等，也需要毛衫、羽绒，甚至皮草，而这些品类均需要专门的企业生产，因而品牌企业要委托专门企业进行自己品牌此类产品的加工，而且涉及多个专门的企业。所以，品牌服装企业将生产系统统称为"供应链"，为了区别于前面的大供应链概念，此处可以理解为"生产供应链"。

在品牌企业中，生产供应链的职能就是保障按时、按质、按量以及一定的成本，为品牌企业提供订单中规定的产品。

无论是品牌企业中的服装生产部门，还是独立运营的服装加工厂，都是品牌企业的生产供应链之中的一个模块。

四、生产供应链业务职能部门

生产供应链具体业务为计划、采购、生产、检验和入库。企业也会设置相应部门承担这些业务。生产供应链组织架构如图 2-3 所示。

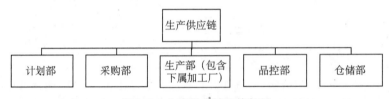

图 2-3 生产供应链职能部门

其中，计划部根据商品部门订单的品类和数量，结合各个不同产品上市周期，确定每个产品辅料采购、生产、检验及后续入库具体时间，形成当季产品的全部计划；

采购部一般既要负责自行生产服装的面辅料采购，还要负责外部合作厂家的成品采购。按照计划部门的时间要求和研发板块中技术部提供相关资料，进行采购、回货跟催及付款、供货商评价；

生产部要根据计划部订单量和货期，合理安排自身产能，产能不够要推荐外加工厂，并负责外加工厂跟单；服装生产就是这个部门的核心工作，生产部下属加工厂要完成面料预处理、裁剪、缝制、整烫包装等工作。

品控部要对品牌产品质量全面负责，一是进行面料、辅料的检验，二是进行自产产品的中间检验和入库检验，三是针对外加工产品或者品牌合作厂家的成品进行检验，并实时反馈数据，提供保障质量解决方案；作为品牌企业的品控部，还需要对门店返货进行二次入仓前的检验。

仓储部要入库原辅材料、成衣，做好出库发货、返货入库等工作，确保账物相符，数据准确；定期给高管提供数据方便管理决策。

当然，不同企业可能在机构设置或者部门承担的职能方面会有所差别，但是作为生产供应链环节，这些业务和职能都是不可或缺的。

五、生产供应链与前后部门业务关联

生产供应链部门并不独立于品牌企业之外，是为品牌企业的营销环节服务的，其前端连接设计研发的技术部门,后端与营销部门关联,具体的业务联系如图 2-4 所示。

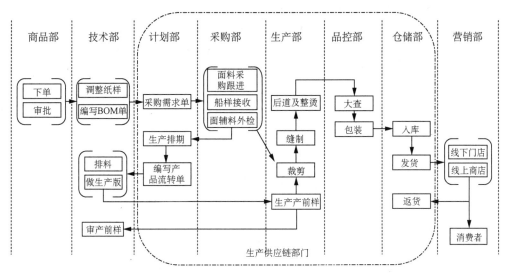

图 2-4　生产供应链部门与前后业务关系

由图中可以看出,以商品部门的订单为源头,用订单驱动虚框中的供应链部门。其中研发板块中的技术部门要为订单中每款的批量生产准备相应的技术资料,而营销板块的线上、线下营销部要实时关注新品或追单的入库状况,满足网店或下属门店的新品上市或者补货需求。

第二节　生　产　计　划

生产计划是企业对生产任务做出统筹安排,具体拟定生产产品的品种、数量、质量和进度的计划。生产计划目标一是保障品牌企业新品在符合每季上市周期的时间要求,二是针对追单产品,能在最快的时间内完成。没有生产计划的指导,生产也就无从进行。生产计划来源于商品订单,本节从服装品牌公司的视角,讲述生产计划与服装供应链关系及其作用。

一、服装新品上市计划

服装新品上市计划,是指品牌企业为了达成年度销售目标,通过店铺传达品牌理念,持续吸引客户,根据服装时效性要求,如适合季节的环境气温变化,而进行分季度的定期、定量的新品上货的时间表。新品上市计划涉及品牌新品上货节奏、每次上货 SKU 数及每个店铺每个 SKU 的码数、件数和新品总件数等。

SKU (Stock Keeping Unit)可以解释为存货管理单元,作为在服装商品企划、订货、生产、配销、陈列、调拨等作业领域经常被提及并使用的基本概念可以理解为一个款就是一个 SKU。

针对新品上市计划不同企业有不同操作方法,很多企业采取了一周上一波新货的做法。

实际上,针对实体门店,由于陈列面积的限制,一个店铺每年度能够上市的新款服装 SKU 数是比较固定的,所以上新节奏快,就意味着每次新货 SKU 数的降低。如果上货节奏过慢,会让消费者感觉店铺很久没有新品,而对品牌创新能力产生质疑。

企业一般按照春夏和秋冬两大季品牌对应主题,将每季分成不同波段,确定新品上市计划。品牌不同每季第一波新品上市时间也有差别。生产新品是需要投入大量资金的,所以新品上市时间不同,下单和生产时间也各不相同,以使品牌企业更好降低成品库存,增加资金周转率。如果新品上市的时间出现拖延,可能会出现门店新品空窗或者新品厚薄度与季节不符的情况,所以品牌企业普遍对生产供应链货期有很高要求。

表 2-2 展示了某品牌女装某年度秋冬季新品上市时间表。表中按照该年度下半年在该年度中的周数,以每周为一个时间单位,展示了秋、冬季每波段新品上市时间。秋季新品上货从该年度的第 28 周,也就是 6 月 28 日开始,秋季新品持续到第 37 周的 8 月 27 日止,共计十波新品。在生产供应链中,时间较长的环节是面料采购和生产,下单数据来源于订货会,下单也是订单确认的操作,因而表中明确了每波新品的上市,分别对应的下单时间、面辅料采购时间和生产时间。

从表中可知,新品上市要按计划并维持一定的节奏,为了新品按时上市,相应的下单时间、采购面料时间和生产大货时间都会根据是否有面料、面料采购的是国产还是进口面料以及是否具有特殊工艺环节等,来确定相应的生产计划。以表中 10 月 23～29 号第 46 周要上市的冬八波新货品为例,该货品如果采购国内面料的情况下,要在 6 月 19～25 号的第 28 周,也就是大约 120 天前就开始下单,这个时间,显然是比较长的。

确定新品上市时间,能够明确对于生产的要求,在面辅料能够准时到达的情况下,就可以简捷快速地制定相应的生产计划。

需要说明的是,一些高端品牌女装为了减少库存,新品上市数量一般较小,上市后一旦产品畅销,就会追加订单,某些畅销款式甚至会出现反复追加订单的情况,所追加订单的完成速度直接影响品牌的盈利,这种情况会给生产计划带来一定的不确定性,也会给供应链各部门的业务配合提出较高要求,因此,需要一些新的操作方法来保障供应链的高效动作,如采用 OTT 时间追踪等。此外,还有的企业采用"重运营、轻生产"模式的经营,例如 ZARA 采用的是以不断推出的新款快速迭代而不是追单的方式,来规避其在供应链掌控方面的弱点,减少生产的不确定性。

二、OTT 时间追踪

1. OTT 概念

OTT(On Time Track)指的是在供应链体系下,在系统梳理供应链及相关部门业务实际情况前提下,规范各部门所承担业务的最大时间,形成企业内部时间标准,在每个单款运行中对各环节实际完成时间开展实时追踪,确定不同情况下从产品下单到成品的出货时间,查找供应链及前后相关部门影响运营效率的部门或者具体业务,并进行改善,以实现更加快速出货的目标。对供应链环节实施 OTT 可以直观反应供应链各环节的用时,增强最短时间内完成所属业务和尽快交付的能力,因而它不仅用于企业对畅销款的快速补货,还包括新品的快速出货过程。

表 2-2　某企业秋冬新品上市时间表

货品季节＼周次		秋季货品															冬季货品									
时间		6.19–6.25	6.26–7.2	7.3–7.9	7.10–7.16	7.17–7.23	7.24–7.30	7.31–8.6	8.7–8.13	8.14–8.20	8.21–8.27	8.28–9.3	9.4–9.10	9.11–9.17	9.18–9.24	9.25–10.1	10.1–10.8	10.9–10.15	10.16–10.22	10.23–10.29	10.30–11.5	11.6–11.12	11.13–11.19	11.20–11.26	11.27–12.3	12.4–12.12
周次		28	29	30	31	32	33	34	35	36	37	38	39	40	41	42	43	44	45	46	47	48	49	50	51	52
销售上市时间	波段	秋一波	秋二波	秋三波	秋四波	秋五波	秋六波	秋七波	秋八波	秋九波	秋十波	冬一波	冬二波	冬三波	冬四波	冬五波		冬六波	冬七波	冬八波	冬九波	冬十波	冬十一	冬十二		
商品下单时间	无面料	冬八波	冬九波	冬十波	冬十一	冬十二	春季订货会	春季订货会	春一波	春二波	春三波	春四波	春五波	春六波	春七波	春八波	假期	夏季订货会	夏季订货会	夏一波	夏二波	夏三波	夏四波	夏五波	夏六波	夏七波
	有面料	秋五波	秋六波	秋七波	秋八波	秋九波	秋十波	冬一波	冬二波	冬三波	冬四波	冬五波	冬六波	冬七波	冬八波	冬九波		冬十波	冬十一	冬十二		春一波	春二波	春三波	春四波	春五波
采购面辅料时间	国内(50)	冬七波	冬八波	冬九波	冬十波	冬十一	冬十二		春一波	春二波	春三波	春四波	春五波	春六波	春七波	春八波							夏二波	夏四波	夏五波	夏六波
	国外(70)	冬十波	冬十一	冬十二											春五	春六	春七	春八				夏五波	夏六波	夏七波	夏八波	夏九波
生产大货时间	无特殊工艺	秋四波	秋五波	秋六波	秋七波	秋八波	秋九波	秋十波	冬一波	冬二波	冬三波	冬四波	冬五波	冬六波	冬七波	冬八波		冬九波	冬十波	冬十一	冬十二		春一波	春二波	春三波	春四波

正常计划

供应链 OTT 的核心是时间管理,企业 OTT 时间的降低意味着服务水平的提升和运营成本的降低,是各个品牌及生产企业应当追求的管理目标。

2. OTT 时间与计划

由图 2-4 可知,服装生产环节是由生产部承担的,一般包括裁剪、缝制、后道及整烫职能。并且,生产职能只是供应链运行中的一部分,生产的顺利与否不仅与生产部门本身有关,更与前端设计研发环节的技术资料完善度、面辅料到货时间准确度和合格率等因素密切相关。

通常情况下,技术部一般归属企业研发板块,营销部归属企业营销板块,其他部门则统一归属供应链系统。为了达成 OTT 时间要求,由计划部门统一协调,并将各个部门的业务按照不同服装款式用时间表的形式串联起来,形成以上市时间为依据,从后往前反推的时间表,构成某具体款式的各个业务部门的计划时间,这就是 OTT 时间的基础。OTT 时间数值和结果决定服装企业的及时上货率、生产周期及供应链运作的效率。

计划是生产供应链管理的核心和源头,计划要对最终结果负责,计划部门要承担通过时间将各个部门业务串联的作用,科学精确的时间规划,既能够保障各个环节按时完成各自任务,又能避免原材料过早入库带来的企业资金占压,使供应链的各部门之间环环相扣,与技术部门和营销部门实现良好衔接。

新季货品开始时,计划部要按照每波段每款货品,汇总面料辅料状况、有无需外加工等细节信息,依据上市周期,从后往前反推每个单款的计划,如表 2-3 所示为两个款商品下单到面料预计到货的计划,由于篇幅的限制,面料到货后需的时间计划,在此表中没有具体显示,原理相同。每款的计划是从商品下单开始,历经技术部的 BOM 单完成、采购合同签订、面料到货、生产版完成、是否需要特种工艺外加工、面料到货、上裁床裁剪、上缝制线加工、预计入库时间,直到全部入库时间截至。

表 2-3 单款 OTT 时间计划

生产工厂	款号	图片	品名	波段	上货时间	商品下单日期	采购 BOM 提供日期（完善 BOM）	采购合同签订日期	面料需到日期	生产版完成日期	生产版特种工艺发出日期	生产版特种工艺收货日期	IE 测工时结束日期	面料预计到货时间
自产			衬衣	秋一	6月20日	4月20日	4月30日		5月21日					5月21日
自产			连衣裙	秋一	6月20日	4月20日	5月7日							库存

在确定每款产品各个业务具体时间要求之后,每个业务部门要紧盯各自负责业务的每款实际完成时间状况,发现延迟立刻采取补救措施,如果本部门无法补救,则需与下一业务部门进行沟通,使延迟的时间能够在后续业务上得到补救。

每个企业产品结构不同,生产部门情况各异,因而 OTT 时间状况会有很大差异,但业内有比较成熟企业的 OTT 时间可以作为参考。

目前日趋快速的市场需求,对服装生产供应链提出更高要求。根据消费者调查数据显示,消费者下单到收货可容忍的等待时间是 7 天,因而已有智能工厂将下单后 7 天出货当成了生产系统快速反应的目标,也势必成为其他服装加工型企业的标杆。

3．OTT 时间的降低

服装生产供应链对柔性要求高，柔性供应链也是快速反应供应链，为了降低 OTT 时间，企业应开展以下工作。

（1）梳理部门及业务工作周期

对于品牌企业来说，新品上市的时间与利润直接相关，尤其是涉及畅销款追单的情况，它是以可能损失销售业绩为代价的"等待期"，因而必须争分夺秒、想方设法配合营销部门完成任务。这就要求企业参考业内成熟企业的做法，沿着 OTT 时间"反推"确定各个部门、各个任务的完成时间。以某女装企业为例，OTT 改善前各业务部门的核心工作所梳理的时间参考如表 2-4 所示。

表 2-4　各部门业务时间

部门	事项							
商品部	天数	4						
	工作内容	下单、审批						
技术部	天数	2			7		1	
	工作内容	调版、排料、制作BOM			调版、做生产版审产前样			
生产计划部	天数	1		2		1		20
	工作内容	采购需求单、更新进度表		下流转单、产前样		下大货		特种工艺
采购部	天数		8	90				
	工作内容		面辅料审批、签合同	面料采购跟进、船样接收、面辅料外检（60+30）				
品控部	天数			3			2	
	工作内容			面辅料内检			大查、全查、包装	
仓储部	天数			0			0	
	工作内容			面辅料入库			入库	
生产部	天数				7	30		
	工作内容				生产产前样	裁剪、车位、后道及整烫		

由表中可知涉及 OTT 时间部门的业务事项和各自时间，其中灰色部分是每个事项的具体完成时间，且根据各自占据的位置排出了前后顺序。虚线后的特种工艺不是所有款式都有，而且一般为外加工，所以先排在最后。可以看出，在不包含特殊工艺的情况下，一个款式从商品下单开始到成品入库完成共计需要 158 天。其中，采购部负责的面辅料采购工作占比最大，共需要 98 天，其次是生产部的生产制作，需要 37 天。可见采购周期过长是影响供应链反应速度最主要的因素之一。

对标行业内同类型企业的 OTT 时间，将面料采购环节进行细分，分为新订单国内采购成品面料、新订单国外采购成品面料、新订单国内定制面料、新订单国外定制面料等不同情况，分别确定最长时间标准，进而使采购面料周期得到有效降低。对于生产环节，一是尽量加快产前样制作和评审，二是通过并行生产等方法，使得生产部新品生产周期降至 20 天以下、面辅料齐全时追单生产周期降至 7 天以下。

（2）确定制单时间

各部门业务涉及一些制单操作和审核，实际工作中会出现由于具体业务的拖延而使制单或审核工作无限拖延的状况，严重影响了 OTT 时间，因而要针对具体的制单和审核工作进行梳理并确定具体完成时间，使各类表单在系统内得以顺畅的流转，梳理确定后的相关制单时间情况如图 2-5 所示。

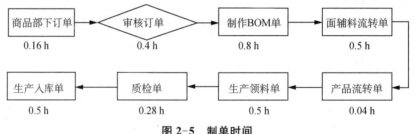

图 2-5　制单时间

（3）降低追单时间

新品研发与上市销售时间距离较长，未必能够很好把握销售季节的流行；为了有效降低库存，企业希望新品得到市场反馈后通过追单来扩大销售业绩，因而对追单的时间控制至关重要。图 2-6 展示了企业从新品上市、追单决策到追单产品入库时间，分别用 T1 和 T2 表示。追单决策后，还需要面辅料到位和技术资料的进一步修订完善，这个时间用 T3 表达，"齐套"是业内术语，指面辅料全部到位、技术资料准确完整的状况。T4 是指从材料齐备到产品入库时间，其实就是我们所说的生产时间，在前面提及，7 天就是某智能加工企业提出的目标。

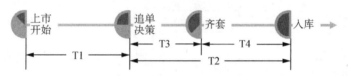

图 2-6　从新品上市到追单入库时间

实际上，我们不能仅仅关注 T4 的长短，T3 时间的降低也很关键。T3 时间由两部分构成，一是技术资料的完善，二是原辅材料的准备。如果追单产品不涉及任何细节变化，则沿用新品初次生产中的技术资料即可，实际操作中追单产品会根据消费者反馈或者时间延后做一些细节变化，如秋冬过渡中追单产品袖长加长、面料增厚、客户建议的裙长变长等，此时就涉及技术资料的修订；追单产品没有原材料，尤其是面料，就要再按照采购流程再走一遍，采购周期长则追单很难实现。一般的解决方案是，企业将订货会中反响好、订单量大的款预估销售件数，一次性采购足料，但采用分批生产的方式。同时 T2 时间的降低也要关注，这就需要营销系统密切关注新品上市后销售的动态状况，通过客户关注度、试穿率、售罄率等数据，迅速进行是否追单的决策。以高端女装为例，行业内各个时间参考标准见表 2-5 所示。

表 2-5　高端女装翻单相关时间参考

类型	内容	行业参考	备注
T1	商品上市到下单决策的时间	平均 7 天	
T2	商品下单决策到追单入库的时间，T2＝T3＋T4	平均 10 天	
T3	商品下单到追单款生产物料齐套的时间	平均 3 天	如果没有材料库存很难快速追单
T4	生产物料齐套到追单成衣入库的时间	平均 7 天	

三、生产计划

从具体业务层面出发,在供应链各部门相互关系、OTT 时间概念和具体款式时间计划的基础上,生产计划就是针对生产部门来确定的如何保障每个款式按质按量按时完成订单的时间表。

从宏观上来说,生产供应链作为服装企业三大板块不可或缺的组成部分,与企业发展规划、经营计划等都有密不可分的关系。

1. 生产计划与其他计划的关系

生产计划在服装企业相关计划中仅是其中一项业务计划,生产计划与其他计划一起,共同服务于企业经营计划的实现,进而完成企业年度目标及发展规划。生产计划的实施与达成,也需要其他条件的保障,如人力资源保障、厂房和缝纫设施等,生产计划与其他之间的关系如图 2-7 所示。

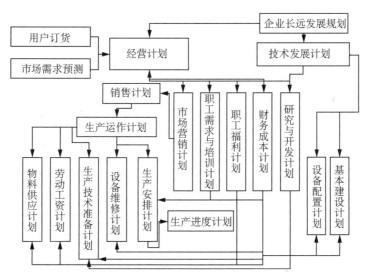

图 2-7　生产计划与其他计划之间关系

2. 生产计划的种类及制定方法

生产计划对企业中长期规划起支撑作用,通过具体业务来制定并实施。生产计划所覆盖的时间也长短不同,可以分为长期、中期和短期计划,各类计划关注点及指导应用的管理层次也有很大不同,具体内容见表 2-6 所示。

表 2-6　服装企业不同层次计划及其职能范围

类别 比较指标	长期计划 (战略层)	中期计划 (管理层)	短期计划 (作业层)
计划总任务	制定总目标 获取所需的资源	有效利用现有资源 满足市场需求	适当配置生产能力 执行厂级计划
管理层次	高层	中层	低层

续表

类别 比较指标	长期计划 （战略层）	中期计划 （管理层）	短期计划 （作业层）
计划时间	3～5 年或更长	1～1.5 年	小于 6 个月
详细程度	非常概略	概略	具体、详细
决策变量	① 产品线 ② 工厂规模 ③ 设备选择 ④ 供应渠道 ⑤ 劳工培训 ⑥ 生产、库存管理系统类型选择	① 工厂作业时间 ② 劳动力数量 ③ 库存水平 ④ 外包量 ⑤ 生产速率	① 生产品种 ② 生产数量 ③ 生产顺序 ④ 生产地点 ⑤ 生产时间 ⑥ 物料库存 ⑦ 控制系统

长期生产计划由企业高层制定，要关注企业发展目标，规划决策变量中相关因素，如生产线、产能规模等与企业目标的匹配度；中期计划由企业中层制定，关注企业内外资源与市场需求的契合度，规划决策变量中劳动力数量、作业时间及是否外包等因素；而短期计划由计划部工作人员制定，关注如何利用现有资源完成 OTT 时间表中所要求款式的生产，确定具体品种、数量、顺序及时间要求等。

中早期制定生产计划主要是靠一些传统的方法，比如甘特图、生产周期法等。甘特图是由 Henry Laurence gantt 在提出的，该方法用线条绘制成图，便于十分直观的安排生产、控制生产的进度，在生产计划中具有广泛应用。

品牌服装新品生产计划可以理解为推式生产计划，即通过预估需求制定生产计划，而追单计划可以理解为拉式生产计划，即有了需求再反推生产要求，进而制定计划。

3. 短期生产计划

短期生产计划就是指导具体生产操作的计划，对于生产部门来说，生产计划落实到满足各个款式的交货时间，在明晰人力资源和条件保障的基础上，计算生产环节的裁剪、缝制、后道与质检及交货的时间，以缝制工序的时间为主要依据，进行编制。以某外贸加工厂为例，表 2-7 展示了该企业的 1 月份其中三个班组的生产计划。

缝纫加工是服装生产环节中耗时最长的工序，因而短期生产计划就要以缝纫加工时长为主要核算依据，在确定班组人员规模和日工作时长的情况下，计算缝纫所需天数，再根据裁剪和后道时间，按照交货时间往前反推，最后确定裁剪开始时间和面辅料最晚到货时间。缝纫天数如何计算见本书第十章。

一月份的短期生产计划应在 12 月下旬完成，计划中应包含所有班组实际人数、当月安排的款号、件数、以及每款具体裁剪、上线的日期。以表中第一组为例，该组 1 月份安排了三款产品的缝制，当月应完成 18445 件服装生产，三个款式分别应在 1 月 2 号、10 号和 17 号上线，在面辅料按期到货的前提下，能够满足这三款各自的交货期。

在工厂短期生产计划的基础上，生产的细分部门再按照具体款式，编制部门当天或者一周的生产计划。某企业日裁剪计划如表 2-8 所示。

表2-7 某外贸加工厂的短期生产计划

某工厂××年(1月份)缝纫班组生产计划表

订单安排明细

缝纫班组	班组长姓名	确定规模人数	计划人数	出勤率	计划开工天数	计划开工工时合计	按人均每天工缴计算的工缴收入合计	生产计划安排IE工时合计	当月IE工缴收入合计	产能负荷率	最迟交货期	订单号	客户	款号	产品名称	花型	数量	IE秒工时	计划生产天数	面辅料到位时间要求	裁剪开裁时间	缝纫最迟上线时间	备注
1	×××	18	13	95%	26	3211	22934.25	1303.78	9312.14	104.03%	1月14日	S2S013064013A-H	VF	W3016956A	女士套装上衣短袖	染色精梳汗布	8565	548	8	OK	12月12日	1月2日	
								835.38	5966.60		1月21日	S2S013064012A	VF	W3016953A	女式长上裙	精梳印花汗布	5080	592	6	12月29日	12月29日	1月10日	
								1201.33	8580.40		1月28日	S2S013064009A	VF	W3016940A	女士上衣	精梳印花汗布	4800	901	12	OK	1月10日	1月17日	
小计								3340.49	23859.15								18445		26				
2	×××	18	16	95%	26	3952	28226.76	199.83	1427.29	99.72%	1月7日	S4S012063004	AAI		女式背心裙/黑色	棉氨纶染色涂料印花	1308	550		OK	12月28日	1月2日	
								34.67	247.60		1月7日	S2S013064005A	VF	W3016813A	女式长裙	横条印花汗布	240	520	2	OK	12月10日	1月2日	
								57.78	412.67		1月7日	S2S013064003A	VF	W3016789A	女式长裙	横条印花汗布	400	520		OK	12月10日	1月2日	
								2435.56	17395.71		1月28日	S2S013064008A	VF	W3016939A	女式套装上衣	精梳印花汗布	8000	1096	15	OK	12月30日	1月4日	
								1213.22	8665.32		2月4日	S2S013064021A	VF	W3017017A	女式套装上衣短袖	精梳印花汗布	12200	358	9	15	1月12日	1月21日	
小计								3941.06	28148.60								22148		26				
3	×××	18	12	95%	26	2964	21170.07	199.83	1427.29	107.47%	1月7日	S4S012063004	AAI		女式背心裙/黑色	棉氨纶染色涂料印花	1308	550	2	OK	12月28日	1月2日	
								34.67	247.60		1月7日	S2S013064005A	VF	W3016813A	女式长裙	横条印花汗布	240	520	20	OK	12月10日	1月2日	
								57.78	412.67		1月7日	S2S013064003A	VF	W3016789A	女式长裙	横条印花汗布	400	520	4	OK	12月10日	1月2日	
								2435.56	17395.71		1月28日	S2S013064008A	VF	W3016939A	女式套装上衣	精梳印花汗布	8000	1096		OK	12月30日	1月4日	
								457.44	3267.25		2月4日	S2S013064021A	VF	W3017017A	女式套装上衣短袖	精梳印花汗布	4600	358		1月5日	1月12日	1月26日	
合计																							

表2-8 某企业日裁剪计划
裁床生产计划单

总计：2085　　日期：×年×月×日

款号	床次	唛架比例		总件数	拉布层次					生产件数					合计	生产小组	备注
					颜色	啡色	黑色	杏色		件数	啡色	黑色	杏色	小计			
72321312#（特急款）	1	M	L	4	层次	4	24	26		M	7	48	47	102			啡色：M码抽一件
		2	2							L	8	47	51	106	208件		
	唛架长度：3.372				布料用量	13.488	80.928	87.672		小计：	15	95	98	208			

款号	床次	唛架比例		总件数	拉布层次					生产件数					合计	生产小组	备注
					颜色	啡色	黑色	杏色		件数	啡色	黑色	杏色	小计			
72321312#（特急款）	2	S	XL	2	层次	3	24	24		S	3	25	30	58			黑色：L改S码一件 杏色：M改S码五件、L改S码一件
		1	1							XL	3	24	24	51	109件		
	唛架长度：1.757				布料用量	5.271	42.168	42.168		小计：	6	49	54	109			

款号	床次	唛架比例		总件数	拉布层次					生产件数					合计	生产小组	备注
					颜色	啡色	黑色	杏色		件数	啡色	黑色	杏色	小计			
72321312#（特急款）	3	S	M	2	层次	2	24	26		S	2	24	26	52			
		1	1							M	2	24	26	52	104件		
	唛架长度：1.683				布料用量	3.366	40.392	43.758		小计：	4	48	52	104			

　　与表2-7的短期生产计划相比，此表中的日裁剪计划更加趋向技术层面，涉及一天裁多少款、每款多少规格、不同颜色面料拉布多少层、每个规格每个颜色多少件等。

　　4．短期生产计划的实施确定

　　短期生产计划的实施，至少涉及生产的裁剪、缝制和后道环节，而半成品在这些不同环节中移动的方式，也决定了生产计划运行的时间。目前移动的方式有：

　　（1）顺序移动方式

　　如图2-8所示，M表示加工工序，顺序移动方式是指上道工序全部加工完毕后，才整批的转移到下道工序继续加工。

工序名称	1	2	3	4	5	6	7	8	9	10	11	12	13	14	15	16	17	18	19	20	21	22	23	24	25	26	27	28
M1				T1																								
M2											T2																	
M3																	T3											
M4																										T4		

图2-8　顺序移动方式

　　若加工工序数N＝4，T1＝8 min，T2＝4 min，T3＝12 min，T4＝4 min，总体完成时间T＝28 min。

　　（2）平行移动方式

　　平行移动方式指前道工序加工完毕后，立即转移到后道工序继续加工。如图2-9所示。

工序名称	1	2	3	4	5	6	7	8	9	10	11	12	13	14	15	16
M1	T1															
M2			T2													
M3					T3											
M4							T4									

图2-9　平行移动方式

　　若N＝4，采用平行移动方式，总体完成时间T＝16 min。

　　（3）平行顺序移动方式

　　平行顺序移动方式则考虑了各个工序采用连续作业的移动方式，减少了半成品运输，如图2-10所示。

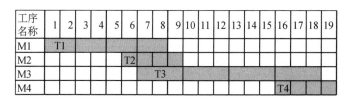

工序名称	1	2	3	4	5	6	7	8	9	10	11	12	13	14	15	16	17	18	19
M1		T1																	
M2					T2														
M3							T3												
M4																T4			

图2-10　平行顺序移动方式

　　若N＝4，采用平行顺序移动方式，总体完成时间T＝19 min。

从上面三个图可知,采用顺序移动方法,半成品运输次数少,设备利用充分,管理简单,但生产周期长;采用平行移动方法,生产周期短,但运输频繁,工序空闲时间多而零碎,设备使用间断;采用平行顺序移动方法,每道工序都能够连续进行加工,而且兼顾了各道工序的平行加工和生产周期。

5. 生产能力

生产能力的测算,是编制计划的基础。生产能力的测算通过下面三个公式进行:

$$能力工时数=作业人数×作业时间$$
$$负荷工时数=计划产量×标准作业时间$$
$$余力工时数=能力工时数-负荷工时数$$

标准加工时间等概念会在后续章节讲解。此处用案例说明:某服装工厂实际作业人员85名,每天作业时间7.5 h(27000 s),计划日生产量1800件,裁剪标准作业时间100 s/件,缝制标准作业时间1000 s/件,整烫标准作业时间155 s/件。接到客户订单5000件,请分配作业人员、安排生产,核算人员及相关生产计划,预计开始生产几天能够交货?

(1)能力工时数=直接作业人员×作业时间

能力工时数$=27000×85=2295000$ s$=637.5$ h

(2)负荷工时数=计划生产量×产品标准加工时间

此时要考虑裁剪负荷工时数、缝纫负荷工时数、整烫负荷工时数、总负荷工时数;

① 裁剪负荷工时数$=100×1800=180000$ s

② 缝纫负荷工时数$=1000×1800=1800000$ s

③ 整烫负荷工时数$=155×1800=279000$ s

④ 总负荷工时数$=2259000$ s$=627.5$ h

(3)余力工时数=能力工时数-负荷工时数

余力工时数$=2295000-2259000=36000$ s$=10$ h

(4)估算人数:直接作业人员=负荷工时÷作业时间

直接作业人员=能力工时数÷作业时间,具体各个环节需要的人数计算如表2-9所示。

表2-9　各个环节人员核算

	所需人员估算 (负荷工作/作业时间)	余力工时 (能力工时-负荷工时)	人员分配
裁剪	$180000÷27000=6.67$	$7×27000-180000=90000$ s$=2.5$ h	7
缝纫	$1800000÷27000=66.7$	$67×27000-1800000=9000$ s$=2.5$ h	67
整烫	$279000÷27000=10.3$	$10×27000-279000=-9000$ s$=-2.5$ h	10

工厂实际人员(85名)-所需人员(84名)=1名,多余的1人可机动使用。

(5)生产天数

生产天数$=5000×(100+1000+155)÷(84×27000)=2.77$ 天

即理论上这个任务2.77天能够完成,在整个生产系统排产时,排产工作量可以按照总负荷工时数排,但是实际此款具体生产流转时间,还与该款采用的是顺序移动方式、平行移动方式还是平行顺序移动方式,以及多少批量从裁剪往缝制、后道下道工序传递有关。

5. 滚动计划

对于服务于服装外贸的生产型企业来说,多为按部就班按照订单生产,生产计划比较简单,如表 2-7 所示;但对于服务于内销品牌的生产企业来说,不但有新订单计划,还可能不断插入补单和追单计划,补单就是品牌设计师当季看到研发时没有抓住的流行元素时,为了满足终端需求,而插入本季货品流行单款或几款的状况,追单就是某些款式售罄率等指标达到营销要求,再组织快速加量的过程。由于这两种情况的存在,在具体进行生产计划制定时,可以借鉴对时间要求更强的速冻食品生产行业的生产计划,采用远粗近细的原则,进行计划的滚动管理,根据往年补单和插单状况,在进行季度和月度计划安排时,不要将产能排满,而是预留一定的百分比,到具体周度计划确定时,再达成的 100% 产能计划。

第三节　原材料采购及检验

订单确定后,根据 OTT 时间要求,就要开始原材料采购环节。

服装原辅材料种类多,构成一件服装上的原辅材料可能有十几种,可以分为个性材料和通用性基础材料两大类管理,一般企业都由采购部部门负责此项工作。

一、采购部门职责

1. 发现并寻找合适的原辅材料供货商

根据企业的采购量和频次,供货商一般可以分为面辅料厂家和代理商两类,采购部门也会通过展会、竞品推荐等方法进行信息采集,推荐供货商信息给设计部门。

2. 按时、按质、按量采购

根据 OTT 时间,采购部门会根据面料厂家和代理商供货周期来确定签订合同时间,确保按期到货,并在合同中标注面辅料参数指标,如面料的成分、幅宽、克重等信息,数量要根据订单技术资料确定,货期长的面料还要与销售部门共同探讨,对应款式是否可能具有追单需求,确定后与供货方签订合同,并跟进货期。

3. 降低采购成本

材料费在服装中占较大的比例,消费者评价服装性价比是面辅料的因素很重要,因而在符合品牌要求的基础上,以下方法可以有效降低采购成本。

(1)通过集中供货商,增加单个供货商的采购份额,从而降低成本;

(2)通过辅料标准化,减少辅料品种,如拉链、里料的种类等,通过标准化辅料规格、标准化面里料搭配原则,降低色彩类型,进而增加单品采购份额,降低成本。

二、采购要求

采购涉及企业大笔资金的使用,无论是针对采购流程,还是针对采购人员个人,企业都会有很高要求。采购流程务必规范,采购人员也需要严谨细心,为人正直,不能损害企业利益。

采购涉及原辅材料的质量、价格、货期等各种因素,工作中无论对内还是对外,都会出现各种分歧。采购人员既要有较强的业务素质,熟悉分管采购的材料的各项参数指标、相关标准要求等,还要能够有良好的化解危机的能力,站在企业的立场上,与供货商达成良好的沟通,解决相关问题。

如有时会出现大货面料与设计样衣的面料性能有差异的情况,此时要分析查找差异原因,与企业内部技术人员积极沟通解决方案,如果通过内部处理能够解决,则在解决问题的基础上与供货商谈判减免企业所增加的面料处理费用;针对设计研发的特殊需求,也要以服务心态尽量满足。

采购人员还需要深入生产现场,了解所购原辅料在生产中是如何使用的,从而能够做出更好的采购决策。以针织包条为例,针织面料既有圆筒也有裁开平面的,用圆筒面料裁出的包条没有接缝,使后续缝制环节减少了很多浪费,此时就应从满足缝制生产的出发进行采购,而不是单纯追求该面料的采购价格最低。

三、原辅材料检验

服装批量生产时很多问题都是由于面辅料质量状况未能达到生产要求,而迫使生产停顿或导致服装质量问题,也有品牌企业在评审或订货会时选定的款式,由于大货面料达不到标准,而出现款式取消的状况,因而原辅材料的检验环节就尤为重要。

1. 检验流程

原辅材料到货后,检验流程如图 2-11 所示。并非所有检验未达到标准的物料都会退货,有时会遇到某一款面料是当季主花型,该面料如果退货会取消当季核心款、再次采购货期难以保障的情况,此时要根据面料质量问题状况,进行让步接收谈判。

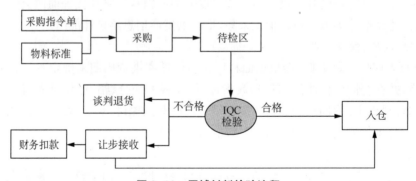

图 2-11 原辅材料检验流程

2. 检验项目及要求

质检部门依据国标规定和行业内同类型企业标准,制定适应自身企业原辅材料的检验标准,ODM 加工型企业会根据加工品牌要求的原辅料标准文件确定检验标准,标准文件中会详细描述检验项目及要求。

如某企业规定:本公司所有使用的面料、里料以及辅料必须符合以下技术要求。要求的内容包括安全性要求、实物质量、内在质量和外观质量以及包装和标识。

(1)安全性应同时符合国家强制性标准要求和本公司的面料技术标准要求;

（2）实物质量包括布面、手感和光泽三项；如未对面料、里料和辅料的手感提出特别要求，则统一要求面料不僵硬、光滑、有一定光泽；

（3）内在质量包括幅宽、重量、尺寸变化率、纤维含量、起球、断裂强力、撕破强力和染色牢度、pH 值、甲醛含量以及芳香胺含量等；

（4）外观质量包括局部性疵点和散布性疵点；

面料、里料以及辅料外观检验一般包括数量复核、匹长检验、门幅检验、色差检验、纬斜检验、疵点检验、克重、编织密度、纱支等。

（5）包装和标识包括包装方式、卷筒的质量要求、需标识的内容、标识方式以及合同中规定的其他标识要求。

需要说明的是，服装面辅料种类繁多，在实际检验中，还要根据面料实际状况，如循环花的循环长度出现差异的差异率、条格面料条格均匀度等进行判断，这些细节问题，企业会规定自身检验标准，以得到明确检验结论。

以上项目有些是全检，也有部分项目是抽样检验，如果抽样检验也有相关数量要求。很多项目是客观检验，结果明确。但织物外观检验是主客观结合检验，过程中很大程度依赖于检验员的经验，为了标准化操作，面料的疵点状况可以通过总结疵点类型和图片对应来培训检验员，并给日常检验提供标准。面料疵点类型和状态对后续生产影响很大，外观检验通常在验布机上进行。验布机如图 2-12 所示。

检验时发现的疵点等问题，均要用特定方法在面料上进行明确标识，以减少裁剪拉布人员的重复工作。

图 2-12　验布机

3. 结果及处理

所有检验后的面料按照判定要求分为 A 类、B 类、C 类和 D 类面料。其中 C 类是可以让步接受面料，D 类面料为拒收面料。

表 2-10 说明了机织、针织面料部分参数和性能指标的分类判定标准。

以色差检验为例，色差是影响服装质量和生产延迟的常见面料质量问题，根据色差样卡GB250，在规定光源下通过一定距离的观察比较，对门幅中间和两边布边的颜色进行比较判定，记录色差级别。要求每匹布中边、头尾色差不能低于 4 级；若低于 4 级，则判定为 D 类面料；若不低于 4 级，但色差还是比较明显，判断是 B 类还是 C 类，C 类就需要通知采购与供货商进行让步接受谈判。经过协商让步接收面料也会入库，涉及面料质量问题减码部分和米数等，除了要通知供货商补发对应米数或者财务扣款外，在出库发放和使用时还要特别留意。

面辅料质检后要出具检验报告，在报告中明确标注相关内容，如有色差，除了说明色差等级外，还要标注色差种类，如匹头匹尾差还是边中差，提醒裁剪中的排料员根据面料色差情况，采取不同排料对策。

每批面辅料，都要经过细致检验，检验结果要在企业系统内部流转，质检结果能够提醒后续使用部门注意，检验报告的作用如下：

表2-10　面料部分检测项目及判定标准

项目＼类别	A类 梭织	A类 针织	B类 梭织	B类 针织	C类 梭织	C类 针织	D类 梭织	D类 针织
门幅	≥合同门幅	≥合同门幅	≥合同门幅	≥合同门幅	<合同门幅	<合同门幅	严重小于合同门幅	严重小于合同门幅
码长	符合卡片标码差异或者细码单标明名幅	符合卡片标码差异或者细码单标明名幅	符合卡片标码差异或者细码单标明名幅	符合卡片标码差异或者细码单标明名幅	实际长度<卡片标码差异或者细码单标明名幅	实际长度<卡片标码差异或者细码单标明名幅	/	/
单位面积质量	≥合同约定质量	≥合同约定质量	≥-5%	≥-5%	≥-8%	≥-8%	<-8%	<-8%
纬斜	有效幅宽(cm)／染色布(cm)：有效幅宽≥110，≤2.5；150≥有效幅宽>110，≤3.5；有效幅宽>150，≤5	印花布(cm)／色织布(cm)：≤2／≤2；≤2.5／≤2.5；≤3.5／≤3	印花布(cm)：≤2；≤2.5；≤3.5	色织布(cm)：≤2；≤2.5；≤3	有效幅宽(cm)／染色布(cm)：有效幅宽≥110，2.5<纬≤3.5；150≥有效幅宽>110，3.5<纬≤4.5；有效幅宽>150，5<纬斜≤6	印花布(cm)／色织布(cm)：2<纬≤3／2<纬≤3；2.5<纬≤3.5／2.5<纬≤3.5；3.5<纬≤4.5／3<纬斜≤4	有效幅宽(cm)／染色布(cm)：有效幅宽≥110，>3.5；150≥有效幅宽>110，>4.5；有效幅宽>150，>6	印花布(cm)／色织布(cm)：>3／>3；>3.5／>3.5；>4.5／>4
色差	无边中色差，无头尾色差	无边中色差，无头尾色差	边中色差、头尾色差达到4~5级	边中色差、头尾色差达到4~5级	边中色差、头尾色差；达到4级	边中色差、头尾色差；达到4级	边中色差、头尾色差；低于4级	边中色差、头尾色差；低于4级
疵点	一匹料(50 m)小疵点少于8个	一匹料(50 m)小疵点少于8个	一匹料(50 m)疵点少于25个	一匹料(50 m)疵点少于25个	一匹料(50 m)疵点为26~50个	一匹料(50 m)疵点为26~50个	一匹料(50 m)疵点大于50个	一匹料(50 m)疵点大于50个
织物面密度	±5%克重	±5%克重	±5%克重	±5%克重	±5%克重	±5%克重	±5%克重	±5%克重
纱支	±8%	±8%	±8%	±8%	±8%	±8%	±8%	±8%
自然缩率	符合面料质量控制标准的要求	符合面料质量控制标准的要求	符合面料质量控制标准的要求	符合面料质量控制标准的要求	较面料质量控制标准误差不大于1%，影响产品品质。	较面料质量控制标准误差不大于1%，影响产品品质。	较面料质量控制标准误差大于1%，且成衣后影响产品品质。	较面料质量控制标准误差大于1%，且成衣后影响产品品质。
蒸汽缩率	符合面料质量控制标准的要求	符合面料质量控制标准的要求	符合面料质量控制标准的要求	符合面料质量控制标准的要求	较面料质量控制标准误差不大于1.5%，不影响产品品质。	较面料质量控制标准误差不大于1.5%，不影响产品品质。	较面料质量控制标准误差大于1.5%，且成衣后影响产品品质。	较面料质量控制标准误差大于1.5%，且成衣后影响产品品质。
水浸缩率	符合面料质量控制标准的要求	符合面料质量控制标准的要求	符合面料质量控制标准的要求	符合面料质量控制标准的要求	较面料质量控制标准误差不大于1%，影响产品品质。	较面料质量控制标准误差不大于1%，影响产品品质。	较面料质量控制标准误差大于1%，且成衣后影响产品品质。	较面料质量控制标准误差大于1%，且成衣后影响产品品质。
水洗/干洗尺寸稳定性	符合面料质量控制标准的要求	符合面料质量控制标准的要求	符合面料质量控制标准的要求	符合面料质量控制标准的要求	符合面料质量控制标准的要求	符合面料质量控制标准的要求	变形或其他不可以接受的外观变化	变形或其他不可以接受的外观变化

（1）为合格面辅料提供入库的品质依据；

（2）为"让步接收的有缺陷面辅料"提供扣费依据；

（3）为采用"代用料"，提供可行性的依据；

（4）为采购员提供"与供应商沟通和交涉的品质依据"；

（5）品质检测文件，是财务核算采购成本，支付货款的依据。

四、供货商评价

对于服装企业来说，面辅料等原辅材料种类众多，相应的供货商也很多，因此，对供货商进行评价，并将评价结果作为后续原材料采购的参考，是非常重要的一个环节。

1. 供货商评价及管理作用

（1）选出适合本公司相关要求的供货商，提升原辅材料质量；

（2）聚焦供货商个数，增大单个供货商采购金额，降低采购成本；

（3）实行动态管理，确立"指定供应商"，达成更好的合作关系。

2. 评价方法及指标

供货商评价一般从以下指标实施，每个指标确定分值，根据公司发展状况，确定不同的评价指标的权重值，以固定周期形式进行评价，如以 6 个月为一个周期进行评价。

（1）供货质量：这是评价的核心考核指标，以面料为例，该公司检验合格米数与供货米数比值为供货面料合格率，以一个周期为单位进行排名，以排名结果确定该项指标分值；具体的质量排名如表 2-11 所示。

表 2-11　面料供货商质量排名（2022. 1—2022. 6）

序号	面料商名称	供料米数	合格米数	合格率	排名
1					
2					
3					

（2）供货及时性：合同签订后到承诺交货时间的达成状况，以达成率或者误差天数为依据进行打分。

（3）付款条件：付款条件也是衡量指标，对于服装品牌来说，相对宽松的付款条件，可使品牌有更好的现金流。

（4）其他事项配合度：在设计研发到采购，可能会存在重复打样、更改面辅料颜色、花型等状况，此时供货商的配合度，也是供货商评价的依据之一。

当然对于一些特定材料的供货商，如果选择余地不大，就要维护较好的合作关系，以得到更好的条件。

3. 评价结果

通过定期的供货商评价，确定每个供货商的分值，选出符合品牌自身要求的供货商。服装质量很大程度依赖于面辅料的质量，服装交货期也很大程度依赖于面辅料交货期，对于面辅料品质优、价格合理、合作沟通顺畅的供货商,可以确定为品牌"指定供货商"。通过这样的战略合作关系的建立和加强,使服装生产更加顺利。

第四节　技术资料准备

无论是生产计划还是原辅材料采购与检验,都是生产供应链内部工作,计划部门更多的是管理工作,采购、质检部门更注重业务流程方面的工作,生产与设计研发技术部多是技术方面的对接工作。生产是否顺畅,很大程度上取决于技术资料准备的充分性与准确性。

一、技术资料的重要性

设计研发可以分为设计环节和技术环节,两者是密不可分的。设计环节会输出"正确样衣",但"正确样衣"是在企业板房里完成的,车间一线生产员工技能等条件与板房的样衣工还是有区别的,因此,就需要靠输出的技术资料来保障后续批量生产。

技术资料要实现两个目标:一是设计师的设计思想能够在批量生产的产品上得到充分体现;二是能够指导批量生产,在实现生产过程的高效率、高质量的同时,尽量降低生产成本。第二个目标是非常重要的,尤其是在设计研发与批量生产工厂相隔千里,甚至跨越不同国家的情况下,生产部门只能通过技术资料获得品牌企业有效的生产指导。

服装的设计质量和产品质量,被客户不认可的原因如图2-13所示。其中,六大因素中都与技术资料缺失或者不准确有关。

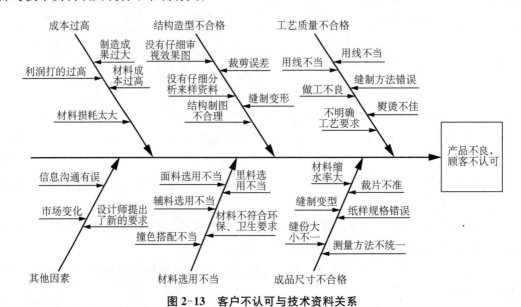

图2-13　客户不认可与技术资料关系

技术资料除了达到上述两个目标外,还有另外一个重要作用,即通过技术资料的标准化,使企业达到技术人员知道多少,企业就知道多少,也就是将个人的经验转化为企业技术积累的过程,彻底转变企业引进一名高水平技术人员,"人在产品过硬、人走产品变差"的局面。

二、技术资料种类

前面介绍了技术资料的重要性,下面以女装企业为例,介绍技术资料的内容。

1. 全码纸样和工艺版

按照大货纸样标准审核的正确纸样,包含全码纸样和部分工艺版。

全码纸样是指企业要生产的全部规格的工业样板,要求信息齐全,标识清晰。方便裁剪缝制使用,文件一般采用CAD制作,通用格式是PLT和DXF格式。

工艺版是指在缝制中用于控制裁片尺寸的样板,一般为净样,如裤子前门襟"J"型净样用来钩缝门襟明线,也可以利用工艺版进行尺寸标注,确定缝纫位置。

2. 正确样衣

在设计样衣基础上,企业经过评款或者订货会环节,根据对每款的评价意见,对设计样衣进行进一步完善,考虑批量生产的生产条件,重点采用批量生产有效率、保障质量的工艺,由企业板房完成的样衣,"正确样衣"既是设计环节结束的标志,也要作为后续批量生产的实物标准。

3. 工艺单

工艺单是某一款式制作时的明细要求,一般以表格的形式,通过工艺图和简要文字,针对具体部位、细节的描述。

表头包含款号、加工单位、样衣编号等信息;内容可以包含:裁床说明、针距要求、重点工艺、后道、整烫要求、大货尺寸表及允差等信息,并可以将关键部位如领、拉链等用图的方法进行单独描述、也可以通过不同色彩区分贴衬位置等。总之就是用生产一线员工可以理解的方式,说明款式具体要求,尤其是核心部位的要求。

4. 面辅料样卡

面辅料卡(Bill of Material)也称BOM单,完整的BOM单既能够为裁剪和后道提供工作指引,也能够为大货的成本核算提供材料费依据。

面辅料卡也有与工艺单相似的表头,在面料卡上标明一件衣服上不同面辅料,如A、B面料和C、D辅料的编号、生产厂家、幅宽等参数,以及面料、里料相应的水缩、汽缩等信息,不同码数单件用量等,还要粘贴实物小样。BOM单要先流转至裁剪,裁剪铺布前可以根据实物小样再次判断是否使用了正确的面料。

辅料卡上,应显示此款的衬料、拉链、纽扣、商标、成分标、缝纫线等,要求面里料的材料编号、用量、使用部位和单耗等,方便后续生产,防止配错辅料。

5. 排料图

也称唛架图或马克(Mark)图,排料图是裁剪的依据,同时,技术部门通过排料图确定服装的单耗。

6. 产品流转单

产品流转单是计划部门在确认面辅料到货以及上述资料齐套的状态下,将上述技术资料连同流转单一并下推到生产部门,生产部门再根据这些资料的信息,核算领料数量,开始进入批量生产。

三、技术资料准确性

技术资料的准确性非常重要。技术资料类型及数量繁多,既有实物样衣、CAD样板,还有各种文字、编号、数据等信息,编写及录入过程要反复检查,不容出错。技术资料任何细节出现错误都会导致大货生产的停顿或出现批量性质量问题。例如,有的企业因BOM单中辅料编号输入错误,导致了整批货品该辅料裁好后需要全部更换,不仅造成了原料的损失,还延误了工期。通常情况下,企业将技术资料的准确率作为设计研发部门的考核指标,其中:

技术资料准确率=(月度准确技术资料总量/月度下单款的总量)×100%。

为了增加技术资料的准确性,技术资料具体检验项目及相关要求,如表2-14所示。

表 2-14 某企业技术资料检验表

款号:			
序号	目录	检验项目	核对标记
1		纸样款号和流转单大货号一致	
2		裁片片数(不多片不漏片),纱向,属性(和流转单保持一致)	
3		尺寸表尺寸需有纸样尺寸和完成尺寸,裁片各部位辅助线保留(方便留尺寸)	
4		各部位分割线长度,对位刀口,分割缝止口大小	
5	面布纸样	反转角处理	
6		容,拔,缩褶尺寸,褶倒向,特殊工艺标示	
7		黏衬部位,绣花位,压褶,打条毛样,修剪版	
8		方便生产大货的点位版,扣位版、净样,并标识片数	
9		检查样衣和纸样所表达的工艺一致	
11		里布属性和流转单保持一致,裁片片数不多片不漏片	
12		各部位分割线长度,对位刀口清晰	
13		底边处理工艺,层差等(里布封口注意底边大小)	
14	里布纸样	省,褶倒向标示明确	
15		反转角处理	
16		后中隐形拉链处理(正常款里布拉链位比面布每边少0.5 cm,里布拉链位比布长1.3 cm)	
17		里布与面布长度匹配度(考虑折转尺寸,以减少取消大货生产修剪工序为目标)	

续表

序号	目录	检验项目	核对标记
18	辅料纸样	辅料属性(织带或花边等,与流转单保持一致)	
19		部位捆条标示清楚,长度是否合适	
20		黏衬部位标示清晰	
22	尺寸表	基本码标准尺寸	
23		全码尺寸各部位的档差	
24	工艺分析	各部位工艺描述要准确和样衣保持一致	
25		分解图清晰,对各部位的分解与样衣保持一致	
26	面辅料卡	面料单件用量的准确性	
27		辅料单件用量及用途的准确性	
28		特殊工艺要注明厂家和工艺要求	
30	样衣	生产版样衣和工艺单内容保持一致	
31		生产版样衣和工艺单内容不一致的地方要注明清晰	
32	齐码纸样	各部位档差的准确性	
33		档差变化后对其他部位的影响	
34		特殊工艺纸样的标记	

总之,产前准备既与生产供应链部门相关,也与供应链前端的设计研发部门密切联系,只有周密的产前准备,才能为接下来的生产打下坚实基础。

思考题:

1. 何为供应链? 加工厂在服装供应链哪个环节?

2. 如果按照表2-5中女装行业标准,某款式从第一次上市,到追单货品再次完成,最快要经历多久时间?

3. 生产计划包含哪些种类? 各自有什么特点?

4. 采购原辅材料在考虑采购价格最低外,还要考虑哪些因素?

5. 为何要开展供货商评价? 可以从哪些指标开展评价?

6. 技术资料包含哪些? 学习到现在,你能够做到哪些?

第三章 服装裁剪工程

裁剪工程是服装批量生产的第一个阶段，在服装生产环节中处于十分重要的环节，在整个生产过程中，裁剪工程具有承上启下的作用，具体是将布料用裁剪设备分割成衣片的过程。裁剪工序不论对工艺技术还是加工设备都有很高的要求，其质量与效率会直接影响到以后服装批量生产的效率和成衣质量，裁剪工程主要包括裁剪方案的制定、排料、铺料、裁剪、黏合、验片打号分扎等工序。

第一节 裁剪方案制定

一、裁剪方案制定的原则

裁剪方案即裁剪分床方案是根据裁剪车间的生产条件及生产任务来确定如何裁剪的方案计划。内容包括整个生产任务分几床，每床辅几层，铺几个规格，每个规格裁几件，即床数、层数、号型搭配、件数四个方面的内容。裁剪方案是服装生产工程计划性的具体体现，在符合生产条件的范围内，努力提高生产效率，尽可能减少人力、物力、财力和时间的损耗，企业在完成节约面料预定计划的基础上,同时充分发挥人员及设备生产能力,减少重复劳动,提高效率。裁剪方案的制定要符合以下原则:

1. 符合生产条件

服装企业的生产条件是首先考虑的因素,企业的生产条件主要会从两个方面影响裁剪方案的制定:铺料的层数与铺料的长度。

(1) 铺料的层数:主要由两个因素决定,裁剪设备的最大裁剪能力以及面料的性能。各种设备的裁剪能力不同,以直刃式电剪刀为例其最大裁剪能力通常是刀刃长度减 4 cm,在设计铺料层数时不能超过裁剪设备允许的最大厚度。铺料层数还要考虑面料的性能,如面料的耐热性能、面料的厚度、表面性能等。如果面料的耐热性比较差,表面比较光滑或者起绒等均不适合铺料层数过多,而铺料的层数在面料没有其他特殊性能的前提下,可以用以下公式计算铺料层数:铺料层数=裁剪设备最大裁剪能力/面料自身厚度。

(2) 铺料的长度:这里讲的铺料的长度不是确切的铺料长度,只是用于预估裁剪方案中每层的总件数,主要是由裁床的长度以及操作人员数量决定。如 1.44 幅宽的面料每条裤子平均用料 1.05 m,裁床的长度为 6 m,则每层面料最多可裁 5 件,公式是 6/1.05 取整。铺料长度越长,需要的操作人员越多。

2. 提高生产效率

在符合生产条件的前提下,尽量减少重复劳动,充分发挥设备与人员的能力,尽可能提高生产效率。提高生产效率主要通过两个方面:减少床数和减少每层面料号型搭配中同一号型的数量。如每层面料 S、M、L 各一件比每层面料单排 S 码三件从排料工角度来讲效率要高。

3. 节约面料

据有关资料统计原材料的费用占整件服装生产费用的 90%,而面料的费用又占原材料费用的 95%,在制定裁剪方案时尽可能大小号套排,每层面料尽可能多排几件,这样可有效节省面料。

4. 优化裁剪方案

裁剪方案的优化,其出发点是以降低成本、提高效益为主,最重要的是提高生产效率和经济效益,而裁剪分床方案对应于这两项,可归纳为工时消耗和面料消耗。设计裁剪方案时应该综合考虑这两个方面内容,可将工时消耗转化为人工费用,将面料消耗转化为面料费用,综合裁剪费用=人工费用+面料费用,这样裁剪分床方案的优劣就可用综合裁剪费用的高低来体现。

二、裁剪方案制定实例

1. 裁剪方案的表示方法

$$2\begin{cases}(1/S+1/M+1/L)\times 100\\(1/S+2/M+2/L)\times 200\end{cases}$$

大括弧前面的数字 2 表示床数,分母 S、M、L 表示规格,数字分子表示每层面料对应分母规格裁剪的件数,乘号后面的数字表示铺料的层数。

上式对应的生产任务为:S:300 件;M:500 件;L:500 件。

2. 裁剪方案制定方法

下面以各种实例来讲述裁剪方案具体的制定方法。基本的裁剪方案制定方法主要有以下几种。

(1) 比例法:服装企业生产的订单中,各规格的生产数量之间常会存在一定的比例关系,这时可以应用比例法进行裁剪方案的制定。

【例1】 服装企业的订货单如表3-1所示:

表3-1 订货单

规格	S	M	L
数量(件)	100	400	200

生产条件要求:每床铺料层数不得超过300层,每层面料最多排4件,请设计裁剪方案。

[解] 分析订货单中的数量关系可以看到三个数字之间存在着比例关系,因此可以得出以下的裁剪方案:

$$2\begin{cases}(1/S+3/M)\times100\\(1/M+2/L)\times100\end{cases}$$

(2) 分组法:分组法通常应用于单独观察生产数量之间不存在比例关系,但是将其分为两个部分之后数据之间呈现一定的比例关系。

【例2】 服装企业的订货单如表3-2所示:

表3-2 订货单

规格	S	M	L
数量	150	250	100

生产条件要求:每床铺料不得超过200层,每层面料最多排3件,请设计裁剪方案。

[解] 分析订货单中三个数据之间不存在比例关系,但是250=150+100,分解后的两个数字分别与前后呈现比例关系,因此可得出以下的裁剪方案:

$$2\begin{cases}(1/S+1/M)\times150\\(1/M+1/L)\times100\end{cases}$$

(3) 并床法:并床法的思路是可将两床并一床来裁剪,这样可以减少床数,有利于提高效率。如上题也可以设计如下的裁剪方案:

$$1\{(1/L+1/S+1/M)\times100|150|250$$

规格L对应铺料100层,规格S对应铺料150层,规格M对应铺料250层。

(4) 加减法:对于一些小批量、多规格的生产任务,通常各规格的生产数量之间不存在明显的规律,如果将某些规格在数量上增减处理后,数量呈现明显的规律,增减量若控制在±5%,若是接单生产按照行规双方均能接受,不足的规格可与客户协商由多出的规格替补,多余产品可自销。

【例3】 服装企业的订货单如表3-3所示。

表 3-3　订货单

规格	S	M	L	XL
熟练	19	21	22	20

生产条件要求:铺料层数不得超过 200 层,每层面料最多排 5 件,请设计裁剪方案。

[解]　分析数据可看到如下关系:S=21-2　M=21　L=21+1　XL=21-1,因此设计如下的裁剪方案:

$$1\{(1/S+1/M+1/L+1/XL)×21$$

按照这个裁剪方案完成后,S 号多 2 件,M 不多不少,L 少一件,XL 多一件,增减量为 4.87%<5%,符合行规要求。如果是客户不同意增减或者面料定额很紧,可以以最小生产数量为准,不足部分单件裁。在上面的裁剪方案中将铺料层数变为 19,其他规格少的件数单件裁剪补足。

同一成衣生产任务的裁剪方案可有多种,最佳的裁剪方案是:在生产条件允许的情况下,排料次数越少越好,铺料床数越少越好。

三、自动分床系统

服装 CAD 分床软件可以根据订单的规格件数以及排料、铺料工艺要求完成自动分床,借助计算机强大的计算能力并结合人工经验,匹配出最佳的裁剪方案,在保证排料利用率最佳的情况下,提供最优的裁剪组合方案。图 3-1 是宁波恒拓博克软件的分床界面。

图 3-1　分床软件

四、团体定制服装的归拖系统

现在很多服装企业的服装生产模式是团体定制服装,这类生产方式的特点和单件定制、普通批量生产方式不一样,存在着规格尺寸多,质量要求又高的特点,如一些制服类的团体定制,规格尺寸、质量要求近乎是单件定制的要求,但生产企业希望控制生产成本,即单件定制的要求,批量生产的成本。这样的要求对于裁剪而言通常会采用归拖(归码)工序,这道工序是根据裁剪的要求把相应的尺寸归到一起批量裁剪即归拖(归码)工序,这一步是粗裁,后续工序再根据每一件的规格进行精裁。有些 CAD 软件已经具备归码功能,导入量体订单表,开启自动归码功能,根据要求设置好相应的归码规则,可以快速完成归码设置。

第二节　排料划样

排料也叫排版是样板在面料上如何使用以及用料多少的工艺过程,划样是将排料的结果画在纸上或面料上的工艺过程,二者通常是同步进行的,是铺料和裁剪的生产依据和前提。

一、排料方法

排料是一项技术性很强的工作,排料结果直接影响材料定额、生产成本、产品质量等方面。排料方法如下:

1. 先大后小

排料时先排大衣片后排小衣片,小衣片可以排在大衣片的空隙中,为了利用空隙可将大衣片的缺口合并,形成比较大的空白区域来放置较小的衣片。

2. 紧密套排、节约面料

根据样板的形状紧密套排,裁片直线对直线,斜线对斜线,凸对凹,尽可能减少样板之间的空隙,有利于节约面料。

3. 大小规格套排

在裁剪方案中通常一层面料要排几个规格,可将不同规格搭配,尽可能合理利用面料。

二、排料工艺要求

(1) 符合产品的设计要求与工艺要求,主要从以下几点考虑:①注意面料的正反和衣片的对称性;②注意面料的方向性。这点还要考虑两个方面:一是面料的丝缕方向,面料不同的丝缕方向性能不一样,一定要注意面料的丝缕方向与样板标注一致;二是方向性面料,这类面料从经纱两个方向观察具有不同的特征和规律,一般是表面起绒、起毛面料及一些条格面格,排料时要注意衣片的方向首尾一致问题,要按照设计和工艺要求,保证各衣片外观的一致和对称,此时样板的排列不能任意改变首尾方向。

(2) 排料图的线迹要求准确:划粉划线粗细一般不超过 2 mm,每一片裁片上要有适当的信息标记:如款号、号型等。如图 3-2 是服装企业实际操作的一张排料图。

(3) 排料图两端要求平齐,不允许出现凹凸现象。

图 3-2　男西装西裤套排排料图

（4）节约面料：按照排料方法进行排料，排料作业可影响服装生产总成本的 2.8%到 8.3%。

（5）考虑裁剪设备的活动范围：排料时要注意凹凸相临部位留有足够的空间，方便裁剪设备顺利切割。图 3-3 中，排料方法（a）优于排料方法（b）和（c）。如果裁剪设备采用自动裁床不需要考虑这点。

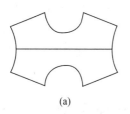 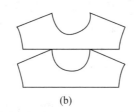 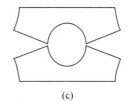

（a）   （b）   （c）

图 3-3 裁剪设备的活动范围

三、色差、条格面料的排料

1. 色差面料的排料

面料的色差有纬向色差与经向色差两种情况，前一种称为"边色差"，后一种称为"段色差"，比较切实可行的色差排料方法是部位靠近原则。对待有边色差的面料，排料时要将缝合在一起或相邻的部位（如上衣开襟前片的左右前襟）靠在一边，零部件尽可能的靠近相应的大身排列，如果一件衣服不可能所有的部位都按靠近原则排版的话，应首先确保明显的主要部位，如上衣要确保背缝、前襟，侧缝与袖底缝较次；裤子要确保外侧缝、前后裆缝，内侧缝次之。图 3-4 所示的方式排料，排料方法（a）裤子的前后裆缝、左右侧缝是可以确保对色的，但很明显，内侧缝保证不了对色，轻微色差在这个部位是允许的。排料方法（b）前后裆缝与内侧缝是对色的，但裤子的明显部位外侧缝保证不了对色，因此对于边色差面料而言，方法（a）优于方法（b）。

对于有经向（段）色差的面料，要尽可能保证同一件服装的各个裁片靠近在一起，其前后间隔的距离越小越好，间隔越大，形成色差的可能性就越大。

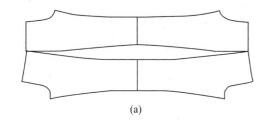 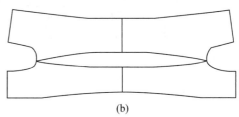

（a）   （b）

图 3-4 边色差面料排料图

2. 条格面料的排料

"对格对条"工艺在服装生产中时常遇到，"对格对条"工艺效果的优劣已经成为衡量这一类服装品质高低的一项标准。条格面料在裁剪之前首先要检查清楚需要对格的部位、标准以及裁剪样板上是否标出对格标记。对条格要求有部位对格、竖向对格、横向对格、纵横全对格以及对称对格。图 3-5(a)是领子对称对格,两个领脚尖处于格子的相同位置处,图 3-5(b)是男衬衫口袋横竖对格。根据不同的质量要求可以采用不同的排料方法,有准确对格法和放格法。图 3-5(a)是准确对格法。排料时将需要对条、对格的两个部件按对格要求准确排好位置,划样时将条格划准,保证缝制组合时对正条格,采用这种方法排料,铺料时要求各层面料条格准确,且相组合的部位尽量排在同一条格方向,应避免由于原料条格不匀而影响对格。图 3-6 是放格法(b)。排料时先将相合的部件其中一件排好,而另一件排料时不按样板划样,将样板适当放大,留出余量,余量大约是半个格子,裁剪时先按放大后的毛样裁剪(图中裙片裁剪一片沿实线边裁剪、一片沿虚线边裁剪),待裁下毛坯后再逐层按对格要求剪出裁片,与另一裁片进行组合缝制。

(a) 对称对格   (b) 横竖对格

图 3-5　对格部位要求

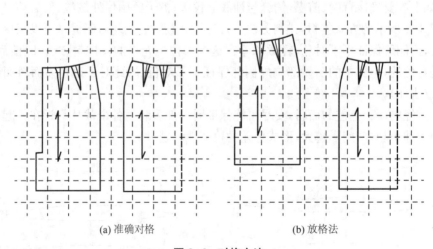

(a) 准确对格   (b) 放格法

图 3-6　对格方法

四、排料方式与操作方法

1. 排料方式与操作方法的原则

服装排料方式与操作方法一般会遵循如下原则:①了解订单等相关资料是否齐全以及相关要求。排料之前检查核对生产通知单、裁剪板样、面料门幅、裁剪方案等是否齐全完整,了解生产订单或生产制造单,以便作业的进行。②检查样板的各项资料是否准确完整,与生产通知单内容是否一致,样板数量是否完整。③检查本批面料的性能以及要生产的成衣款式,有无花型等,这对于对花、对条格、面料有无倒顺毛的产品尤为重要。④了解分床方案,这是排料的前提和依据,必须据此进行排料。⑤了解作业方法。要清楚是计算机排料还是手工排料。⑥检查核算单耗是否超出定额,如超出定额要重新排料。⑦检查排料图各衣片是否符合工艺要求、有无错误。⑧在排料图末端标出款号、号型、用料长度等资料信息,然后开铺料单。

2. 排料方式与操作方法

排料方式主要有两种:①传统的手工排料,由经验丰富的排料师按照生产和款式要求排料。现在许多服装企业尤其是一些小型服装企业仍然采用人工排料的方式。②计算机排料(CAD)。计算机排料逐渐被越来越多的企业使用,排料 CAD 软件的功能也越来越强大,存在效率高、误差小、储存方便等优势,另外还可以避色差、对条格。使用计算机排料,所用的样板从计算机的数据库中调取,根据程序设置的排料规则,排料软件会自动生成一种或几种排料方案,操作员可在这些方案的基础上通过人工操作计算机进行调整,以获取最优排料方案。但无论是手工排料还是计算机排料都需要工作经验和技巧。两种排料方式的比较见表 3-4。图 3-7 为单层裁床排料对格后裁剪的裁片。

表 3-4　排料方式对比表

	生产周期	劳动强度	面料利用率	误差	存储	适应性	工作效率
人工排料	长	大	不可预知	较大	不方便,占用空间多	人工处理	低
CAD 排料	短	小	可以预知、高	小	方便,节约空间	可以适应多种面料、可以对格、避色差	高

图 3-7　单层裁床对格裁剪

五、划样

服装企业常用的划样方法主要有以下几种:

1. 纸皮样法

排料图画在和面料同幅宽较薄的纸上,铺在面料的第一层上,沿纸上的衣片轮廓线直接裁剪。优点是避免直接划样划粉的污染，容易修改，适用于比较薄和易脏的面料。缺点是裁剪时容易滑移导致裁片尺寸偏差。

2. 面料划样法

将排料图直接画在面料上，把这块面料铺在铺好的面料上进行裁剪。缺点是容易污染布料，且不易修改。这种方法可用于条格面料的裁剪，以方便对条对格，也适合一些比较厚重的面料如西装面料，弹性面料、表面光滑面料、起绒面料不太适合。

3. 计算机划样

计算机排料划样，多层面料可以直接在面料上按图裁剪，也可以输出纸质排料图，单层面料通常配备投影。图 3-8 为力克软件计算机排料图，排料图可以重复应用。

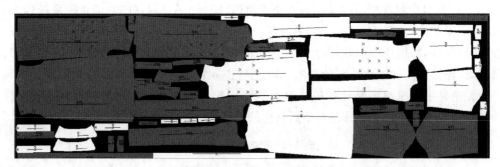

图 3-8　计算机排料图

六、排料效率分析

排料效率分析主要是两个方面：面料利用率和生产效率。

1. 面料利用率

面料利用率是排料结果好坏的量化指标，使用 CAD 软件排料面料利用率可以直接给出。公式如下：

$$面料利用率 = \frac{样板面积之和}{幅宽 \times 用料长度} \times 100\% = \frac{幅宽 \times 用料长度 - 碎布面积之和}{幅宽 \times 用料长度} \times 100\%$$

$$面料利用率 = \frac{裁片重量之和}{所用面料长度重量} \times 100\%$$

男装通常面料利用率可达到 85% 以上，女装大概在 82% ～ 85% 之间，如果是条格等特殊面料面料利用率会更低，一般会低于 80%。

2. 生产效率

排料的生产效率主要受到以下几个因素的影响：①排料方式。计算机排料系统比手工排料要快得多。②一层面料同规格服装的件数。件数越多，排料效率越低。③服装款式的复杂程度。款式越复杂，衣片数量越多，排料效率越低。④排料的工艺要求。排料工艺要求越多效率越低，如条格面料、方向性面料等比素色面料效率要低。计算机排料方式中 2、3 因素的影响不大，在计算机排料时，影响效率的因素主要是排料的工艺要求，如果面料没有色差，工艺要求允许裁片可以不对称排列，那么自动排料非常快，面料利用率也很高。但是如果要求裁片对称排列,在自动排料基础上通常要手动调整,效率和面料利用率都会有所下降。

第三节　铺　　料

按照裁剪方案所确定的层数和排料图所确定的长度,将服装面料重叠平铺在裁床上的工艺过程称为铺料。

一、铺料的工艺要求

1. 布面平整

必须保证每层面料平整,布面不能有挤皱、波纹、歪扭等情况,面料本身的表面特性是影响布面铺平整的重要因素,表面起绒、光滑、涂层面料在铺料时要十分注意。

2. 三齐一准

"三齐"是指铺料开始部位的起手齐、结束部位的落刀齐、叠布齐。"一准"是指要准确辨认面料的正反面。铺料时,要保证每层面料的布边上下垂直,不能有参差错落的情况,否则会造成靠边的衣片不完整,形成裁剪废品,铺料时以面料的一侧为基准,通常称为"里口",要保证里口布边上下对齐,一般差异不得超过 2 mm。

3. 用力均匀、减少张力

铺料时尽量减少对面料施加的拉力,防止面料的拉伸变形,通常面料在铺料前要松布,即通过抖松原材料来处理其在织造过程中产生的自然缩率,时间可以根据原材料性能确定。

4. 方向一致

对于方向性的面料而言样板的首尾方向要一致。

5. 铺料长度要准确

铺料要以排料图为依据,原则上与排料图的长度一致,铺料时一般铺料长度比排料图长 2~3 cm 左右,即两边各放 1~1.5 cm 左右,如果面料没有经过预缩处理,两端的放量还要根据排料图的长度适当增加。

二、铺料方式

根据生产条件,服装款式及面料的特点,铺料方法一般有以下三种:

1. 双层双向铺料

又称来回折叠铺料。将起手的一层料(正面向上)铺到长度要求后,折回或断开再铺,往返铺完为止。优点是效率较高。面料的适用性:适用于无花纹、无规则的花纹、图案、倒顺不分的印花、色织面料。服装款式:适用于左右对称的款式,不适用不对称的服装式样,如左右片门襟造型不一样,就不能采用这种铺料方法,因为这样相邻两层面料就会出现衣片一左一右的现象。

2. 双层单向铺料

将起手一层面料(正面向上)铺到要求的长度断开后,拉回起始位置从头面对面合铺,再正面向上铺料、面对面铺料,这样铺完为止。特点是产品表面图案、绒毛顺向和对称部位一致,不会出现纱向不顺、对称不等的缺点,质量较高,但效率低,费时。面料的适用性:适用于有倒顺花、倒顺毛、鸳鸯格等面料。服装款式:适用于对条对格、对花、左右对称的款式。

3. 单层单向铺料

又称单层一个面向铺料。将起手的一层料(多为朝上)铺到要求的长度断开后,再拉回起始位置铺第二层,依次铺完为止。特点是面料只能沿一个方向展开,每层之间面料要剪开,效率较低,排料要考虑衣片左右对称的问题。面料适用性:面料左右经向不对称的、条子、格子不对称的,有倒顺花、倒顺毛的面料。服装款式:服装式样左右襟造型不一样的(一样的当然也可以),要对条对格的款式。如图 3-9 所示。

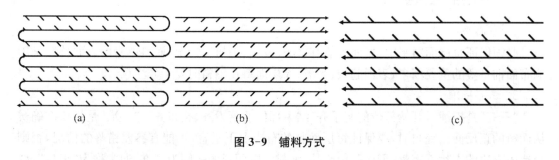

图 3-9　铺料方式

三、特殊面料的铺料

1. 条格面料的铺料

排料采用准确对格法时要求在铺料时必须采用定位挂针铺料,即目前服装厂采用"扎格针"的方法。在最底层有排料图的面料上找到工艺特别要求的部位扎上格针,以后每铺一层,都在该部位找到与下层面料相同的格或条并扎在格针上。为了达到好的效果,在挂针定位铺料时,有的工厂采用了专门的对条对格台(针床),有的使用了红外线裁床定位装置。定位针的长度控制在铺料高度加 2 cm 以内,而裁剪时的铺料高度最好低于 7 cm。通过用钉子在布料四边挂针定位,以保证这些部位的格条上下层尽量不出现错位,使每层面料的各个裁片对齐格,然后再进行划样裁剪。而且相组合的部位应尽量排在同一条格方向,以避免由于原料条格不均而影响对格。此外,在铺料时还要矫正面料经纬丝向。采用放格法排料时铺料可以不使用定位挂针,但不能裁剪一次成型,比较费工,也比较费料,在高档服装排料时多用这种方法。

2. 其他特殊面料的铺料要求

轻薄面料表面光滑的面料由于表面摩擦力过小,也不容易平服,可采用铺料 10~15 层面料铺一层薄纸以隔开,即可以防止裁片滑动和裁剪走刀,又方便分类捆扎裁片;弹性面料在铺料之前要先松料 6 h 以上,而且为防止裁剪走刀现象,铺料的厚度一般控制在 10 cm 以内,铺料长度一般不超过 5 m;涂层面料的铺料厚度一般控制在 15 cm 以内,铺料 10~15 层面料加铺一层薄纸;绒毛面料要保证每个角度受力均匀,铺料层高控制在裁刀 1/3 以下的高度。

四、余料利用方法

服装余料的产生主要有几种情况：一是生产中产生的下脚料、边角料以及类似半成品的布片、裁片等；二是铺料过程中，每匹布料到末端时不可能都正好铺完一层，剩余的部分也称为余料。铺料长度长时，余料有时会达到几米长，因此，余料的合理利用是成衣生产中节约用料的重要组成部分，对降低生产成本有着重要意义。据调查每个外贸加工企业，几乎每个订单都要产生余料，且余料不易处理，保留了大量的余料；而自主品牌的企业，则可以通过组织进行翻单生产来处理掉余料，其留存的余料不会多。余料的利用方法主要有以下几种方法：

1. 裁单件或换片

利用基本无色差的余料裁成单件服装，可作为尾单产品出售。也可替换由于裁剪、缝制或熨烫等原因出现的废片，换片在针织服装厂应用较多。

2. 布匹的衔接

布匹衔接也称为驳布，针对第二种情况产生的余料，第一匹布铺不完一层，利用第二批布再续接上去完成一层的铺料。这种方式主要涉及两个方面内容：一是衔接的位置，二是衔接的长度。衔接位置是排料图上纬向交错少的部位，一般间隔 1.5 m 会设置一个衔接位置，衔接的长度即是纬向交错的长度。见图 3-10。

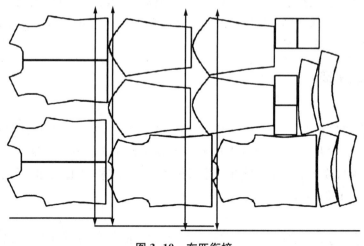

图 3-10　布匹衔接

3. 针织服装厂建议将同类原料合并后，回缸复染，染好后得到的就是同缸号的原料，即可以再利用。

4. 一些小的下脚料、残缺衣片等属于废料，通常会卖给回收机构，回收机构按类别分好进行再加工，可加工成再加工纤维织物、非织造布、填絮料、纸张等。

5. 两个排料图混合铺料。

为使余料降至更少，还可以采用两个铺料长度（或排料图的长度）或两个以上铺料长度同时铺料的方法进行铺料。

如某成衣生产任务的裁剪方案确定为：第一个排料图为 L、XL 和 XXL 号套排，长度为

6.29 m;第二个排料图为 S、M 号套排,长度为 3.87 m;铺料时两端的损耗量各为 1 cm。

布料匹长为 51 m 时,铺料层数分配如下:

(1) 先在第一个排料图的裁床上铺 5 层,用料长度为:(6.29+0.02) m×5＝31.55 m 剩余 19.45 m 布料。

(2) 再在第二个排料图的裁床上铺 5 层,用料长度为:(3.87+0.02)×5＝19.45 m 该匹长度为 51 m 的布料刚好用完。这种将同一匹布分别在两个或两个以上裁床上按一定比例分别铺料的方法称为混合铺料法,即对两个或两个以上铺料长度按事先计算好的层数分配进行铺料。下面以以例题说明其设计方法。

【例 4】 某匹布长度为 36 m,第一张排料图长度为 1.6 m,第二张排料图长度为 1.75 m,请设计两床该如何铺料余料最少。

[解]　(1) 计算排料图长度短的最大铺料层数:36÷1.6＝22.5,取整 22,双向铺料取偶数

(2) 计算两张排料图长度差:1.75−1.6＝0.15

(3) 计算排料图长度长的铺料层数:(36−1.6×22)÷0.15＝5.3,取整 5

(4) 计算排料图长度短的铺料层数:22−5＝17

(5) 计算余料:36−(1.6×17+1.75×5)＝0.05(m)

经过计算,1.6 m 的排料图铺 17 层,1.75 m 的排料图铺 5 层,余料 0.05 m。

混合铺料方法,虽然在铺料时要计算每一床的铺料层数分布比例,但比前述的布匹衔接方法更节省布料,并且保证同一件成衣的衣片是出自于同一匹布料,避免了不同匹布料色差问题,但是要考虑与裁剪方案是否相符。

五、铺料设备简介

1. 裁床

裁床是铺料和裁剪的工作台,裁床质量的好坏直接影响铺料和裁剪质量的好坏。裁床高度一般为 85 cm 左右,这个数值是根据人体工效学原理确定的。台面要求平坦、光滑、富有弹性,通常由木材或有金属条的绝缘纤维板组成,长度和宽度随面料的幅宽及生产需要而定,常见的宽度是 1.2～1.8 m,长度为 3～24 m。

2. 拉布机

拉布机是铺料的工具,有半自动拉布机、全自动拉布机,拉布机可以适应针织面料、机织面料。蕾丝面料、雪纺面料、皮革面料等经过调试都可以使用,可以满足铺料的工艺要求且无张力铺料,自动对齐布边和层计数功能。拉布机可以有效降低铺料的工作强度,提高工作效率。图 3-11 为富怡自动拉布机。

3. 空气衬垫装置及吸气装置

空气衬垫装置应用在裁床上,台面通常为有分布均匀小孔的橡胶板,压缩空气自孔中喷出,在铺好的面料层与台面之间形成气垫,对于光滑轻薄的面料,铺布完毕后常覆盖塑料薄膜,在裁剪时开动吸气装置,使各层面料贴紧,以免裁剪中面料滑动,保证裁片的规格质量。

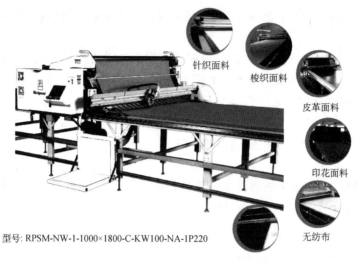

针织面料

梭织面料

皮革面料

印花面料

无纺布

型号: RPSM-NW-1-1000×1800-C-KW100-NA-1P220

图 3-11　拉布机

第四节　裁　　剪

裁剪是服装生产的关键工序,是将面料按照排料图分割成衣片的过程,其直接的结果就是产生裁片,而裁片质量又是决定产品质量和生产效益的关键因素。

一、裁剪的工艺要求

1. 确保裁剪的精度

裁剪精度是指裁片的精准程度,是服装工业裁剪最主要的工艺要求,是成衣规格是否符合标准的关键。

2. 对于耐热性比较差的面料,要考虑裁刀温度对面料边缘的影响,不要因为裁刀温度过高使衣片边缘受到损伤。

3. 切口边缘质量

衣片切口边缘要求干净整齐,曲线部位边际圆顺。

二、裁剪工程的生产能力计算

裁剪工程的生产能力是按照工时核算的,工时由企业管理部门(可以是 IE)给出,通常采用每班铺床床数或者裁剪成衣件数表示。分成两种情况考虑:

1. 最大生产能力计算

通常服装企业会根据生产的服装品种控制裁剪车间与缝制车间的人数比例,大约为裁剪人数:缝制人数为 1:7~1:10 之间。当设备和人数确定下来后,最大生产能力随之确定。

每班铺料层数＝每班工作时间÷铺一层所需工时

每班裁剪件数＝一层面料的总件数×铺料层数×铺料床数。

工时与铺料长度、面料性能、铺料方式、铺料设备等有关,人工铺料一层所给工时一般为45 s到90 s。

【例5】 排料图一层面料的件数是6件,铺一层面料需要工时60 s,每班上班时间8 h,浮余率25%,求每班裁剪工程的最大裁剪能力是多少?

[解] 工作时间=8×(1-25%)=6(h)

每班铺料层数=6×3600÷60=360(层)

每班裁剪件数=360×6=2160(件)

2. 已知生产计划

生产计划确定之后,每班的裁剪任务基本也确定了,裁剪工程必须按此任务准确无误的安排生产,才能保证整体生产任务按时完成。

每班裁剪床数=每班计划用料量÷(每床铺料层数×每层用料长度)

每班计划用料量=每件成品用料量×每班计划产量

每层用料长度=每件成品用料量×一层面料中件数×每层排料图个数

则每班裁剪床数=每班计划产量÷(每床铺料层数×一层面料中件数×每层排料图个数)

【例6】 某服装厂计划每班生产件数为900件,排料采用3件套排,每层铺一个排料图,铺料层数为150层,则每班需要完成的裁剪任务为:

[解] 每班裁剪床数=900÷(150×3)=2(床)

三、裁剪设备简介

1. 电剪刀

电剪刀分为直刃式电剪刀和圆刃式电剪刀。直刃式电剪刀由手工操作,裁剪刀垂直地做往返运动切割面料。特点是方便小巧灵活,适合裁剪直线曲线。圆刃式电剪刀也是手提裁剪机,其刀片为圆形,最大裁剪厚度是裁刀半径的大小。相比直刃式电剪刀更适合裁剪直线部位,裁片边际光滑圆顺,不适合裁剪曲线部位和小衣片。见图3-12。

图3-12 电剪刀　　　图3-13 带刀台式裁剪机　　图3-14 冲压裁剪的领子模具

2. 带刀台式裁剪机

带刀台式裁剪机是带状裁刀与裁床相连的一种裁剪设备,见图3-13。一条环形带刀绕在几个高速回转的轮子上,随轮子一起转动,人工推动布料,带刀刀刃自上而下切割面料。特点是适合切割小片和复杂的裁片,如领子、口袋等,但是不能裁剪铺在普通裁床上的面料,只能将面料铺在裁剪机自带的裁床。

3. 冲压裁剪机

冲压裁剪机是模拟机械加工中的冲床原理,将衣片的形状制成刀模,装在裁剪机上,利用冲压机产生的巨大压力将面料裁成衣片,铺料层数不可过高,层高一般 1.5 cm 左右。特点是裁剪精度高,速度快,适合裁剪较小的衣片,一般在皮件服装厂应用较多,缺点是需要制作模具,因此成本较高。

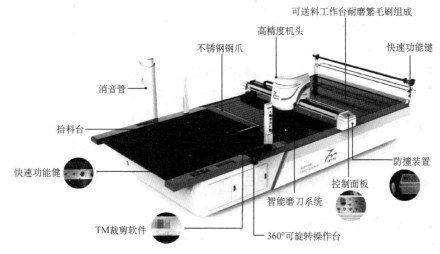

图 3-15　自动裁剪机

4. 自动裁剪机

自动裁剪机有机械裁剪、激光裁剪,多采用机械裁剪,裁剪面料可以多层也可以单层,适应多种面料,可以适应多种生产方式的需求。自动裁剪系统多由电脑控制中心和特制的裁床组成。电脑控制中心可以读入排料资料、计算刀架及刀座位移并控制定位,计算刀具下刀角度并控制速度,使裁刀始终垂直,自动控制刀座磨刀间距。裁床主要由裁剪台、刀座、刀架、操作面板和真空吸气装置组成。优点是裁剪精度高,尤其是裁片比较复杂的款式,裁片精度的优势越明显。

5. 钻孔机

应用在打定位孔时,耐热性差的面料不适合。

图 3-16　钻孔机

第五节　裁片打号与分扎

一、裁片打号

1. 打号的目的

批量生产的裁片数目过多,所以要在裁片上编上号码,这样做的目的有两个:一是保证同规格衣片的缝制,二是避免色差。

2. 打号部位

如果是比较厚的面料可以打在衣片反面边缘处,比较薄透面料,可在衣片边缘某一处多裁剪一块,包缝时利用包缝机切割掉,如图 3-17 所示。

3. 打号方式

通常由数字组成。按一固定方式，以数字形式打号，一般由七位数字组成，没有色差面料只需打上规格。

＊＊	＊＊	＊＊＊
床号	规格	层数

4. 打号方法

一般用打号机打号，要避免油墨污染裁片；绒毛类可采用贴标签方法，注意标签不要脱落；如果油墨颜色太重，也可以选择手写方式。

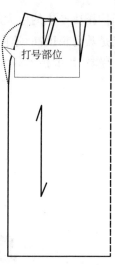

图 3-17　轻薄面料打号部位

二、裁片分扎

1. 分扎前的准备工作

（1）核对工票上信息，包括台号、颜色、尺码、件数等，确认是否与实际裁片吻合。

（2）准备剪刀、需分包的各裁片。

2. 分扎

（1）剪刀剪取对应款工票，并整理统一放于箱内待分包。

整理后工票

图 3-18　工票

（2）将整理后工票依据车间需求并遵照该款分包单及分包信息进行捆扎，在操作过程中分包需层次准确，小片裁片不可散落丢失，大片和小片按衣服的结构顺序捆扎牢固并摆放整齐，分组适中。

分包(图例)

图 3-19　分包后的衣片

（3）工票信息管理

工票是企业对操作人员分配生产任务并记录生产活动的原始记录，是工人计件工资的凭证、同时可以显示在制品的生产阶段和协调缝制工艺的配对。工票信息管理从剪菲扫描、FRID工位机到二维码扫描，可以数字化管理，具有数据实时监控、性价比高、系统学习、使用成本低、异地多工厂实时协同等优势。

第六节　裁　剪　精　度

裁剪工程是服装企业降低成本、提高速度、控制质量的关键环节，裁剪精度直接影响服装质量，裁剪精度的控制十分必要。

一、裁剪精度包含内容

一是裁出的衣片与样板之间的误差大小；二是指各层衣片之间误差的大小；三是剪口定位孔位置和数量是否准确。上中下各层对比误差，不允许超过0.3 cm，刀眼进去不超过3 mm。

二、裁剪精度影响因素

裁剪精度主要与几个因素有关：

1. 裁剪设备

CAD和CAM可以大幅度提高裁剪精度，包括条格面料的裁剪精度。

2. 铺料

铺料层数比较多、比较厚时，在使用电剪刀裁剪时容易上下层面料倾斜，造成裁剪精度的误差，弹性面料控制铺料长度有助提高裁剪精度。

3. 面料的影响

面料的性能是不同的，在铺料和裁剪时要注意根据不同面料性能采取不同的方法。如蓬松棉等含有大量静止空气的材料如果使用电剪刀裁剪时要控制铺料层数；其他特殊面料在铺料时的注意事项在铺料一节中有介绍，弹性面料、表面光滑面料、涂层面料、绒毛面料的铺料具体方法在铺料一节中有比较详细的介绍，这些面料的特性都会影响到裁剪精度。

4. 操作人员的技术水平

操作人员的技术水平也会直接影响裁剪精度，需要加强培训，提高职业水准。

三、裁剪精度控制要点

裁剪车间工序包括：制定方案、排料划样、铺料、裁剪、打号、验片、压衬、分包、送货等内容。为确保裁剪精度，裁剪的关键是裁剪质量的控制，每道工序对下道工序以及整个产品质量都会起到关键的作用，在每道工序中要严格进行质量控制。

1. 排料划样检验

排料划样完成之后要检查是否漏排、错排、面料丝缕方向、拼接部位长度是否符合生产工艺要求等。

2. 铺料检验

铺料员要进行数量核对,包括层数和长度核对,铺料方式是否正确,是否符合工艺要求和面料特性。并做好分层数标识,组长对铺料情况进行复核、无误后报裁剪车间主任批准,方可裁剪。

3. 验片

验片是裁剪完成后的检验工序,将规格,形状不合格和有疵点的衣片找出来,以免残次衣片投人到缝制工序造成残次品出现。成衣生产中,通常验片和打号同时进行。主要包含几下几个方面:①首先用样板校对裁片的规格和形状,裁片允许公差如表 3-5 所示。②将同一叠裁片中的最上层和最下层裁片相比较,检验上、下裁片规格是否相同,有否歪斜、凹凸。用对折的方法检查对称部位是否对称。③逐层翻阅,检验裁片的疵点。不同的衣片对疵点的要求程度也不相同。根据衣片所处的视角位置及其对成品外观的影响程度,可将成衣分成若干部位,不同部位,允许存在的疵点不同。

表 3-5　裁片的质量标准

序号	部位	纱向规定	拼接要求	对条对格规定 (明显条格在 1 cm 以上)
1	前身	经纱从领口宽线为准不允许斜		条料对条,格料对横,互差不大于 0.3 cm
2	后身	倾斜不大于 0.5 cm,条格料不允许		以上部为准条料对称,格料对横,互差不大于 0.2 cm
3	袖片	大袖片倾斜不大于 1 cm,小袖片倾斜不大于 0.5 cm		条格顺直以袖山为准,两袖互差不大于 0.5 cm;袖肘线以上前身格料对横,互差不大于 0.5 cm;袖肘线以下,前后袖缝格料对横,互差不大于 0.3 cm
4	领面	纬纱倾斜不大于 0.5 cm,条格不允许斜	连驳领可在后中缝拼接	条格料左右对称,互差不大于 0.2 cm;背缝与后领面,条料对条,互差不大于 0.2 cm
5	挂面	以驳头止口处经纱为准不允许斜	允许二接一拼,接在二扣位中间	条格料左右对称,互差不大于 0.2 cm
6	袋盖	与大身纱向一致,斜料左右对称		手巾袋、大袋与前身条料对条,格料以格,互差不大于 0.2 cm

四、裁剪精度技术管理

1. 操作规定

为更好控制裁剪质量,实践中总结出服装裁剪"五核对"、"八不裁"制度和"八项技术操作规定"。

(1)"五核对"包括:①核对合同编号、款式、规格、批号、数量、型号和工艺单。②核对原辅料等级、花型、倒顺、正反、门幅、数量。③核对样板数量是否齐全。④核对原、辅料定额和排料图是否齐全。⑤核对辅料层数和要求是否符合技术文件(标准)。

（2）"八不裁"包括：①辅料没有试验缩率的不裁；②原、辅料等级档次不符合的不裁；③原料纬斜超过规定的不裁；④样板规格不准确或组合部位不合理的不裁；⑤色差、疵点、污、残超过规定的不裁；⑥样板不齐的不裁；⑦定额不明确、门幅不符或超定额的不裁；⑧技术要求和工艺规定没有交代清楚的不裁。

（3）八项技术操作规定：①严格执行顺毛、顺色、顺光作为正面的规定。②严格执行拼接规定。③严格执行互借范围规定。④严格执行色差、疵点范围规定。⑤严格按工艺规定执行对条、对格规定。⑥严格执行辅料、排料、节料、开刀、定位、编号的技术规定。⑦严格执行电刀、电剪等工具设备的安全操作规定。⑧严格执行文明生产规定。

2. 裁剪精益管理

服装精益生产提倡整理、整顿、清扫、清洁、素养的理念对于裁剪可以提高生产效率，同时也可以提高裁剪精度。精益化管理主要从几个方面考虑：①在生产系统化、工艺流程细化、作业流程标准化的基础上建立基于生产平衡的流水作业，明确每个阶段的具体任务；②目视化管理，目视化管理更加直观，可以有效提高工作效率，图 3-20 为上海秒优企业裁剪车间看板；③员工加强培训，加强职业素养和职业水准。

裁床后拉需求看板

填写人：车间主任

组别	款号	订单数	出货期	累计裁数	累计领数	车间需求				备注
						日　期	尺码	颜色	数量	
1										
2										
3										
4										
5										
6										
7										
8										

说明：1、每天下午6点前主任根据车间的生产情况，在"裁床后拉式需求看板"中填写第二天的裁片需求情况；
2、裁床根据后拉式看板中的裁片需求立即进行配包；
3、第二天早上由辅裁人员配送到各生产线还是由水蜘蛛到裁床领取当天需要的裁片.

图 3-20　目视管理——看板

裁剪车间对于每道工序要规范生产流程、作业标准，建立基于生产平衡的流水作业。服装 CAD 软件标准工时系统可以协助企业进行动作分析，减少浮余动作，建立标准作业流程。裁剪车间精益管理还包括裁片的物流管理，针对裁片物流的管理遵从精益物流的概念，即无中断、无绕道、无等待、无回流的增值物流系统。在精益物流中裁片的管理可以采用裁片超市，裁片的放置方法、位置、分包等等遵循精益物流的原则，在裁片超市中裁片运输通过无人搬运 AGV 小车实现无人化搬运，货物快速流转，减少搬运、寻找时间，提高效率。服装裁片超市通过库位管理 ＋ 条码、二维码、RFID 识别 ＋ 生产流程规划，实现裁片超市数据化、信息化管理,实现仓储系统、生产系统和管理系统的融合,全面提升工厂生产效率,节省人力,提高生产效益和降低生产成本。

图 3-21　裁片超市

思考题:

1. 服装裁剪方案包含哪些内容,制定的原则是什么? 为以下生产任务设计裁剪方案:生产 3600 件男衬衫,规格、花色、件数如表,面料为"的确良"素色面样,裁床长底为 8 m,电剪最大厚度为 300 层,试确立裁剪方案,生产任务单如下:

规格	36	37	38	39	40	41	42
白	0	100	100	300	300	200	200
灰	200	200	600	600	400	400	0

2. 结合实际说明条格男装衬衫需要对格的部位,批量生产如果要保证对格质量应该在裁剪各工序中如何处理?

3. 设计一款服装,画出其纸样设计图,确定面料的幅宽并画出其排料图,注意排料的工艺要求。

4. 在大货生产中,应该如何有效控制裁片的质量?

第四章　服装缝制工程

缝制是服装加工的核心环节，指利用缝纫设备形成的线迹将服装裁片连接在一起的过程。

随着技术进步，服装缝制早已改变了最早以平缝设备为主的生产方式。当前，不同线迹的缝纫设备、特定用途的专用缝纫设备、具备组合功能的自动化缝制设备等在缝制工程中正得到越来越广泛使用。除传统的有线缝合外，多种形式的无线裁片接合技术，如无痕黏合技术也日趋成熟，虽然无痕黏合等新技术因其接合无痕、防水等性能优势在越来越多的特定品类的服装中得到应用，但目前有线缝合还是服装最主要的裁片连接方式。

第一节　缝制前裁片预处理

裁剪是生产第一道工序，裁剪后的裁片需要经过一定处理，才能开始缝制工序。

一、裁片的前处理

服装缝制工程要有工程质量意识，管理注重各项工作围绕共同的目标开展。各项工作环环相扣，后道作业的要求即是前道作业的工作目标，即前道作业要为后道作业服务。因此，裁片要经过合适的处理，满足缝制工程的要求后才能进入缝制环节。

1. 验片

由于面料疵点等原因，有些裁片会成为疵品片，操作员工翻看，遇上疵品片及时要换片放原位置补齐,不让有残疵衣片流入缝制工序。

2. 标注信息

为了使一件服装衣片来源于铺布的同一层面料而减少色差,衣片上要打号或者写号;有RFID系统进行过程管理的还要绑信息卡等。

3. 标示后工序位置

通过画记号、打剪口、打线钉或者扫粉等方式,为后道缝制甚至后整理标示位置,以方便后道工序操作,如牛仔手擦、马骝等位置。

扫粉操作普遍用于最后需要水洗整理的服装,尤其是牛仔服装,标示记号效率高,一般用需要记号部位漏孔的PVC板覆盖在衣片上,操作人员迅速扫过水淀粉,在衣片上就出现记号齐全的印记。如图4-1所示。其他类型服装也一般运用工艺版通过手画的方法标注位置,给后续缝制操作指明位置。

图 4-1　牛仔裤片上扫粉印

二、特种工艺

为了增加服装设计元素,一些服装尤其是女装,需要对裁片进行一些特别处理后才能缝合,这里统一称为"特种工艺"。特种工艺都是对裁片进行加法设计,用以增加面料肌理感,使服装效果更加丰富,特种工艺也随着技术进步和审美变化而不断创新,成为差异化服装设计的重要部分。

特种工艺能够提升服装成品的档次,但是作为裁剪和缝制等中间环节,由于对部分裁片的再处理,会加大服装生产周期,也需在生产计划中专门安排相应时间。不同特种工艺采用不同设备,同时设备种类繁杂,很多企业在接到这种订单时,都采用裁剪后将需要特种工艺裁片发外加工的方式;部分企业为了缩短生产周期,购置一些常用特种工艺的设备,自行加工。

特种工艺种类繁多,没有明确的分类,市场上常见的有印花、烫钻、绣花、打缆、对丝、规律折、三角针密珠、三角针装饰珠链、拉疏等。尤其是女装,对特种工艺的要求较多,绣花、烫钻等也是一些品牌高端女装常用设计手法。下面就几种常用特种工艺进行介绍。

1. 绣花

绣花在我国历史悠久,深受消费者和设计师的喜爱,需要强调的是,当生产服装的部分裁片有机器绣花时,对前期设计研发的要求有相应变化。版师将需要绣花片加放2.5 cm修剪量,并推板全码操作;同时设计师给出绣花版1∶1文档,并按照样板绣花部位的长度方向比例确认相关尺寸,打印贴合,作为外发绣花或者内部加工的技术资料,交付相关部门,如图4-2所示。

为了使绣花裁片达到质量要求,还要确认不同绣花设备的

图 4-2　绣花样片技术样板

参数,如最大绣花面积、可穿线数,是否能够做一些特别绣花种类等;绣花线和面料不同,对绣花工艺和质量也有很大影响。尤其是针对欧根纱等薄型面料,脱胶等操作也很关键。

2. 打缆

通过反面橡筋与正面缝纫线的结合,使裁片尺寸发生变化弹性缩紧,产生特别的肌理效果。打缆多用在下摆、领口、袖口等位置,一般用于春夏季薄型面料,如雪纺、乔其、双绉、斜纹绸等,如图4-3所示。

使用打缆作为设计点要注意面料的厚度要求、设备针数、实际使用的针数等问题,尤其要关注使用针数及形成的线迹数与打缆宽度之间的关系,以及弹性缩紧后裁片和该部位成品的规格。

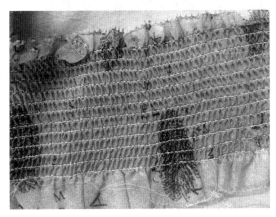

图4-3　打缆工艺

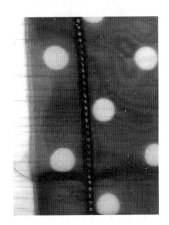

图4-4　对丝工艺

3. 对丝

通过对丝机将面料纱线纠集缝合,形成的线迹在面料表面形成特别条状装饰效果,如图4-4所示。对丝线迹既可直接作为一种装饰线条使用,也可以从对丝中间缝隙剪开,剪开的两边都形成类似密边效果的止口,如图4-3上面止口封边部分,就是用的对丝操作后裁剪开的,既不脱边,看起来也很精致。

对丝也常用于薄型面料,当面料厚度过大,很难达到对丝效果。

对面料的处理是设计师常用的设计手法之一,因而特种工艺的种类还会不断增加。对于生产企业来说,尤其是外加工处理这些需要特种工艺的裁片时,不但要考虑裁片的样板可能发生的变化,还要考虑特种工艺后的裁片的合格率,要增加一定数量特种工艺裁片以免加工后的合格品裁片数量不够而导致服装成品数量达不到客户要求,拖延批量服装交货期。

三、裁片黏衬

为了确保裁片的形状在缝制中不发生改变,形成并保持服装造型,同时便于后续的缝制加工,需要针对部分裁片或者裁片的部分位置,进行黏衬操作。

1. 黏合衬与面料配伍性

黏合衬与面料配伍很关键,配伍性要从以下几方面考虑:

(1)衬的基布:按照衬的基布种类可以分为机织衬、针织衬和无纺衬。基部的弹性不同所匹配的面料也不同,如针织或者弹性较大的机织面料要使用针织基布衬。

(2)衬的胶粒大小及数量:每平方厘米胶粒数量及大小不同,匹配的面料厚度也不同。38 粒/cm² 与 110 粒/cm² 相比,前者胶粒大,胶粒融化后渗透较深,进而产生较大黏合力,就要匹配厚重面料,如果匹配轻薄面料,黏合后就可能产生面料正面渗胶现象。不同大小胶粒的黏合衬与厚重面料黏合后剥离效果如图 4-5 所示。其中 A 图中的衬每平方胶粒少,且胶粒大,能够达到黏合要求,B 图胶粒小而多,不能达到黏合牢度要求。

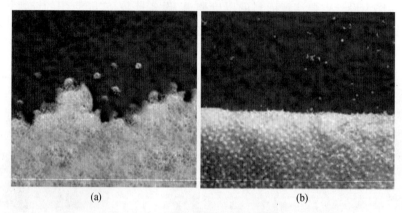

(a)   (b)

图 4-5　厚重面料与不同胶粒大小数量黏合衬匹配效果

(3)厚度:黏合衬根据需要有不同厚度,薄型面料需要匹配薄型衬,我们一般以黏合衬基布长丝旦数(D)来表达衬的厚度。例如,30D 衬用于真丝雪纺等夏季面料,50D 衬用于夹克小外套等中厚面料,75D 用于男西装羊绒大衣毛呢厚面料,100D 可用于加厚大衣等。

2. 黏合参数

企业的黏衬采用连续式黏合机完成,首先加温使胶粒融化,再通过压力滚轮将面料及胶粒融化的衬压合,使熔融的胶渗透进入面料达到面料衬一体的效果,这两个过程都需要一定的时间,最后将黏合好的裁片送出。

(1)温度:温度是使胶粒熔融的条件,不同成分面料耐受温度的状况大不相同,不同厚度衬也需要不同温度,温度过低黏合牢度达不到,温度过高会使面料黏合后表面产生渗胶现象,因而不同面料与不同衬匹配黏合温度的控制至关重要。一般来说,30D～50D 衬黏合温度在 125～145℃之间,75D～150D 衬黏合温度在 135～155℃之间,具体数值还要根据面料成分确定。

(2)压力:压力也会影响面料与衬黏合的效果,压力过大使面料失去手感外观,压力过小达不到黏合牢度要求。一般来说,30D～50D 衬压力在 1.5～2.5 kg/cm² 之间,75D～150D 衬压力在 2～3 kg/cm² 之间。

(3)时间:时间长短决定了胶在面料中渗透的状态,时间太长影响黏合作业效率,时间太短达不到渗透要求。一般会控制在 10～14 s 之间。

为了达到更好的黏合效果,企业在使用新的衬种类,或者面料成分、厚薄差异较大时,一般在大批量作业前,采用小片黏合测试的方法,得到精确的参数,黏合衬生产厂家也会针对

注:本节黏合衬厚度采用行业通行的基布长丝旦数(D)来表示。

普遍使用面料进行测试,给出黏合参数的建议。

3. 黏合质量

黏合牢度是黏合质量很重要的一个方面,用"剥离强度"这个指标来评判,在 GB/T 2664—2001《男西服、大衣标准》中规定了"覆黏合衬部位剥离强度≥6 N/2.5 cm×10 cm"的要求,也有相关剥离强度测试标准。除此之外,覆黏合衬面料应手感柔软,面料弹性不受影响,正面不能渗胶、起泡等。

为保证黏合面料不脏污,黏合衬应有单独样板,衬的样板应比需要黏合面料样板周边小 0.2 cm 左右,防止衬大于面料而使胶粒融化后污染黏合机的传送带的情况;有些面料通过黏合机后会改变颜色,导致不需要黏合的裁片与过黏合机裁片产生色差,此时就需要将所有裁片都过一下黏合机,保证裁片色彩的一致性。

缝制前裁片预处理,是良好缝制的基础,只有裁片经过以上所需的前处理,并能够保障质量,才能够使后续的缝制作业质量得到保障。

第二节　线迹和缝型

服装成衣有三种方式,分别为针织一次成型或片织缝盘成型、面料经过裁片然后黏合成型、面料经过裁片缝合成型。第三种缝合成型是当前服装缝制的最主要形式。本节内容围绕第三种缝合成型方式展开。面料经裁片缝合成型是指利用缝线,采用一定的线迹,将裁片以一定的缝型结合的形式使裁片相互连接,成为一件服装。

为了使服装加工标准化,西方国家早在 1965 年就制定了线迹缝型的相关标准,以工程图的方式表达,如 Federal Standard 751a,2008 年我国也修订了 GB/T 4515—2008《线迹的分类和术语》标准。目前在缝纫设备制造业、服装业普遍采用的是 ASTM D 6193《Standards Related to Stitches and Seams》,以及 ISO 4915 标准。

线迹(Stitch),是缝线采用自链、互链、交织等方式在缝料表面或穿过缝料所形成的一个单元。

缝型(Seam),指各裁片相互缝合的部位的结构形式。

缝纫线迹是由裁片上连续的线迹组成,有连接裁片、装饰、包边等目的。

服装的缝纫成型,就是使用缝纫线,按照事先设计好的缝型,通过各种类型缝纫设备以重复线迹的方式实现的。

一、线迹类型与应用

线迹,也被称为针步,是根据线迹的结构和相互穿套的规律来进行分类的,缝纫机种类不同缝纫出的线迹不同。

1. 线迹的分类与应用

线迹的分类标准很多,按照 ASTM D 6193,线迹被分为 6 大类:

100 类——链式线迹;200 类——(仿)手工线迹;300 类——锁(梭)式线迹;400 类——多线链式线迹;500 类——包缝线迹;600 类——覆盖绷缝线迹。

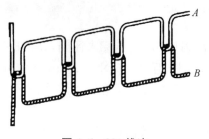

图 4-6　301 线迹

线迹编号由三位数组成,如301线迹,第一位3是指线迹的类型,即它属于梭式线迹,后两位01是指该类型中的特定样式。301线迹也是我们平时服装中使用最多的单针锁式平缝线迹,如图4-6所示。由面线A和底线B交织而成。

线迹和缝型本身也是一种工程语言,除了方便不同语言背景的人员交流外,在讲同一种语言的人群中,也是一种更高效、更科学的表达方式。

100类是常用的线迹种类,为单线链式线迹,它是由一根针线往复循环穿套而形成的链条状线迹。100类线迹共7种,编号为101~105、107、108。100类线迹用线量不多,有一定拉伸性,属自链形成方式,易脱散,如101号,该线迹常用于糖果和宠物食物袋子的封口,这种线迹只要拉住缝线正确的尾端可以轻易拆散线迹;单线链式暗线迹,如103号,该线迹也称为"撬边线迹",其线迹与实物如图4-7所示。

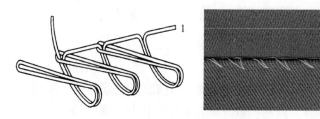

图 4-7　103 线迹及实物图

200类线迹来源于手工缝纫,由一根线以穿入、穿出缝料,模拟手针而形成的。200线迹共13种,编号为201、202、204~206、209、211、213~215、217、219、220。适用于大衣、西服的装饰线迹以及钉扣的手工线迹等。其中209线迹也称为"拱针线迹",其线迹及实物如图4-8所示。

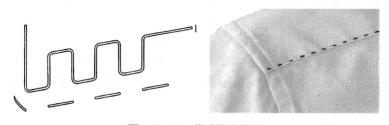

图 4-8　209 线迹及实物图

300类线迹,也称作梭(锁)式线迹。它是由面线和底线在缝料中央相互交织而形成的线迹。单、双针平缝机、平头锁眼机、套结机等的线迹均属此种类型,共30种,编号为301~329、331。

300类线迹结构简单、牢固,线迹不容易脱散,用线量最少,线迹整齐,正反面一致,在生产中可以按照工艺要求在正面或者反面缝纫,减少了缝纫工时。但线迹弹性差,因而不用于针织等弹性面料。300类线迹在梭织服装生产中的应用非常广泛,图4-6所示的301线迹,又称作平缝线迹,是用途最广的线迹。适用于缝制需要定型的普通面料和部件,如机织物的拼缝、口袋、领、门襟等。

400 类线迹是由两根或以上缝线在缝料中互链循环穿套而成的。400 类线迹共 17 种,编号为 401～417。400 类线迹应用广泛,其特点是用线量较多,正面线迹与锁式线迹相同,拉伸性和强度高于锁式线迹,缝线断后不易脱散,广泛用于针织服装。由于梭式线迹在底线长度上的限制和拉伸性方面的欠缺,400 类线迹在机织服装特定部位的使用也越来越广泛,如双针三线绷缝 406 线迹,强力大,弹性好,缝迹平整,反面还可以防止针织面料线圈脱散,常用于针织服装的袖头、底边、滚条等。而直线型双线链式 401 线迹,目前普遍用在牛仔裤的内侧缝、后档缝等部位,该设备也称"埋夹机",其线迹实物与设备如图 4-9 所示。

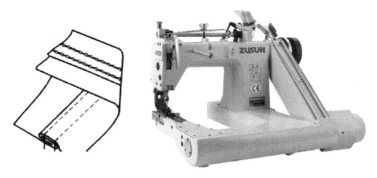

图 4-9　401 线迹与相应的埋夹机

500 类线迹通常被称为包边、锁边、包缝。是由一根、两根或多根缝线相互循环穿套在缝料边缘上所形成的线迹。缝合 500 类线迹的机器一般带刀,会在进入缝针前把面料的边缘修齐。缝线穿过修齐的面料边缘以达到包边或缝合的目的,所以对操作人员有一定的技术要求。500 线迹共 16 种,编号为 501～514、521、522。500 类线迹拉伸性较好,主要作用是防止缝料边缘脱散,在服装中应用非常广泛。鉴于包边缝合线迹种类多的状况,在企业加工时要分辨清楚不同包边线迹状况,确认是否有合适的设备进行加工。如图 4-10 所示为515 和 516 线迹不同实物效果。

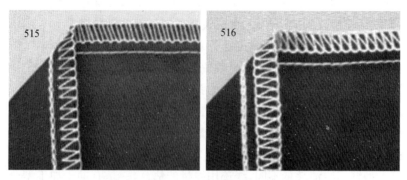

图 4-10　515 及 516 线迹不同实物效果

600 类线迹为覆盖链式线迹,它是由两根或两根以上的针线和一根弯针线相互循环穿套,并在缝料表面配合一根或多根装饰线而形成的。600 类线迹共 9 种,编号为 601～609。

600 类线迹强力大,拉伸性好,缝迹平整,在缝料上覆盖的装饰线,如果配以不同色彩和线的类型,能使服装表面呈现很好的外观效果。该线迹适用于衣片的拼接装饰。通常把 600 类线迹也称为绷缝线迹,它与 400 类系列绷缝线迹的区别在于缝料正面加有装饰线,绷缝线迹比 400 类更为复杂。其中 602 和 605 线迹实物图如图 4-11 所示。

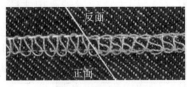 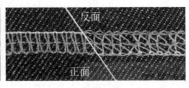

602 (两针四线)　　　　605 (三针五线)

图 4-11　602 和 605 线迹实物样正反面图

一般一种设备对应一种线迹,当然也有五线包缝少穿两根线就变成三线包缝线迹的情况,因而对线迹的深入了解有助于确定合适的工艺和设备。

2. 线迹的相关参数

线迹的参数包含线迹规格、线的张力和线迹均匀度,线迹参数影响到服装成品的外观和服用性能,也是线迹外观是否美观的主要因素。

(1) 线迹的规格设计:线迹规格可以分为线迹长度、宽度和深度。线迹的规格应根据服装设计和工艺要求,依据一定标准进行设计,企业中一般以工艺文件形式确定。这些参数影响服装的外观、耐久性和加工成本。

线迹长度即两个针距之间的距离,一般用线迹密度来表示,国标中规定为 3 cm 的针数。在 GB/T2660—2008 衬衫标准中,规定明暗线 3 cm 不少于 12 针。国际上普遍使用 SPI (Stitches Per Inch)来衡量,即一英寸中的最少针数。针数密度过少,缝份的强度难以保证,缝纫速度快、用线量少成本低;针数密度过大可能造成缝纫皱缩,所以技术人员应该根据面料情况和相关标准,确定合适的线迹密度。

对于特定的线迹来说,如包边线迹,需要确定线迹的宽度,即包边的宽度,普通的有 1/4 英寸、3/16 英寸等,还有目前常用的密包等。

对于裤口撬边的盲缝线迹而言,线迹的深度就很重要,太深穿过面料就会在服装的正面看到线迹,太浅就会不能起到撬边作用,此时设备的调试就非常关键。

(2) 线的张力:线的张力既影响线迹的外观均匀度,又影响线迹的牢度,在缝纫时各根线要调整至合适的张力,张力过小,线迹呈现脱散状态。如前面介绍过的 209"拱针线迹",要在面料上呈现线迹部分凹陷的效果,就与线的张力密切相关。

(3) 线迹的均匀度:均匀的线迹是服装标准的要求,缝纫设备、线的张力、针和面料都要处于一个很好的配伍状态,才能缝纫出符合质量要求的线迹。

3. 线迹的用线量

不同线迹类型缝纫线消耗量不同,线迹用线量的估算,一是有助于加工型企业对成本有更精准的判断;二是车缝不允许明线接线部位时,由于 301 线迹底线梭芯绕线量有限,要计算单个锁芯缠线长度对应车缝件数,减少拆缝返工。

可以通过实验法和经验倍数关系法来计算。线迹长度与用线量倍数关系见表 4-1。

表 4-1　线迹长度与用线量

序号	线迹类型	缝纫设备	用线量
1	301 线迹	平缝机	线迹长度×3(面线为 1.5 倍,底线为 1.5 倍)
2	401 线迹	埋夹机	线迹长度×7
3	504 线迹	三线包缝机	线迹长度×12(与线迹宽度有关)
4	507 线迹	四线包缝机	线迹长度×13 到 16(与线迹宽度有关)
5	516 线迹	五线包缝机	线迹长度×17 到 19(与线迹宽度有关)

二、缝型分类与应用

服装缝口指各裁片相互缝合的部位。缝型也可定义为缝口的结构形式,指需要结合的裁片和线迹在缝制工序中的配置方式。

缝型应具有柔韧性和一定的强力,缝型的构成要素包括裁片的数量和配置方式、线迹的种类、缝针的穿刺部位和形式,以及三者间的相互配置形态。服装的外观和性能确定后,可能有不同的缝型达到同样的外观,缝型的确定标准应该是在满足服装外观的基础上,成本最低。

1. 缝型的尺寸

缝型有三个尺寸:长度、宽度和厚度。

缝型的长度指通过一定的线迹连续缝合所达到的长度,这个通常由服装设计和部件的尺寸所决定。研究缝型的长度为成本的确定和工艺标准的制定打好基础。长度也通常确定使用哪种线迹、缝型和缝纫处理方式。如对于长度较大的缝纫,企业就更加倾向于采用100 类或者 500 类线迹,因为这类缝纫设备往往有更高的运转速度,避免底线量小而换线的问题。

缝型的宽度有时我们理解为缝份宽度,指裁片边缘到主要线迹的距离,缝型的宽度决定了服装穿着舒适度和坚牢度,也通常作为判断服装质量的依据。宽度的增加也意味着服装成本的上升。

缝型的厚度决定了裁片缝纫后的厚薄、平整性、耐久性和舒适性,缝型的厚度取决于裁片的织物克重、组织结构、线迹种类和工艺。如目前较多高档单层服装的裁片边缘采用了用薄型材料包边的方法,既提升了服装档次,又更加美观舒适。男衬衫后育克的缝纫,通过缝型的巧妙设计将线迹和三层裁片的缝头包覆在两层面料中间,增加了舒适性、强力和美观。

2. 缝型分类

缝型的国际标准为 ISO 4916,我国纺织行业标准为 FZ/T 80003—2006,标准根据形成缝型的线迹形式和缝料的最少层数,把缝型分为 8 类。其中按布料布边缝合时的位置分为"有限"和"无限"两种,缝线操作一边的布边称为有限布边,以直线表示;远离缝迹的布边称为无限布边,以波纹线表示。缝型的分类及各类缝型的特点如下。

第一类:至少要由两层缝料组成,且两层缝料至少在同一侧均为有限边,两层以上缝料的缝型类似于这两层缝料或两侧均为有限边。

第二类:至少由两层缝料组成,两层缝料各有一条有限边,其中一层缝料的有限边在一侧,另一层缝料的有限边在另一侧,两层缝料不在一个平面上,有限边相向相互重叠。两层以上缝料的缝型类似于这两层缝料或两侧均为有限边。

第三类:至少由两层缝料组成,一层缝料的一条有限边在一侧,另一层缝料两侧都为有限边,并前一层的有限边上,两层以上缝料的缝型类似于这两层缝料。

第四类:至少由两层缝料组成,一层缝料的有限边在一侧,另一层缝料的有限边在另一侧,两层缝料处于同一平面上相对接,两层以上缝料的缝型类似于这两层缝料或两层均为有限边。

第五类:至少由一层缝料组成,缝料两侧均为无限边,一层以上缝料可以有一条有限边或有两条有限边。

第六类:仅由一层缝料组成,并只在一侧为有限边,可以在左侧或右侧。

第七类:本类缝型至少由两层缝料组成,其中一层缝料的的一侧为有限边,任何其他缝料两侧均为有限边。

第八类:本类缝型至少由一层缝料组成,缝料两侧都为有限边,其他缝料的两侧也为有限边。以上各类型的分类和特点如表 4-2 所示。

表 4-2　缝型分类及特点

项目	缝型							
	一类	二类	三类	四类	五类	六类	七类	八类
缝料构成形态								
缝料最少层数	2层或2层以上	2层或2层以上	2层或2层以上	2层或2层以上	1层或1层以上	1层	2层或2层以上	1层或1层以上

3. 缝型的表达

缝型的表达有数字和图形两种形式。

(1) 数字表达

每个缝型由一组 5 位数表示:A. BC. DE。

A:从 1 到 8 表示缝型的分类;

B、C:从 01 到 99 表示裁片不同的排列状态;

D、E:从 01 到 99 表示缝针不同穿刺部位和形态。

(2) 图形表达

图示通常以形成缝型所需缝料的最少层数表示;缝料层以粗实线表示;缝料无限边以波浪线表示;缝料有限边以直线表示;机针穿刺缝料以细直线表示,穿刺形式有三种,一是穿过所有缝料,二是未穿透所有缝料,三是成为缝料的切线,如图 4-12 所示;嵌线横截面用大圆黑点表示;所有缝型以缝纫机完成的形式来显示,如有多种缝纫动作,则以最后缝合完成所得的形式来表示。常用缝型如表4-3所示。

穿过缝料由302线迹　　　　未穿透缝料由103线迹　　　　与缝料相切由503或505线迹

图 4-12　机针穿刺缝料的三种形式

表 4-3　常用缝型名称及示意

缝型类型	缝型名称	缝型构成示意图
包缝类	三线包缝合缝(1.01.01/504、505)	
	五线包缝合缝(1.01.03/401·504)	
	三线包边(6.01.01/503)	
	两线线包缝折边(6.06.01/503)	
	三线线包缝折边(6.06.01/505)	
锁缝类	合缝(1.01.01/301)	
	来去缝(1.06.02/301)	
	育克缝(2.02.03/301)	
	装拉链(4.07.02/301)	
	钉口袋(5.13.02/301)	
	折边(6.03.04/301、304)	

缝型类型	缝型名称	缝型构成示意图
绷缝类	滚边(3.03.01/602、605)	
	双针绷缝(4.04.01、406)	
	折边(腰边)(6.20.01/406、407)	
	松紧带腰(6.02.02/313、320)	
	钉裤襻(8.02.01/406)	
链缝类	单线缉合边缝(1.01.01/101)	
	双线链缝合缝(101.01.01/401)	
	双针双链缝包边(2.04.04/401·404)	
	双针双链缝犬牙边(3.03.08/401·404)	
	滚边(实滚)(3.05.03/401)	
	滚边(虚滚)(3.05.01/401)	
	双针扒条(5.06.01/401·401)	
	双线缝褶裥(5.02.01/401)	
	单链缝缲边(6.03.03/103、105)	
	锁眼(6.05.01/404)	
	双针四线链缝松紧带腰	

三、线迹缝型应用案例

服装线迹缝型的要求,企业一般通过工艺单的文字来表达,更多的是通过服装工艺图来表达。工艺图是由技术人员根据设计师的款式图,用样衣工和生产线员工能够理解的方式表达设计要求的图纸。图4-13为工装的款式图中有细节要求的工艺图,我们不但要能识别这些图所表达的工艺细节,还要具备将款式图用图形和简单文字规范表达的能力。

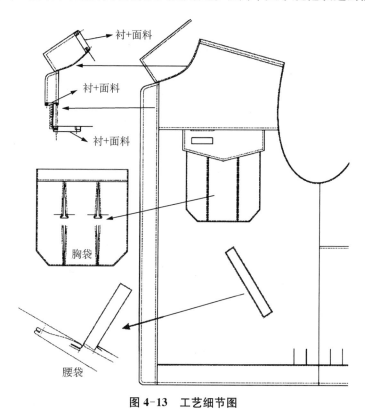

图4-13 工艺细节图

图4-13主要表达了工装部位的缝型要求,如门襟的结构、拉链与衣片、衬之间的关系等,具体缝型线迹应用与款式图关系可以见图4-14,以标准五袋牛仔裤为例,各个部位工艺细节和缝型和线迹表达得更加明确。无论是工艺图和缝型线迹图的标示,都为大货的标准化生产打下良好的基础。

第三节 缝纫设备及附件

缝制工程以流水线作业方式为主。缝制流水线中用到的设备种类繁多,主要包括各类缝纫机、运送设备等。目前,我国生产的缝制机械品种有上千种,常用的有800多种。在实际生产中,除了缝纫机外,很多工序也会使用一些缝纫附件和模板,可以降低操作难度,提升加工精度,减少作业时间。

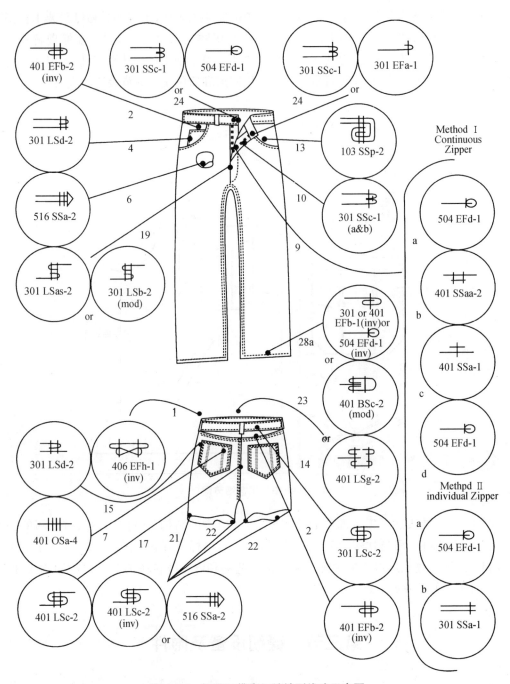

图 4-14 标准五袋牛仔裤缝型线迹示意图

一、缝纫设备

缝纫设备整体的发展方向是自动化、集成化以及智能化,对于单一的缝制设备来讲,发展趋势是向节省能源、易于操作、提高操作精准度、功能多样化等方向发展。例如,有的缝纫设备具有不用倒回针也能保证线迹两端头"不脱、不散"的功能;在润滑方面从有油到微油直至无油方向发展,以减少甚至消除油污对缝料的污染。

1. 缝纫机分类及主要技术指标

从缝纫设备形成线迹的种类上,可以区分不同类型的缝纫机,如 100 类和 300 类线迹的我们通常称为平缝机,100 类是链式线迹平缝机,主要用于针织服装和袋子封口加工,300 类是梭式线迹平缝机,是最常用的梭织服装加工设备;200 类俗称"珠边机",即拱针工艺;400 类和 600 类均称为绷缝机,400 类绷缝用于各类针织服装加工,而 600 类增加了很多装饰线,使服装外观更加美观;500 类称为包边机,主要用于包边工艺。有时为了简化分类,将加工 200、400、500、600 类线迹统称为特种机。

缝纫具体的技术指标可以从缝制方式、针数、线数、旋梭的形式和种类、缝制品厚度、送布方式、是否有附加功能装置以及速度能力等方面来区分。

2. 缝纫机选型

设备选型指要使缝纫机种类能够满足新产品或者新流水线生产品类要求的过程。在流水线换产,新产品上的部分缝型线迹可能目前设备无法实现,或者需要组建新的流水线,都会面临缝纫设备选型问题。

设备选型当然首先是考虑所加工服装的缝型线迹类型,根据所需线迹来确定设备类型。具体选型从以下方面考虑。

(1)从产品类型角度

加工的服装类型是针织面料还是机织类面料,所需缝纫机类型就有很大不同,机织面料可以使用不带弹力的梭式线迹进行缝纫,针织面料由于有较大弹性,多使用链式线迹缝纫机,如包缝机、绷缝机等;针对制式服装如男西服、男衬衫、牛仔裤等品种,一般有专用设备甚至自动缝制单元可以选择;若是户外冲锋衣或者防护服等,为了保障线迹针孔的密封性,除了缝纫设备,还需要配置在缝型线迹上进行压胶的压胶机。

(2)从产品特性角度

同类型服装品类,要根据面料的厚薄来确定具体机型,同品牌同类型缝纫机都会有针对不同厚薄面料的不同型号。以图 4-9 中埋夹机为例,要根据加工面料厚薄选择不同埋夹类型。薄型面料一般采用双针埋夹,厚型面料可以采用三针埋夹。针对特别厚重的牛仔等面料,还需要选择带有拖轮送布的埋夹机,以使缝纫线迹不产生缝纫皱缩。

(3)从加工部位角度

为了配合衣片不同部位的缝纫,缝纫机承接缝料部位的型式是不同的,分为平板式、平台式、悬筒式、箱体式、立柱式和肘型筒式。机体型式的设计是为使缝纫的操作动作更加合理。因而要针对加工衣片的部位和形状规格,选择具体机型。仍以埋夹机为例,针对裤缝、袖缝等搭接一般用悬臂筒形台面结构的绷缝机,也就是业内所说的"飞车",也有专门针对儿童服装袖口缝纫的"小嘴"悬臂类型。

另外,缝纫机品牌多,不同品牌同类型设备价格差异较大,应根据投资额度不同选择不同品牌。各个品牌专注缝制领域也有所不同,选型时需要注意。

3. 机针的选择及使用

机针作为缝纫设备的重要配件,在缝纫中起到重要作用,机针选择或者使用不当,会对缝纫质量产生重大影响。

针的作用是将线带着通过被缝合的织物而构成线迹。不同缝纫设备配备不同机针,有直针、弯针等。

(1)针的粗细:面料厚薄不同要使用不同粗细的针。厚重面料使用了细针,可能会产生针头损伤或频繁断针问题,薄型面料使用了粗针,可能会出现面料损伤或线迹不良等情况。以平缝机针 DP×5 为例,表 4-4 展示了不同面料选择针的粗细要求。

表 4-4 平缝机 DP×5 系列机针号数及适应面料

序号	机针号数	适用面料类型	备注
1	9	羽绒服防钻绒	针杆很细
2	11	薄衬衫、丝绸面料	针杆细
3	14	薄牛仔、一般厚度面料	针杆一般粗细
4	16	中厚型牛仔	针杆较粗
5	18	厚型牛仔	针杆很粗

(2)针头形状:针头是排开纱线刺入面料的关键部位,而面料厚薄、密度、成分的不同,使用缝纫机针针头形状也至关重要。即便一般织物在缝纫时均采取圆头针,针头也有差异,以某品牌为例,如图 4-15 所示。

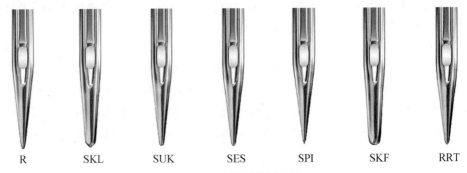

| R | SKL | SUK | SES | SPI | SKF | RRT |

图 4-15 不同形状圆头针

不同形状圆头针使用范围也大不相同,如表 4-5 所示。

表 4-5　不同圆形针头特点及适用范围

序号	针头形状	说明	使用范围
1	标准针尖 R	最基本的针尖形状	轻薄、厚重机织面料、带涂层面料等
2	特尖针嘴 SPI	带有纤细而尖锐的针尖，能精确刺穿细密的梭织及带有涂层物料	质密机织面料，如超细纤维，光滑的材料，如丝绸塔夫绸等，薄型带涂层的材料
3	略带圆头标准针尖 RRT	比较耐磨损，不易产生毛刺而对缝制品造成损伤，使用寿命更长。	轻薄、中厚度的机织面料、牛仔布料以及皮革/纺织品组合缝纫
4	小圆针尖 SES	减少纱线刺损，更易从纱线空隙挤过	轻薄、中厚针织面料、轻薄牛仔布料、轻薄且致密机织面料等
5	中圆针尖 SUK	带有中圆针尖的机针	中厚、厚重的牛仔布料、粗厚的针织细号针特别适合紧身内衣缝制
6	大圆针尖 SKF	特别圆嘴针对粗纤维针织物更好排开纱线，减少纱线断裂	弹力包芯纱的细密弹性物料、粗厚针织面料
7	特大圆针尖 SKL	针尖特别宽大且很圆，最大可能地让机针排开织物纱线	弹力包芯纱中厚、厚重弹性物料、特别厚重针织面料

而针对缝制皮革、PU 甚至厚纸板等这类针洞明显的面料来说，还要考虑使用带有刀型的针尖，此外还有专门针对厚重材料、粗缝纫线的大眼机针、针对坚硬材料的涂层机针等，这里就不再一一叙述。总之，要对不同材料类型进行分析判断，选择合适的机针粗细和针头形状。

二、服装模板

服装模板是辅助服装缝制员工完成操作的一种模具。它是将服装工艺、样板和夹具技术相结合的一种技术。以领子的工序为例，通过使用如图 4-16 所示的模板，就能够让普通员工达到缝制高质量领子水平。服装智能化生产的"双模化"进展中，其中的"一模"就是指服装模板。

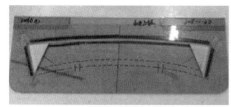 

图 4-16　翻领缝制模板及效果

模板的运用能够很好控制成衣尺寸，得到准确线迹，减少面料皱缩，并在合适部位产生容量等，大大提升缝件品质并降低对作业员的技能要求。车缝模板的使用，将强调员工的"技能"转换成"方法"，使企业对高技能员工的依赖程度大大降低，实现技术离开车间。

1. 模板分类

服装模板主要分为两类：一类是通过专业的切割设备将 PVC 板切割成相应的形状，并通过一定的辅助工具将 PVC 板进行组合，来定位裁片并完成缝纫轨迹，帮助车位工人进行辅助工作。而另一类主要是应用于大型模板机上,只需要将裁片按照一定的方式摆放并将一定程序输入到模板设备内,然后机器就会按照预定的路线进行走针,最后缝制半成品。无论是第一类模板还是第二类模板都是将服装工业样板、服装工艺与服装 IE 工程紧密联系在一起,以提高服装的质量、降低服装工艺难度、提高企业生产效率和增强企业的核心竞争力。

服装模板根据缝制部位的难度及其数量,可分为服装部件模板和组合模板;按照其工作属性来说,可分为缝制模板、定位模板、熨烫模板;按照模板对工序的影响分类,可分为减少工序类、简化操作类和复合集成类。

2. 模板的使用

这里重点以第一类模板为例,参考一个具体工序,如裤或裙的腰省缝制,这个模板不涉及缝制容量因而比较简单,只是三层结构,如图 4-17 所示。

一般的模板根据需要有三种工艺痕迹,一是基准线,如图中黑色粗线部分,就是放片的基准线;二是槽位,用来缝纫的,图中三层重合的条状孔隙;如果还需要点位确定下道工序位置,就会有圆形孔洞,此案例中没有。实际在使用中,也要按照这三个工艺的顺序进行。

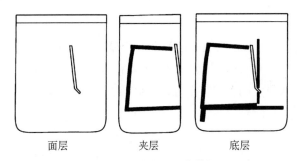

图 4-17 裤或裙腰省模板

根据工序的复杂程度,模板层数会增加,而且除了面、夹层和底层的 PVC 材料,还需要其他材料将其组成一个整体,模板的常用材料、功能及规格见表 4-6 所示。

表 4-6 常用材料及规格

构成	名称	功能	参考数据
主要材料	面板	面料的夹层对上层面料固定	厚度 1 mm
	底板	面料的夹持并对下层面料固定	厚度 1.5 mm
	夹层板	轻薄型面料、多块面料	厚度 0.5 mm
辅助材料	布基胶带	固定夹板	35 mm、50 mm
	双面胶	固定裁片、用于砂纸的粘贴	15 mm
	泡沫胶	作基准线、确定面料之间的容量	5 mm 和 10 mm
	砂纸	防止裁片在缝制过程中偏移	15 mm
	珠针	固定裁片,如对条对格等	
	骨刺	支撑面料,折位省道部位常用	

3. 模板的设计

（1）模板上要反映以下信息：

①加工信息：款号、尺码、部件；②衣片指示：衣片的摆放位置；③轨道设计：车缝的路线，也称为槽；④缝纫指示：起针、停止的位置，下道工序的指示点；⑤容量设计：相关衣片缝合的容量；⑥固定设计：压片、黏胶、珠针等。

（2）模板设计制作还需要考虑下述内容：

①模板尺寸确定，尤其是开槽位置和长度，因为开槽的位置和长度就是缝制操作后的实际状况。②基准线、基准点的确定，基准线是控制裁片尺寸的位置，裁片只对应一条基准线，基准点是裁片摆放的开始位置。③缝纫指示，起针、停止位置是否回针的指示等；点号、画号是下一道工序的基准，相应位置开孔或者槽；④容量设计，缝纫容量部位确定，通过粘贴泡沫海绵增加不同的缝纫容量，容量的大小、方式根据工艺、样板、面料不同，需要反复尝试；⑤固定设计，用PVC模板夹住面料，防止滑移，如果需要进一步固定，还可以粘贴砂纸条、双面胶、甚至珠针等；模板技术目前还在发展中，很多企业一线技术人员发挥创造力，制作出复合工序模板，如衬衫做领、上领九层模板等，使关键工艺质量大大提升。

三、缝纫附件

缝纫附件，也称小工具，是指在服装生产过程中，尤其是缝制中，辅助缝纫机或者员工的操作，以提升质量和生产效率的各种器具，即为缝制、熨烫等工作环节简易方便的小物件，也称缝纫辅助器具（Attachment），缝纫附件虽小，但在缝纫生产中起到很大的作用。

1. 缝纫附件分类

根据JUKI公司的相关资料，附件可以分为以下六类：

（1）压脚类：如压脚、针板、送布牙；

（2）引导器定规类：如活动限位板、H型限位板、导轨限位板等；

（3）卷具拉筒类：如各类卷边器、折边器、包边器等；

（4）案内具类：如布带转盘、钮扣定位器等；

（5）直接装置类：如橡筋带装置、转换压脚等；

（6）间接装置类：布条切割装置、送布条装置等；

（7）其他类：不能归入以上分类的。

2. 各类缝纫附件案例

（1）压脚：除了在送布系统中提及送布功能，又发明出能够方便进行各种操作的压脚，如止口压脚、抽褶压脚、高低压脚、滚轮压脚等等。

压脚可以分为金属和塑料材质。

①金属压脚：缝纫机一般配置都是金属压脚，因为它的压力比较大、耐磨，在送料中起重要作用。主要适合做中、厚的面料，如休闲、牛仔面料等；②塑料压脚：塑料底面比较光滑，它与面料接触面磨擦力较少。一般塑料压脚的适用比较广泛，可有效防止缝料起皱、拉长变形和走不动等现象，尤其适用于薄料、针织、带涂层的面料。由于塑料压脚不太耐磨，应定期更

换。即便是同一功能压脚，也会有不同规格，如图 4-18 所示，是不同规格的止口压脚，有金属和塑料两种材质。

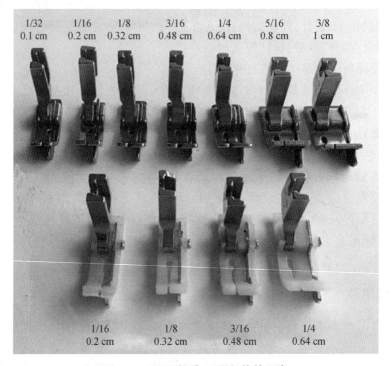

图 4-18　不同材质、不同规格的压脚

（2）定规：引导器定规（Guild），又称为定位器、傍靴；其作用在缝制面料时，能够控制并保持缝纫线迹与面料边缘的距离。如图 4-19 所示为三星定规。

图 4-19　三星定规

图 4-20　双片弧形腰拉筒

（3）卷具拉筒类：又称为拉筒（Folder），使用面宽、量大；其作用将面料通过拉筒卷成为相应形状，减少缝纫及线迹次数，对于牛仔裤来说，上腰这样的工序都可以使用拉筒。如图 4-20 所示。

小工具除了以上品类外，还有常用的如图 4-21 的用于多针机的拉橡筋装置等，该装置适用于全橡筋裤腰，无论是单针机和多针机都可以使用，拉开到面料尺寸进行缝制，该装置可以根据裤腰的长度调节。

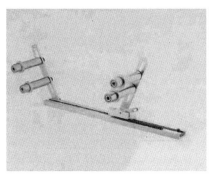

图 4-21 配合多针机的拉橡筋装置

3. 缝纫附件的选用

缝纫附件能发挥很大的作用,服装生产企业可以通过购买或者制作的方法得到并使用。一般功能的压脚、定规和拉筒都可以直接购买,拉筒的间隙与面料厚度直接相关,比较特别的功能和面料需求,还可以找相应的公司直接定制。

在实际生产中,由于面料种类多,厚度差异大、加工型企业服装工艺变化大、交货期紧张等原因,购买不方便,一些有实力的企业选择了自行制作,由 IE 部门或机修部门相关技术人员完成,并有专门的存放柜,以方便重复使用。

简单的制作等内容,可以参考 JUKI《缝纫机辅助器技术》基础研修教材。

第四节 缝纫工艺与质量

线迹需求是选择缝纫机种类的依据,缝型决定了加工操作方法。设备、模板和附件这些硬件为缝制质量提供保障,本节具体讨论缝纫工艺与质量之间关系,及如何从不同角度保障缝制质量,缝制工艺是服装生产工艺的重要组成部分。

一、服装生产工艺

服装生产工艺,企业有时简称为生产工艺或服装工艺,是一个比较笼统的概念,指将原材料或半成品加工成产品的方法、技术。我们要从不同角度对工艺进行更加系统的刨析。

随着服装智能化生产的发展,需要对服装工艺有明确的、可执行可量化的界定,以某智能化服装软件企业为案例,将服装工艺解析为如图 4-22 的具体内容。

从图中可知,服装工艺从解读款式图开始,工艺图也在此范围;其次是号型规格,包含大货尺寸表和允差;在工艺顺序中,不但关注缝型线迹,还要关注缝后的熨烫方向和要求;操作方法及标准中关注模板、附件等辅助工具,以及操作员的标准动作和完成操作的标准加工时间。

二、服装缝制质量

服装产品的质量分为外观质量和安全及内在质量,涵盖生产各个环节,与缝制相关的质量主要从以下三方面考虑。

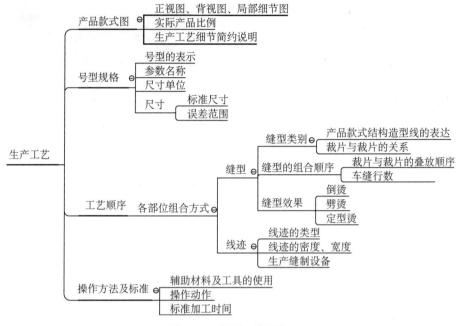

图 4-22 服装工艺解析

1. 外观

指通过缝制和整烫后服装的整洁度、色差、疵点以及辅料的状态及其与标准要求的差距。可以从色差、疵点、整洁度和对条对格判断。

服装不整洁的原因可能来自于生产环境控制不严,在裁剪、缝制或者后整理中使衣片或者服装产生沾污;色差产生在于面料里料把关不严,未达到质量要求,或者裁剪工序中未按照分层打号原则进行,使服装组合时产生错层现象;疵点产生在于裁剪后未进行全数验片或者验片质量不严,缝制中操作员没有及时将有疵点衣片进行调片;辅料问题可能产生于对辅料性能相关测试不够,工艺参数没有搞清楚,辅料质量把关不严等。

2. 缝制

指通过缝制服装的对称部位、针距密度、缝制牢度、缝制线路等与标准的差异,可以从线迹平顺、后线迹密度、跳针断线等方面判断。

缝制质量主要与缝纫机、缝针、缝线及其配伍相关。此外,企业生产实际表明,梭芯也会影响线迹的稳定性进而影响到缝制质量,因此缝制质量的影响因素较多,在生产过程中应该注意多角度把控缝制质量问题。

3. 外型尺寸

指通过缝制和整烫后尺寸的稳定性及其与标准要求的差距。可以分为平整挺括度、左右对称性和尺寸允差。这部分也与缝制有关。

可以通过工艺样板、模板技术等方式,改善尺寸和对称性的问题。

三、缝制质量问题及解决方案

缝制质量问题是服装生产过程中需要重点关注的问题,对服装产品的总体质量有着重大的影响。缝制质量的主要问题及解决对策包括：

1. 跳针、断针及断线

跳针和断针可以从机针选择不当、缝纫机调整不好,如机针位置不对,以及缝纫线品质差异三方面考虑改善;

断线一般需要调整缝纫线张力、使用品质好、条干更加均匀的缝纫线、使用熔点更高的缝纫线等方法解决。

2. 线迹缩皱

是指服装面料经过缝制加工后沿线迹产生的皱缩现象。例如线迹两边凹凸不平,长度缩小,缝口起皱,产生波纹,上下两层面料移位等都属于线迹缩皱。线迹缩皱是缝制中经常出现的问题,它对服装产品的外观质量有很大的影响。男衬衫袖笼五级线迹缩皱如图 4-23 所示。

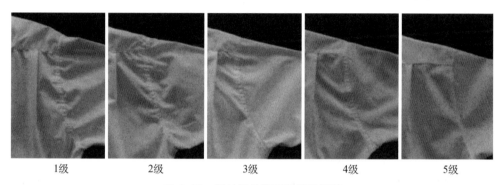

| 1级 | 2级 | 3级 | 4级 | 5级 |

图 4-23 男衬衫袖笼五级线迹缩皱

(1) 缝纫机的因素:在生产中,线迹是依靠缝纫机进行缝制的。因此缝纫机的性能和工作状态对缝制质量有直接影响。例如上下线张力的大小,送布牙的形状及动程大小,针板的形状,针的粗细,针尖的造型,压脚的摩擦力和压力的大小,机器的转速,线迹密度等,都是产生线迹缩皱的因素。

在缝制过程中,为了形成线迹,缝纫线受到很大的张力。缝合以后,缝纫线在自然状态下要回复原状,便产生一定的收缩力,线迹在缝纫线收缩力的压迫下便会产生变形,出现缩皱现象。

在实际生产中,针对特定面料和线迹要进行缝制前的测试,或者通过产前样的缝制和评估,确定合适的设备参数,并记录固化下来,以方便形成相应标准规范。

(2) 面料性能:不同性能的面料经过缝制后产生缩皱的情况不同,摩擦力小的长丝面料,如丝绸面料,缝制时更容易产生缩皱和上下层差,针织面料缝制也常产生上下层位移现象。另外,同一面料不同方面的尺寸稳定性不同,产生缩皱的程度也不同。

(3) 操作员技术和责任心:操作者双手的手势动作与缝纫设备、附件等配合习惯等都会影响缝制质量。因而要不断总结熟练员工手势的特点,制作成视频录像,给其他人员进行培训参考。

3. 织物损伤

织物损伤一般为不可逆损伤,直接会导致缝制中的换片,大大降低缝制效率,织物损伤分为机械损伤和热损伤。

（1）机械损伤：一是缝料强度小而机针过粗、针尖选择不当致使纱线断裂，产生缝料孔洞；二是强度大、密度高的长丝织物在遇上机针使用时间过久，针尖产生毛刺导致几根长丝在面料上抽紧或者印花面料长丝反面露出产生"翻纱"。缝制这些面料要精心进行机针匹配，并定时检查针尖状态、定期更换机针以防止长丝抽紧或翻纱情况发生。如果是非常容易勾丝的面料，在进行操作的时候还需要戴上手套。

（2）热损伤：是由于合成纤维缝料与机针摩擦，导致机针过热，使缝料产生熔融孔洞，或者合成纤维缝纫线熔融等状况，此时应降低缝纫速度或者使用涂层机针降低摩擦力。

三、专用工艺与缝制质量

由于人体的曲面结构以及长久以来形成的对服装审美需求，服装生产中有一些专用工艺，这些工艺也会影响缝制质量。

1. 容量

容量俗称吃势，为了使服装穿着舒适且满足人体活动规律，使平面的衣片呈现立体效果，这就需要在缝制过程中借助容量来实现。容量的质量标准要求收拢均匀，不要有明显缩量，外观自然。

容量的多少是由服装部位的需要决定的，需宽松一些的部位，衣片中可多预放一些容量的余量，所放余量越多，容量就越大。但是余量过大，单纯靠缝合过程收拢，较为困难，可采用模版辅助把容量收拢均匀。

2. 里外匀

所有服装止口都要做到里外匀，止口不能反吐、外漏。将面料两层缝合，翻出止口，从止口正面看，只能看到上层正面的衣缝。可以采用一定的缝制手势或者使用模版辅助来实现。

3. 归拔

归拔工艺作为传统服装处理方法，是借助熨斗等工具，使面料经纬密度和方向产生变化，改变服装某部位的造型，呈现高低起伏的状态，更加适合人体体型的曲线变化，使服装外观饱满或者减少空量。例如西装上衣的推门，西裤的拔裆和拔脚、连衣裙后拉链的拔量等。通过归拔工艺可使上衣胸部圆顺饱满，裤子臀部容量更大。

4. 缝份量

服装所用的面料、里料与缝份是否适合；服装所采用的缝型与缝份是否适合；卷边缝的外观是否出现斜裂现象；下裆缝、后裆缝等对强力有较高要求的部位缝份是否适当等。缝份量的适当与否直接影响服装的缝制质量，一般缝纫工人都是按照标准的缝份量进行服装缝制的，缝份量不正确，就可能导致成品尺寸的不准确，影响服装缝制质量。

四、面料与缝制质量

服装面料的质量及性能都对服装缝制质量有很大的影响。面料的质量包括内在质量和外观质量。

面料内在质量包括纤维组成、纱线、织物组织、幅宽、密度、重量、强度、缩水率、染色牢度等各项物理性能指标；外观质量指用目测法观察到的各种影响织物外观质量的色差、疵点等。选用服装材料和服装裁剪前必须注意面料的色差、疵点的实际部位及其对使用的影响。

五、操作者技能对缝制质量的影响

由于服装材料的柔性特征,即使采用先进的设备,操作者技能的差异仍旧会对缝制质量产生很大影响。

如长缝时线迹是否顺直,转角缝纫时线迹是否连续与清晰,在有些部位厚度变化时能否运用适当的速度变化避免跳针,能否熟练地调节夹线器和压脚压力以获得松紧适度整齐美观的线迹等,都与操作者的熟练程度和技术水平相关。

因此,要生产高质量的服装,对工人事先的严格培训是必要的。很多企业将熟练员工的核心工序操作做成 SOP 文件,有文字有视频,指导其他员工的此工序操作,效果明显。SOP 文件要从操作动作研究的角度,研究半成品、成品、工具放置的位置,操作者的动作顺序,在减少操作者疲劳、使动作更加顺畅的角度去研究最佳操作顺序和动作,进而形成 SOP 文件,见表 4-8。

表 4-8　某公司标准作业 SOP

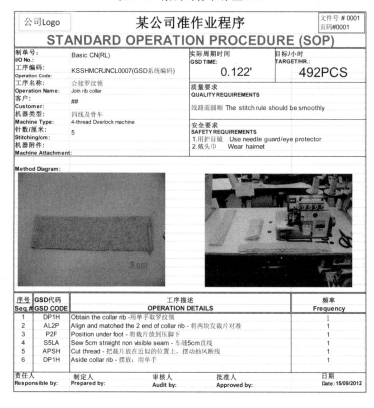

思考题:

1. 缝制对裁片有何要求?裁片经过哪些处理才能够进入缝制环节?

2. 确定一件标准男式衬衫的缝型和线迹,并画出来。注意其侧缝的线迹并回答采用该线迹的原因。

3. 制作一个牛仔裤的工艺单,并用牛仔布实验一下 301 线迹的缝线量和线迹的比值;

4. 调查网上所有压脚的类型和规格,适合哪种类型面料和缝纫。

5. 利用简单材料试做一个合西服带盖的模板,应该考虑哪些因素?

6. 针对新买服装的缝制质量进行评价,并思考改善方法。

7. 选择轻薄型服装面料进行平缝卷底边缝纫 20 cm 以上,调节平缝机参数,观察线迹缩皱情况,讨论如何降低线迹缩皱。

8. 某企业想要引进绕脚钉扣机代替人工操作,普通手工作业员工一天 8 h 工作能够钉扣 461 个西装扣,而引进 AMB289 型号钉扣机同样时间能够钉扣 1986 个,请查询该设备价格,并按照当地一般人员工薪状况,核算该引进设备多久能够收回投资?

第五章　服装整理工程

（1）了解整烫定型加工的作用，掌握成衣整烫定型的机理及形式、整烫定型工艺参数，了解整烫设备的新进展。

（2）了解污渍整理，掌握后整理的新技术。

（3）了解包装的分类、形式、设备，掌握装箱单的计算方法。

能力目标

（1）能选择合适的整烫定型工艺参数；

（2）能正确处理日常着装中的污渍；根据着装舒适性或款式风格需求，选择恰当的服装后整理技术；

（3）能正确设计服装装箱单。

第一节　成衣整烫定型

整烫定型是服装生产过程中的重要工序之一，经过整烫的服装显得外观平整、挺括，具有立体造型。在人们日益重视着装形象的今天，整烫定型成为塑造服装外观形象的重要手段。

一、整烫定型加工的作用

整烫定型加工是在水、汽、热和压力的作用下，利用纺织纤维的可塑性，人为地改变面料经纬组织的密度、形态和结构，使服装达到适应人体体型与活动需求、外观美观、穿着舒适的手段。

整烫定型在服装生产过程中，主要起到以下三个方面的作用：

1. 对服装面料、里料的整理作用

服装面料、里料在裁剪之前，需进行必要的整理工作。通过蒸汽熨烫，对材料进行预缩整理并去掉皱褶，以保证铺料、裁剪、黏衬及缝制的顺利进行。

2. 服装缝制过程中的重要辅助手段

服装缝制过程中，熨烫贯穿于始终，是成衣生产的重要辅助手段。部件熨烫、分缝熨烫和归拔熨烫一般都在缝纫工序间进行。部件熨烫、分缝熨烫和归拔熨烫虽然介于缝纫工序之间,是在服装的某个部位进行的,但通过熨烫可使服装外观平整,线条折痕顺直,对服装定型的总体效果起重要作用。

3. 服装成品的整理定型

服装缝制成成品后进行熨烫,起到最终稳定服装造型的作用,使服装获得或补充获得平整、挺括和丰满的立体形态,更加舒适美观。

二、成衣整烫定型的机理及形式

1. 定型机理

当纤维大分子受到湿热作用后,其相互间的作用力减小,分子链可以自由转动,纤维的形变能力随之增大。此时,在一定的外力作用下强迫其变形,纤维内部的分子链在新的位置上重新排列。冷却和解除外力作用后,纤维及面料的形状便会在新的分子链排列状态下稳定下来。因此,熨烫实际上要经过加热给湿、施加外力和冷却稳定三个阶段。

(1)加热给湿阶段:加热给湿阶段使面料的温度及湿度提高,具有良好的塑性。当面料受到一定温、湿度的作用时,纤维大分子链的活动性增加,致使纤维发生一系列物理形态的变化。因此,在对服装进行熨烫加工时,必须掌握好熨烫温度的高低。

(2)施加外力阶段:施加外力阶段使处于"塑性"状态的面料大分子链,按所施加的外力方向发生形变,重新组合定位,并在新的位置上形成新的物理、化学性能组合。

(3)冷却稳定阶段:冷却稳定阶段让经过熨烫的面料得以迅速冷却,保证其纤维大分子链在新形态下的稳定性。

2. 定型形式

熨烫按其定型效果所维持的时间长短可分为:暂时性定型、半永久性定型和永久性定型。暂时性定型是指服装在平时的穿着过程中由于低热、湿度变化以及浸湿作用情况下定型就消失或是在轻微机械力作用下定型即可消失的定型;半永久性定型指可以抗拒穿着过程中的外界温湿度、机械力的一般影响,若予以较强烈的外界因素的处理就会逐渐消失的定型;永久性定型指纤维与面料的结构发生了变化而定型后的形状难以回复的定型。在许多情况下,总的定型效果实际上包含着暂时性、半永久性和永久性几种成分,而且也只有当它们都能得到合理运用的时候,定型才是最有效果的。

三、整烫定型工艺参数

服装熨烫定型的基本工艺条件是温度、湿度、压力和时间,通过它们的作用,使纤维结构发生变化,从而产生纤维的热塑定型和热塑变型。

1. 温度

不同服装面料的耐热性能不同,所能承受的温度也是不同的,熨烫温度取决于面料的纤维种类、面料的厚薄、熨烫方式等因素。常见服装材料的热转换值和熨烫温度见表5-1。

表 5-1　常用服装材料的热转变值和熨烫温度

材料	温度/℃						
	玻璃化温度	软化点	熔点	分解点	直接熨烫	垫干布熨烫	垫湿布熨烫
棉	—	—	—	150	175～195	195～220	220～240
羊毛	—	—	—	135	160～180	185～200	200～250
桑蚕丝	—	—	—	235	165～185	190～200	200～230
麻	—	—	—	150	185～205	205～220	220～250
黏胶纤维	—	—	—	260～300	175～195	195～220	220～240
锦纶66	82	225	253	—	125～145	160～170	190～220
涤纶	90	235～240	256	—	150～170	185～195	195～220
腈纶	90	190～240	—	280～300	115～135	150～160	180～210
维纶	85	220～230	—	—	125～145	160～170	180～210
丙纶	35	145～150	163～175	—	85～105	140～150	180～210
氯纶	82	90～100	200	—	45～65	80～90	—

2. 湿度

纤维遇水后会被润湿、膨胀、伸展,面料容易变形,此时进行熨烫,可加速纤维内的热渗透,有利于面料的定型。湿度在服装定型中发挥着重要作用,给湿通过熨斗喷气或喷水实现。但湿度太大或太小都不利于服装面料的定型,湿度在一定范围内对服装熨烫定型效果最好,因此,掌握给湿量的大小,对于服装的熨烫十分重要。

3. 压力

熨烫时有了适当的温度和湿度后,还需要压力的作用。在熨烫过程中,压力能使纤维分子定向排列形成所需要的形状,是服装熨烫不可缺少的因素,如图 5-1 所示。服装熨烫压力的大小,取决于面料的厚薄和种类。一般来说,光面或细薄面料所需的压力较绒面或厚重面料的小。

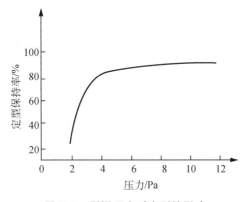

图 5-1　熨烫压力对定型的影响

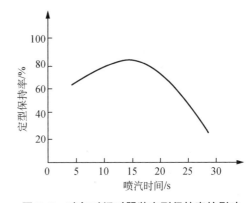

图 5-2　喷气时间对服装定型保持率的影响

4. 时间

为了保证良好的定型效果,熨烫时需要一定的延续时间,以使纤维大分子链能够有机会重新组合,且在新的状态下定位。熨烫时间与温度、压力、给湿量及纤维性质有着密切关系,如图 5-2 所示。通常情况下,为了传热均匀或安全考虑,可适当降低温度,延长熨烫时间。

四、整烫设备

1. 熨斗

熨斗主要有四类,蒸汽熨斗、电熨斗、蒸汽电熨斗及全蒸汽熨斗。熨斗在工作时需要配备熨床、支架及电器等附属设备。熨床有支撑服装作用,一般都配备有抽湿系统,按其结构与功能可分为吸风抽湿熨烫床和抽湿喷吹熨烫床,强力抽湿可加速衣服的干燥和冷却,使服装定型快、造型稳定,提高生产效率和熨烫质量,而喷吹风可使服装在熨烫的同时受到气流的冲击,这种物理机械作用可以使服装不刻板。

2. 模熨机

模熨机是 20 世纪 70 年代出现的垂直加压烫模的熨烫机械,它是以塑造服装立体特征为目的的开发的熨烫设备。模熨机工作时,服装被机器上下烫模夹紧,然后经高温蒸汽处理,赋予面料可塑性而进行成型加工,再经过烫模利用真空泵产生的强烈吸引力吸收湿气,使面料冷却定型。

模熨机械主要组成部分包括:支架、上下烫模、产热系统、恒温控制器、抽真空系统、蒸汽压力调节器以及电器控制系统等。其中,上下烫模是关键的部件,它是针对于服装的部位、尺码而设计,服装通过上下烫模间的压熨,达到稳定与改变尺码、面积及塑造服装立体特征的效果。

3. 人像吹汽整熨机

人像吹汽整熨机是立体像蒸汽吹熨技术,如 CISSELL 立体整烫人像机工作的主要部分是由尼龙织物制成的人体模外壳,经充气后形成具有人体形态特点的人体模型。其作业程序为鼓模、套模、汽蒸、抽气、烘干和退模。这种熨烫方式可以消除衣服的折痕,使服装平整、丰满,立体感好,无极光产生。蒸汽的施加有内吹汽、外吹汽和内外联合吹汽的形式。

4. 绒面蒸汽夹烫机

绒面蒸汽夹烫机有万用夹烫机之称,对大部分服装都可熨烫。其优点是省力省时,效率高,熨烫质量好,操作方便,安全可靠,能够熨烫各类干、湿服装,对棉质或混纺类衬衫等熨烫效果不太理想;比较适宜熨烫绒、呢等较厚的服装及皮革服装,或者要求熨烫温度较低的服装。

5. 人体模蒸烫机

人体模蒸烫机是大型干洗店常用的熨烫设备,适合各类服装的立体整烫,起到高温杀菌的作用。服装经整烫后表面纤维不倒绒、无极光、立体感强、丰满度好。

人体模蒸烫机只有喷蒸汽功能,没有加压模,特别适宜针织类、呢绒类服装。通过蒸烫后,服装平整、丰满、消除折痕、毛感强、纤维不倒伏。

人体模立体蒸烫机主要用于洗涤行业和少批量、多品种、有造型要求的服装熨烫。人体模为承压模,即一般熨烫机的下模,各对应的熨烫部位有相匹配的加压模。

除以上熨烫设备外,还有专门熨烫衬衫衣领和袖口的夹烫机、专门熨烫衬衫前幅和后幅的工衣夹烫机、熨烫裤子臀部位置的专用夹烫机等,这些设备是为服装的不规则部位熨烫而设计的,熨烫时应用比较灵活方便,效率也相当高。

第二节　成衣后整理

服装在生产过程中会出现油污、破损等问题,必须及时进行整理,难以通过整理进行消除的,要及时更换衣片。但有些问题是在各个生产环节中难以避免的,如污渍、毛梢等,在生产完成后还必须进行全面后整理,确保整件产品的整洁美观。

一、污渍整理

服装上的污渍主要可分为以下类别:文化用品污包括蓝墨水迹、红墨水迹、墨汁污迹、圆珠笔油迹、复写纸色迹、蜡笔迹以及印泥油迹等;化学品污渍包括铁锈、铜锈污渍、碱渍、铜汞迹等;食品污迹包括酱油、茶、可可、咖啡污迹、酒迹、水果汁迹、菜汤、乳汁渍、动植物油、冷饮渍等;美容品污渍包括口红、指甲油、化妆油、香水、粉底霜(膏)等;其他污渍包括霉斑渍、血渍、汗渍、皮鞋油渍等。

服装的去渍是指运用去污剂或化学药品和正确的机械作用去除常规水洗或干洗无法洗掉的污渍。常见污渍的去渍方法如下:

1. 文化用品污迹的去除

(1)蓝墨水迹:先用室温清水浸湿,然后用洁净的面料或非织造织物蘸少量1%～3%的高锰酸钾溶液涂于墨迹处,当墨迹变成淡褐色时,用2%的草酸溶液擦洗,最后用清水洗净。

(2)红墨水迹:用洁净的拭布蘸上洗涤剂溶液擦洗墨迹,再用10%的酒精溶液擦洗,最后用清水洗净。

(3)墨汁污迹:新的墨迹采用熟米粒或米汁涂于墨汁处,轻轻揉搓,如果洗后面料上还存留斑迹可用10%的草酸、柠檬酸或酒石酸的溶液去除,然后再用清水洗净。陈旧墨迹可用肥皂与酒精2:1的混合溶液反复揉搓去除,再用清水洗净。

(4)圆珠笔油迹:先用冷水浸湿后,用苯或四氯化碳浸渍,轻轻揉搓,再用洗涤剂揉洗,最后用清水洗净。也可先将污渍处浸于无水酒精中,揉洗去除印迹,然后用肥皂洗涤,若还存有痕迹,再施加少许牙膏揉洗,清水洗净即可。

(5)复写纸色迹、蜡笔迹:先用洗衣液的温水溶液洗涤,然后用汽油揉洗,再用酒精去除,洗后清水洗净。

(6)印泥油迹:先用苯或汽油除去油脂,再用洗涤剂揉洗,若是红色印泥还需在氢氧化钾的酒精溶液中洗涤,最后清水洗涤。注意面料的耐碱性能。

2. 化学品污渍的去除

(1)铁锈、铜锈污渍:铁锈先用3%的草酸溶液搓洗,然后用肥皂液洗涤干净。或用氢氟酸50 mL与乙二胺四乙酸钠(EDTA)5 g即按10:1比例混合,在烧杯中预先加入一定量的软水或蒸馏水,制成1000 mL的除铁锈药水,然后将药水涂于锈渍处除锈,接着用肥皂洗涤,再用清水洗涤。铜锈也称作铜绿,先用温水搓洗,再用洗衣液洗涤,若还有痕迹存在,可用稀草酸擦洗。

（2）碱渍：将碱渍处浸于 10％的醋酸溶液中 2～5 min，然后用清水洗净。

（3）铜汞迹：将污渍处浸于 10％的碘化钾溶液中处理，待污渍消除后用清水洗净。

3. 食品污迹处理

（1）酱油：新酱油渍立即用冷水浸洗，再用洗涤剂洗涤去除；陈旧酱油迹需在洗涤剂的溶液中加入少量氨水或硼砂处理去除污渍，然后清水洗净。

（2）茶、可可、咖啡污迹：新污迹用洁净的毛巾蘸水拧干及时擦掉，若加有伴侣或牛奶时，以少量洗涤剂擦拭；陈迹可用浓食盐水浸洗，或用氨水与甘油 1∶10 的混合搓洗，最后用清水洗涤。

（3）酒迹：新酒迹立即用水洗可去除；陈酒迹用 2％的氨水和硼砂混合液搓洗，再用肥皂洗涤一次，然后清水洗涤；葡萄酒或果汁甜酒渍，可用柠檬酸与酒精按 1∶10 混合比溶液加热至 40℃左右浸洗，再用洗涤剂洗涤，最后用清水洗涤。

（4）水果汁迹：新果汁迹立即用食盐水揉洗一般可去除，若还有痕迹可用稀释 20 倍的氨水揉洗，然后用清水洗净。白衣服上沾污果汁，先用氨水揉洗，再用洗涤剂洗涤，最后用清水洗净；橘子汁长时间沾污在衣服上或加热，污渍会固着在服装上，未固之前热水洗即可，已经固着的先用甘油搓洗、然后用冰醋酸和香蕉水的混合液洗涤，最后清水洗涤；柿子渍用葡萄酒与浓盐酸一起揉搓，再用洗衣液洗涤，最后清水洗涤。

（5）菜汤、乳汁渍：先将污渍处用汽油揉搓去除油脂，再将氨水与水按 1∶5 比例配成溶液，浸洗污渍，然后用洗衣液洗涤，最后用清水洗净。

（6）动植物油：先用汽油浸湿动植物油渍处轻轻揉搓，然后用洗衣液洗涤，再用清水洗涤。

（7）冷饮渍：新冷饮渍先用水洗涤，再用酒精去除痕迹；陈旧冷饮渍用柠檬酸与酒精混合液浸湿、揉搓，再用洗涤剂洗涤，清水洗涤；冰淇淋可先用小刷子将干的部分刷掉，然后再用毛刷蘸洗涤剂轻刷，小心勿刷起毛球，最后轻轻擦拭。

4. 美容品污渍处理

（1）口红：先用薄纸轻轻擦拭，因口红会越擦越大，所以要由外向内擦拭。然后用汽油或四氯化碳浸湿揉洗，再用洗涤剂或洗衣液洗涤，最后用清水洗涤。

（2）指甲油：先用四氯化碳或汽油浸湿搓洗，再用稀氨水浸洗，滴上香蕉水轻擦，必要时用双氧水漂洗。

（3）化妆油：先用 10％的氨水浸湿揉洗，清水洗，再用 4％的草酸溶液浸洗，之后用洗涤剂洗涤，最后清水洗涤。

（4）香水：为防止扩散，先撒些盐在上面，再用软刷刷掉，最后用抹布蘸水用洗剂、酒精擦拭。

（5）粉底霜、膏：用汽油、松节油或四氯化碳浸湿污渍，轻柔处理，再用洗涤剂洗涤，清水洗涤。

5. 其他污渍处理

（1）霉斑渍：新霉斑渍先用刷子轻刷，再用酒精处理；旧的斑渍可先涂上氨水，再涂覆高锰酸钾溶液，轻揉搓，然后用草酸溶液除色，再用清水洗涤。毛、真丝绸服装上的霉斑渍可用 8 g/L 的柠檬酸在 80～90℃时浸泡成衣，处理 10 min 后取出，清水洗涤。

（2）血渍：先用淡盐水浸泡 30 min，然后用冷水搓洗，再用加酶洗衣粉搓洗；过久的陈血迹可用双氧水擦洗；氨水对血渍也有很好的去除效果。除血渍切记不能用热水烫洗。

（3）汗渍：先用 1‰～2‰ 的氨水浸泡，洗涤，再用 1‰ 的草酸溶液洗涤，然后用洗涤剂和清水洗涤。也可用生姜汁涂于汗渍处，再搓洗，洗涤剂洗涤、水洗即可。

（4）皮鞋油渍：可用汽油、松节油或酒精擦洗，然后用皂粉或肥皂洗涤，若白色成衣沾污黑、棕鞋油需先用汽油浸湿，再用 10% 氨水洗，最后酒精擦洗。

二、其他后整理

1. "洗可穿"整理

运用无甲醛免烫整理剂对服装进行后整理，不但具有抗干折皱能力，其湿弹性恢复也很好，服装洗涤后仍具有良好的抗皱性能，无需熨烫，洗后晾干即可穿着。

2. 柔软整理

服装的柔软整理可分为机械柔软整理和化学柔软整理。机械柔软整理是在完全松弛状态下，依靠高温作用和机械的撞击、气流揉搓改变服装的柔软、蓬松性；化学柔软整理是将柔软剂施加到服装纤维上，降低纤维表面的摩擦系数，或降低纤维的刚性，获得柔软的手感；生物法则是通过对纤维的减量作用，使面料的交织点松弛和降低纤维的刚性，以提高面料的柔软性。

3. 硬挺整理

硬挺整理赋予服装以平滑、硬挺、厚实和丰满等手感。由于硬挺整理所用的高分子物多称为浆料，所以硬挺整理也叫做上浆。进行硬挺整理时，整理液中除浆料外，一般还加入填充剂、防腐剂、着色剂及增白剂等。填充剂用来填塞布孔，增加面料重量，使面料具有厚实、滑爽的手感。

4. 香味整理

香味整理最简单的方法就是将香精制成乳剂和溶液，并加入低温黏合剂，采用浸渍或喷雾方式将乳液和溶液加到服装上，然后烘干或晾干而成。这种方法比较简单而且香味较浓，只是持久性较差。

微胶囊香味整理方法是采用微囊香精，也就是在整理前需要将香精包囊。包囊的目的很多，如可以长期存放、定期释放、改变物体形态及增加香味的持久性等。只有穿着人体运动时，囊壁受到温度、摩擦压力时，使之破损后才能将香味释放；或者是在外界条件作用下，通过半透膜性质的囊壁缓慢释放香味。相对静态存放时，香味基本上不会散佚损失。

5. 防霉腐整理

长期处于潮湿状态或放置在不通风场所的服装很容易受微生物作用而发霉或腐烂，降低了服装的服用性能。当面料上含有淀粉浆料时，发霉或腐烂的过程则进行得更快。面料发霉的原因在于霉菌对纤维素纤维的侵蚀。为了使服装不发生霉烂，必须对其进行防霉腐整理。

所谓防霉腐整理就是防止霉菌的蔓延和生长。其主要途径是杀灭霉菌、阻止霉菌生长或在纤维表面上建立屏障，阻止霉菌与纤维接触。防霉腐整理的另一个途径是改变纤维的特性,使纤维不再成为霉菌的饲料,而使其具有抵抗霉菌的能力。

6. 防紫外线辐射整理

各种纤维吸收紫外线的性能差异很大。棉织物是紫外线最易透过的面料,而纯棉服装又是回归自然最受欢迎的消费品,因此纯棉服装是防紫外线整理的主要对象。由于人体各部位对紫外线的抵御能力不同,其中上身最差,因此纯棉衬衫、纯棉 T 恤等更需要防紫外线辐射整理。

对服装进行防紫外线整理的方法主要为采用溶剂或分散相溶液的浸渍法。对纤维没有反应能力的防紫外线剂需要在工作浴中添加黏合剂,合成纤维服装则可以采用高温吸尽法。

7. 吸湿排汗整理

对于用涤纶、聚酰胺、涤/棉和毛/涤等材料制作的服装,可用吸湿排汗整理剂进行整理,整理后的服装具有良好的吸汗性和毛细管效应,能迅速将微气候区的湿气和汗水导离皮肤表面,克服合成纤维服装闷热和不吸汗的缺点,并使服装同时具有易去污和抗静电的功能。

8. 拒水拒油整理

在服装上施加一种特殊分子结构的化学品(低表面能),并牢固地附着于纤维表面或以化学键结合于纤维表面,改变纤维的表面层性能,使服装不被水或果汁、咖啡汁、酱油、植物油、动物油等常见生活饮料和食用液体的沾污。

由于拒水拒油整理剂只在纤维表面形成一层连续的薄膜,不封闭面料空隙,空气能通透,能够允许人体散发的汗液以水蒸气形式传导到外界,不在皮肤和服装之间凝聚,保持穿着舒适性。

9. 生物酶整理

生物酶属于天然蛋白质,可完全降解,不会污染环境和服装;生物酶具有高效、温和、专一的催化特性,节能增效,符合低碳环保要求;酶处理对服装高档化、提高附加值有特殊的功效,如解决亚麻服装的刺痒感,牛仔服的制旧整理等。

10. 纳米抗菌整理

纳米抗菌服装近年越来越受到人们欢迎。纳米银作用在细胞膜蛋白质上,可直接破坏细菌细胞膜与氧代谢酶(—SH)结合,阻碍细菌等微生物对氨基酸、尿嘧啶等生长必需的营养物质的吸收,从而抑制其生长,这独特作用机理,可杀灭多数细菌、真菌等微生物。纳米银与面料表面聚合反应形成环状结构,具有持久性,耐洗性。

第三节 包　　装

包装是在产品运输、储存、销售过程中为保护产品,以及为了识别、销售和方便使用商品,而使用特定的容器、材料及辅助物等方式,防止外来因素损坏产品的总称。服装的包装是为了使消费者产生极大的购买兴趣,并提高服装的附加值。因此,包装是现代服装生产及商品流通的重要环节,融科学技术和艺术品味于一体。由于面临小批量、短交货周期和快速上升的劳动力成本,许多服装企业将 UHF RFID(超高频品种多样的射频识别)技术用于包装终端,实现收货、分拣、出库信息一体化,提升工作效率。

一、包装的分类

服装包装的分类方法主要有以下几种:

(1) 按用途分类:有销售包装、工业包装、特种包装等三类。销售包装是以销售为目的的包装,它起着直接保护商品的作用。其包装件小,数量大,讲究装潢印刷。包装上大多印有商标、说明、生产单位,因此又具有美化产品、宣传产品、指导消费的作用。工业包装是将大量的包装件用保护性能好的材料(纸盒、木板、泡沫塑料等)进行的大体积包装,其注重于牢固,方便运输,不讲究外部设计。特种包装用于保护性包装,其材料的构成须由运送和接收单位共同商定,并有专门文件加以说明。

(2) 按包装的层次分类:有内包装和外包装两种。内包装也叫小包装,通常是指将若干件服装组成最小包装整体。内包装主要是为了加强对商品的保护,便于再组装,同时也是为了分拨、销售商品时便于计量的需要。服装的内包装在数量上大多采用 5 件或 10 件、半打或一打组成为一个整体。外包装也叫运输包装、大包装,是指在商品的销售包装或内包装外面再增加一层包装。由于它的作用主要用来保障商品在流通过程中的安全,便于装卸、运输、储存和保管,因而具有提高产品的叠码承载能力,加速交接、点验等作用。

(3) 按包装袋的材质分类:主要有单层材质结构和复合材质结构。由于复合服装包装袋比单层结构的更为精美,大多数厂家都会选择复合包装。同样,复合材质结构也分为多种,有 PET＋PE 服装包装袋、铝箔服装包装袋等,其中铝箔包装袋使用的比较多,因为看起来更上档次。目前服装服饰的包装袋多采用铝箔包装袋,有铝箔自封袋、自立铝箔袋、铝箔自立自封袋等。

(4) 按包装设计理念上讲,首先选用可降解材料或可再循环利用的材料。快时尚服装企业,越来越多地使用牛皮纸袋作为自己的包装袋,就是从低碳环保角度出发。由于牛皮纸袋具有可重复性和易分解特性,已逐渐成为服装服饰包装行业的主流。

二、常用包装形式

服装包装的形式很多,常见的包装形式如下:

1. 折叠包装

这种包装形式是服装包装中最常见的一种形式。折叠时要把服装的特色之处、款式的重点部位显示于可见位置。折叠要平服,减小服装的叠位,从而减少拆装后的熨衣工作。为了防止松脱,在适当的位置要用大头针或胶夹固定。为了防止变形,可衬垫硬纸板。折叠后方可装入相应的包装袋或盒中。

2. 真空包装

真空包装是将服装装入塑料袋后,将袋中和服装内的空气抽掉,然后将袋口封闭。真空包装可减少服装体积和减少服装装运重量,便于储运,降低运输成本,占用服装工厂和商店的最小储存空间。

一般妇婴卫生保健服装、医用服装等产品大多采用真空包装的形式,确保经过消毒的服装成品不会在运输、销售过程中,被再次污染。

3. 立体包装

立体包装是克服服装经包装与运输后发生皱褶,保持良好外观,提高商品价值的包装方法,主要用于西装类等高档服装的包装。立体包装是将衣服挂在衣架上,外罩塑料袋,再吊装在包装箱内,或将服装直接挂在集装箱内。由于在整个运输过程中不会发生折叠和压迫,因而可充分保证商品的外观质量。但保管和运输的成本较高。

为适应现代服装进出口数量大、运输周期较长的特点,吊挂式服装集装箱被广泛使用。集装箱由铝合金或钢制造,箱内整齐挂列着许多横梁和挂钩,供吊挂服装用。这种包装运输方式的最大优点是:服装不折叠、不挤压、不变形,充分保证质量。

4. 内、外包装

内包装也叫小包装,通常在数量上有以单件、套为单元的包装,以便零售。例如以 5 件或 10 件、6 件或 12 件等数量为单元的包装,以方便分拨、计量、再组装。小包装内的成品品种、等级需要一致,颜色、花型和尺码规格应符合消费者或订货者的要求,有单色单码、单色混码、混色单码、混色混码等多种形式。在包装的明显部位要注明厂名(国名)、品号、货号、规格、色别、数量、品级和生产日期等。

外包装也叫大包装、运输包装,是在产品的内包装外再添加一层包装。它的作用是用来保护商品在流通过程中的安全,使装卸、运输、贮存、保管和计量更为方便。大包装的箱外通常要印刷产品的唛头标志,内容包括厂名(或国名)、品名、货号(或合同号)、箱号、色别、等级、数量、重量(毛重、净重)、体积(长、宽、高)、出厂日期和产品所执行标准的代号、编号、标准名称等。唛头标志要与包装内实物内容相符,做到准确无误。

5. 终端包装(即服饰用购物袋)

主要用于展示和便于客户携带。因此这层包装印刷相当精美,同时样式设计上也多种多样,服装企业一般将此类包装列为企业视觉形象的重要组成部分,这部分包装从材料到形式到印刷都非常的多样化。从材料看,纸质的、塑料的、布质的是最常见的三类;从形式看,包括吊卡袋、拉链袋(三封边)、手提式等常见形式。

三、装箱单的计算方法

包装部门是服装生产流程中的最后一个运作部门,除了要对服装进行装饰外,还要把批量的服装按照客户的要求装入箱中。由于批量的服装有可能是多个尺码或多种颜色,因此,在安排装箱时,要按客户的要求对尺码、数量及颜色进行合理分配。以下通过实例来介绍装箱的设计方法。

1. 单色单码装箱

【例1】 订单资料如下:

	S	M	L	XL
颜色 A	100	200	400	300
颜色 B	100	200	400	300

试:以单码 25 件一箱包装,其装箱明细表如何设计?

[解]　(1)先求出该装箱单的总箱数:

$(100+200+400+300+100+200+400+300)÷25=80(箱)$

(2)由于是单色单码装箱,所以每个颜色每个尺码的箱数为:

颜色 A S 码:$100÷25=4$(箱)

颜色 B S 码:$100÷25=4$(箱)

……

颜色 B XL 码:$300÷25=12$(箱)　共 80 箱

算出所有尺码数的箱数后,把数据代(填)入装箱明细表(表 5-2)。

表 5-2　单色单码装箱表

箱号	箱数	颜色	S	M	L	XL	总数
1~4	4	A	25				100
5~8	4	B	25				100
9~16	8	A		25			200
17~24	8	B		25			200
……	……	……					……
69~80	12					25	300
合计	80	—	—	—	—	—	2000

2. 单色混码装箱

【例 2】　某订单尺码和数量分配如下:

尺码	XS	S	M	L	XL
数量	100	200	400	200	100

试:以混码 24 件一箱装箱,其包装明细表如何设计?

[解]　(1)总箱数=$(100+200+400+200+100)÷24=41$(箱)余 16(件)

(2)每箱中各个尺码的件数:

XS　$100÷41=2$(件/箱)　余 18 件

S　$200÷41=4$(件/箱)　余 36 件

M　$400÷41=9$(件/箱)　余 31 件

L　$200÷41=4$(件/箱)　余 36 件

XL　$100÷41=2$(件/箱)　余 18 件

每箱中 XS(2 件)、S(4 件)、M(9 件)、L(4 件)、XL(2 件),共计 21 件,还需要配置 3 件不同尺码的服装。

考虑在 1~18 箱中,将 XS、S、M 码各加 1 件,即:

尺码	XS	S	M	L	XL
件数	3	5	10	4	2
余数	0	18	13	36	18

再在 19~36 箱中,将 S、L、XL 码各加 1 件,即:

尺码	XS	S	M	L	XL
件数	2	5	9	5	3
余数	0	0	13	18	0

再在 37~41 箱中,将 M 码加 1 件,L 码加 2 件,即:

尺码	XS	S	M	L	XL
件数	2	4	10	6	2
余数	0	0	8	8	0

余下的件数放在第 42 箱中。

以上装箱单的分析思路,可用表 5-3 表示如下:

表 5-3　装箱设计思路分析

箱号		XS	S	M	L	XL
	每箱增加件数	1	1	1		
	余数	18	36	31	36	18
1~18	每箱增加件数		1		1	1
	余数	0	18	13	36	18
19~36	每箱增加件数			1	2	
	余数	0	0	13	18	0
37~41	余数			8	8	

第 42 箱为扫零箱,其特点是混码混色和件数不够定值。装箱明细如表 5-4 所示。

表 5-4　单色混码装箱单

箱号	箱数	XS	S	M	L	XL	总数
1~18	18	3	5	10	4	2	432
19~36	18	2	5	9	5	3	432
37~41	5	2	4	10	6	2	120
42	1	0	0	8	8	0	16
总数	42	—	—	—	—	—	1000

3. 混色混码装箱

【例3】 订单资料如下:

	XS	S	M	L	XL	总数
A	100	200	400	200	100	1000
B	80	100	300	200	100	780

试:以混色混码24件一箱包装,其装箱明细表如何设计?

[解] (1)总箱数＝(1000＋780)÷24＝74(箱)　余4件

(2) 每个尺码在每一箱中所占的件数:

	XS	S	M	L	XL	
A	1/(26)	2/(52)	5/(30)	2/(52)	1/(26)	共计20件
B	1/(6)	1/(26)	4/(4)	2/(52)	1/(26)	

说明:括号中的数是余数。

每箱整件数是20件,每箱少4件,这4件分给两种颜色,分析思路如表5-5所示。

表5-5　装箱设计思路分析

			XS	S	M	L	XL
A		每箱增加件数	1				1
		余数	26	52	30	52	26
B		每箱增加件数		1			1
		余数	6	26	4	52	26
1～26	A	每箱增加件数		1	1	1	
		余数	0	52	30	52	0
	B	每箱增加件数				1	
		余数	6	0	4	52	0
27～56	A	每箱增加件数		1		1	
		余数	0	22	0	22	0
	B	每箱增加件数	1			1	
		余数	6	0	4	22	0
57～62	A	每箱增加件数		1		1	
		余数	0	16	0	16	0
	B	每箱增加件数				2	
		余数	0	0	4	16	0

续表

			XS	S	M	L	XL
63～70	A	每箱增加件数		2		2	
		余数	0	8	0	8	0
	B	余数	0	0	4	0	0
71～74	A		0	0	0	0	0
	B	余数	0	0	4	0	0

混色混码装箱见表5-6。

表5-6　混色混码装箱单

箱号	箱数	总数	颜色	XS	S	M	L	XL
1～26	26	624	A	2	2	5	2	2
			B	1	2	4	2	2
27～56	30	720	A	1	3	6	3	1
			B	1	1	4	3	1
57～62	6	144	A	1	3	5	3	1
			B	2	1	4	3	1
63～70	8	192	A	1	3	5	3	1
			B	1	1	4	4	1
71～74	4	96	A	1	4	5	4	1
			B	1	1	4	2	1
75	1	4	B	0	0	4	0	0
总数	75	1780	—	—	—	—	—	—

注：第75箱中只有4件，数量极少，是很不理想的，实际情况中，经常遇到，需灵活处理，一般处理是将第75箱取消，多余4件摊到其他各箱中。

四、成衣标识

1. 商标

服装作为一种商品，必须订有商标。服装商标实际上就是服装的牌子，它是服装生产企业、经销企业专用于本企业生产的服装上的标记。有文字商标、图形商标，文字和图形相结合的组合商标等多种形式。其特征主要表现在商品的专用性、个性、艺术性和代表性等方面。商标使用者一旦确定了所使用的商标，则其他人便不能使用或注册相同内容的商标。因此，商标是不能随意转让和买卖的。服装商标是服装企业的象征，它代表着生产企业的信誉、技术、质量和市场占有率等情况，因此，广大消费者认识的将是这种服装的商标，商标也就成为生产企业的无形资产。

商标可分为内衣类商标和外衣类商标。前者要求薄、小、软,宜采用轻柔的原料,穿着舒服。后者则相对的大、厚、挺,可选用编织商标、纺织品或纸质的印刷商标。按商品使用的原料分类,可分为用纺织品印制的商标、纸制商标、编织商标、革制商标和金属制商标等。

2. 服装的使用保养标志

随着服装材料种类及后整理方法的不断增多,科学地选择服装的洗涤、使用和保养方法越来越重要。不论是服装商品的生产者还是服装商品的消费者,都应该了解服装的使用要求。服装生产者要按有关标准规定使用保养标志,在成衣的标签中予以注明,而消费者应能看懂提示,正确合理地清洗保养服装。关于服装洗涤、使用图形符号,国内、国际都有相应的标准,具体说明如表 5-7～表 5-10 所示。

表 5-7 洗涤图形符号

图形符号	图形说明	图形符号	图形说明
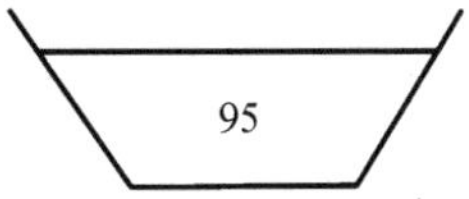 95	最高水温:95℃ 机械运转:常规 甩干或拧干:常规	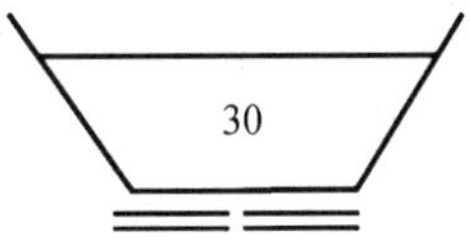 30	最高水温:30℃ 机械运转:极缓 甩干或拧干:轻柔
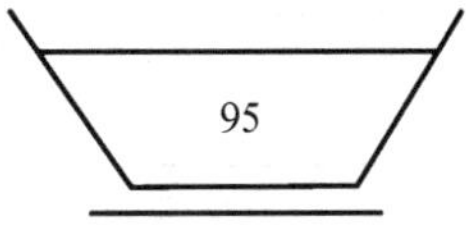 95	最高水温:95℃ 机械运转:缓和 甩干或拧干:减弱	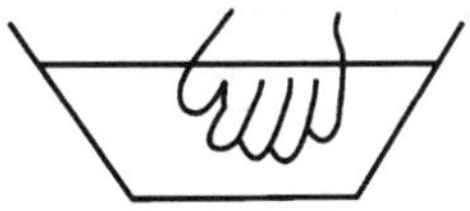	只可手洗,不可机洗 用手轻轻揉搓,冲洗 最高洗涤温度:40℃
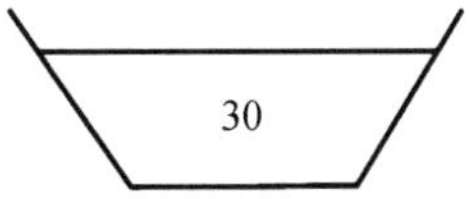 30	最高水温:30℃ 机械运转:常规 甩干或拧干:常规	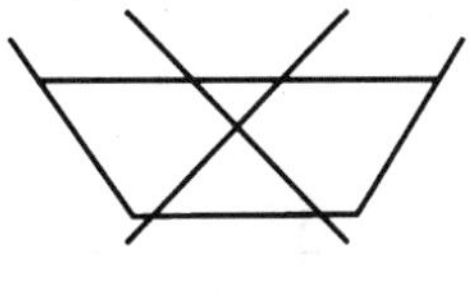	不可水洗
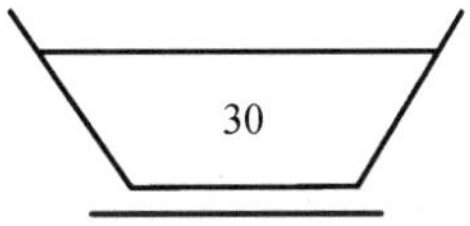 30	最高水温:30℃ 机械运转:缓和 甩干或拧干:减弱		

表 5-8 干洗图形符号

图形符号		图形说明	图形符号		图形说明
	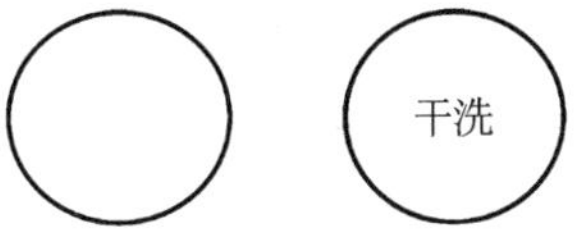 干洗	常规干洗		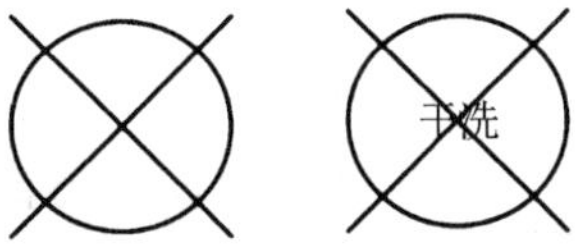 干洗	不可干洗
	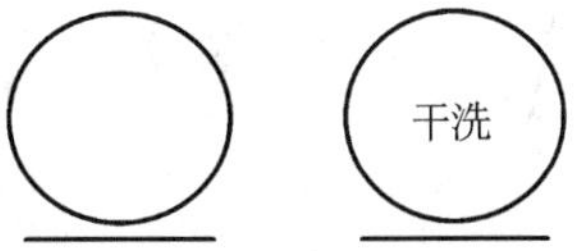 干洗	缓和干洗			

表 5-9　干燥图形符号

图形符号	图形说明	图形符号	图形说明
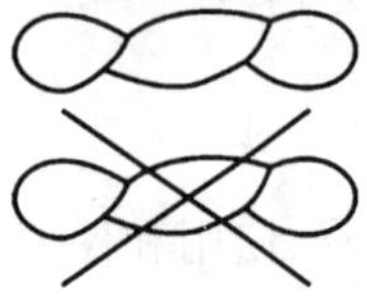	拧干 不可拧干	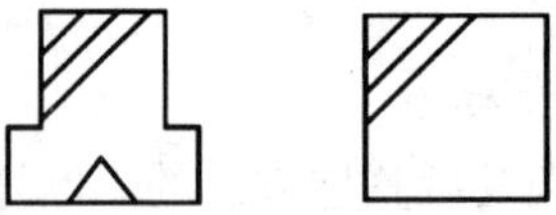	滴干
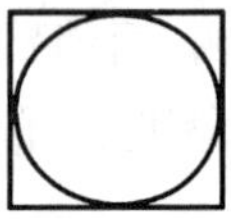	以正方形和内切圆表示转笼翻转干燥，甩干	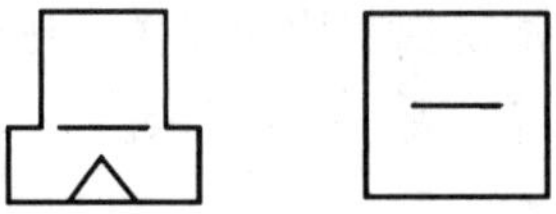	平摊干燥
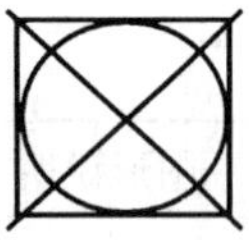	不可甩干	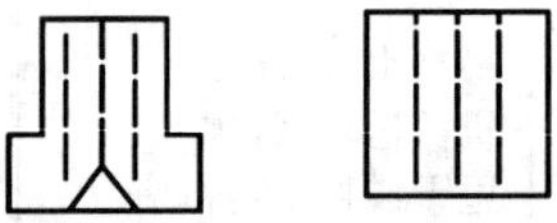	
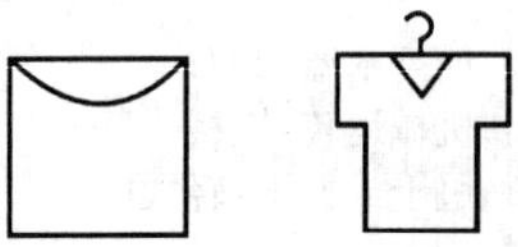	悬挂晾干		阴干

表 5-10　熨烫图形符号

图形符号	图形说明	图形符号	图形说明
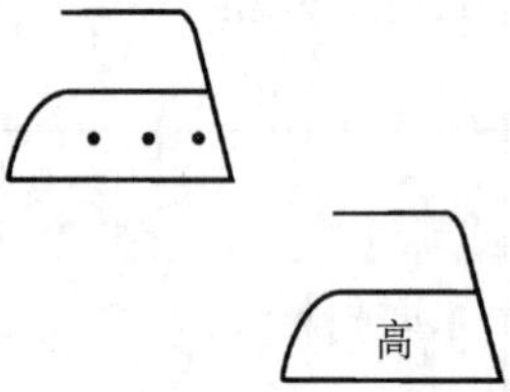 高	熨斗底板最高温度：200℃		垫布熨烫
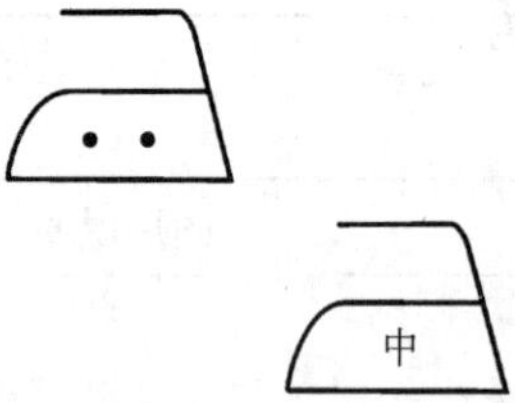 中	熨斗底板最高温度：150℃	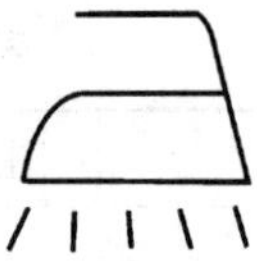	蒸汽熨烫
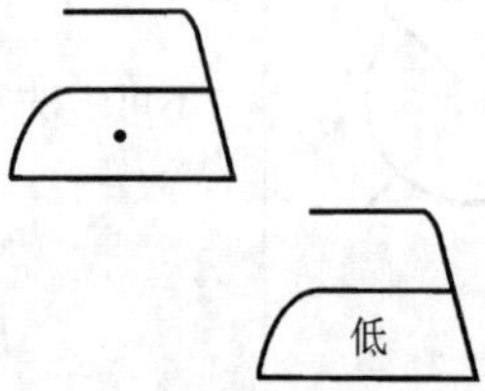 低	熨斗底板最高温度：110℃	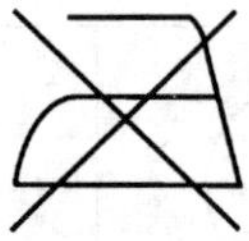	不可熨烫

为了使服装更平整、抗皱性更高、颜色更牢固，免烫服装在制作过程中会使用到含有甲醛的服装整理剂，容易造成甲醛超标。如果长时间穿着甲醛超标的服装，游离的甲醛就会随着服装和人体的摩擦挥发出来，对人体造成伤害。

服装中最具有杀伤力的物质当属可分解芳香胺。可能致癌的芳香胺偶氮染料，多出现在鲜艳的女式服装和童装上。偶氮染料如果与人体长期接触会被皮肤吸收，在人体内扩散并发生反应，分解出 20 多种致癌的芳香胺物质。这种染料只有通过专业技术才能检测到，消费者很难发现它的踪迹。正因为如此，可分解芳香胺在国际上都是被禁止使用的。

要想买到健康无害的服装，最简单的办法就是认准吊牌上是否标有"符合 GB18401 标准"的中文字样，如图 5-3 所示。

国标 GB18401—2010 规定了在中国制造或出口至中国的所有纺织类和服装产品的一般安全要求和测试方法。它主要来源于国际标准化组织（ISO）的纺织品和服装标准。规范将所有列入控制范围的产品分为三个大类，A 类：婴幼儿产品（36 个月以内的婴幼儿）；B 类：直接接触皮肤的产品；C 类：不直接接触皮肤的产品。由于不同产品的最终用途各不相同，对甲醛含量、PH 值、色牢度（水、酸性汗液、碱性汗液、干摩擦、唾液等）、气味、偶氮染料等五项健康安全指标做出了详细规定。从规定的严格程度来看，A 类＞B 类＞C 类。如甲醛含量，A 类要低于 20 mg/kg，B 类要低于 75 mg/kg，C 类要低于 300 mg/kg。

图 5-3　成衣标识

第四节　相关质量要求

以五袋牛仔裤为例，阐述服装后整理相关的质量要求。

一、熨烫整理

牛仔裤可使用全蒸汽熨斗,可不用闷水,就可以进行熨烫。

熨烫的顺序为:左裤前面—左后面—右后面—右前面—右腿内侧—左腿内侧—右腿外侧—左腿外侧—摺起。

在熨烫过程中,主要部位熨烫注意事项如下:

(1) 左腿反面两条裤缝要烫开,裤腿前后大片要熨平,要尽量向上烫。

(2) 右腿同左腿一样烫法。

(3) 一般操作与烫西裤原理一样,先熨烫裤骨,再熨烫裤身,后熨烫裤脚,烫裤脚时要把裤脚折脚熨得整齐,烫完内侧再熨外侧。

二、水洗整理

水洗整理是牛仔裤生产过程中的重要环节。通过各种物理的、化学的方式,让新做出来的牛仔裤像是自然穿旧了的感觉一样。水洗的风格非常多,而且新的水洗方式在不断地被创造出来。牛仔裤的附加值,常常也是通过洗水来体现的。通常手工越复杂,做的效果越自然,牛仔裤就越高档。牛仔裤水洗整理工艺有普通洗水、石洗、雪花洗、冰雪洗、怀旧洗、猫须洗,不同的洗涤方法有不同的外观效果。随着科学技术的不断发展与进步,服装行业也在不断引进新的设备与应用技术,以完善牛仔服装的成品整理工艺。

1. 机刷

刷子驱动是对整个牛仔裤表面进行大范围的摩擦修正,适用于"猴头洗"大面积区域,如牛仔裤的前腿、膝盖和后腿处。先将裤子充满气并通过吹裤设备固定,再用毛刷或磨盘直接打磨牛仔裤表面,使其达到局部光亮的效果,然后对将裤缝的边缘、口袋的边缘、裤腿的接缝等小部分进行切割,以达到特殊效果。

目前,市场上有不同类型的磨裤机,并且有固定式的带发动机的自动刷子,显著提高了大面积刷磨牛仔裤的效果和效率。直立式磨裤机如图 5-4 所示,带马达的尼龙毛刷如图 5-5 所示。

图 5-4　直立式磨裤机

图 5-5　带马达的尼龙毛刷

2. 手擦

常见的手刷擦法如图 5-6 所示。有的厂家为达到"猫须"的效果,会先用翻粉的方法获得白色的痕迹,然后用刀片手工刷出猫须图案,如图 5-7 所示。这是预先设计图案的方法,比较呆板,没有变化,较适合没有多少经验的年轻操作工使用。在擦拭前要先把牛仔裤折起来再上漆,然后用砂纸把凸出的褶皱画在表面,或者用刀片把缝制的花样刮下来,之后进行下一道清洗工序。

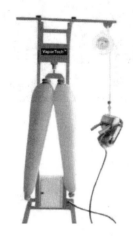

图 5-6　毛刷擦法

图 5-7　粉末倒置法手工刷的"猫须"

3. 植脂

加入树脂糊折叠牛仔裤,可使长时间保持裤子的褶皱效果,如图 5-8 所示。

当下流行的"猫须洗"就是植脂和手刷擦法相结合。一般情况下,先将牛仔裤的某一部分压碎,再加入树脂膏使其变硬,然后用砂纸或刀片打磨褶皱边缘,最后用清水清洗。当然,也有厂家会把裤子放在凹凸的"猫须"样板上,这种方法简单快捷,磨光效果比较均匀,但缺乏变化,而且很难控制深度效果。

图 5-8　树脂压皱

4. 喷药剂

可采用喷药剂的方式对牛仔裤进行彩色处理,即在牛仔服装的褪色和水洗过程中染上其他颜色。局部色彩是当下流行的涂饰方法之一,是将带有颜色的喷药剂喷在裤子的某个位置,以达到预期的效果。比如,将怀旧色喷药剂喷在指定的部位,这样新裤子在着色后,就会呈现穿旧的效果,满足消费者对复古风服装的需求,如图5-9所示。

图 5-9　喷药剂　　　　　　　　　　　　　　图 5-10　镭射

5. 镭射雕刻

要在牛仔裤上做一个 Logo 或其他图案时,要先把制作好的图案粘在裤子上,洗完后再撕下图案。另外,有些设计师会在牛仔裤上利用镭射雕刻的方式绘制不同的图案,如图5-10所示。纱线表面的浮蓝用激光机可以很容易地去除,可以直接在牛仔裤上雕刻特殊的图案,也可以切割出不同的镂空图案,使成品图案更加精细且富有创意。

三、颜色整理

除了对面料的选择,对颜色的选择在牛仔服装的整理中也尤为常见。几乎所有的牛仔服装都是水洗的,但水洗会破坏牛仔面料的原色及手感。因此,要慎重选择牛仔面料的原色,重视牛仔成衣的颜色整理工艺。

1. 喷涂操作

喷涂操作会得到牛仔裤局部磨损的效果,一般是用在裤子大腿的前后位置,尤其是臀部位置。喷涂原料通常是高锰酸钾,用高压喷涂到指定位置,通过物理或化学反应破坏面料的原色,然后用水冲洗,起到耐磨增白的作用。高锰酸钾溶液与面料表面的染料充分反应可使其褪色,在这个过程中,喷头的精度及工人对喷枪位置的控制都会影响最终的效果,需要加以重视。

2. 猫须工艺

随着流行趋势,猫须工艺经常出现在牛仔裤的前腿、腹股沟和后膝盖位置,常见技巧如下。首先,合理配置溶液是关键,要保证颜色的自然过渡,使其有一定的弧度和深度,以呈现出良好的立体效果。先根据面料的实际情况,将面料泡在按比例配置的溶液中,再取出晾干7~8 min 后,用熨斗熨平;然后用高温胶带固定褶皱,再将牛仔裤展开,在高温中烘干以定型。需要注意的是,溶液浓度过低,猫须效果不明显,浓度过高则会破坏纤维,使面料变脆。其次,控制温度和凝固时间。面料的凝固时间一般为 15~20 min,温度为 1200℃。

3. 雪花洗工艺

雪花洗工艺亦称"炒雪花",是一种特殊的加工方式,类似石洗工艺,但比石洗工艺更匀称,可洗净背景色。工艺流程如下:加入去除剂(5 min,水温 50℃左右)→清水(5 min,水温为常温)→酶清洗(加入酶粉,直至达到花斑效果)→清水(5 min,水温为常温)。如果用酶洗洗不出牛仔面料的底色,则必须漂白水洗。漂白水洗的操作步骤如下:漂白(根据颜色深度调整漂白水量,水温约 40℃,洗涤时间根据色板确定)+漂洗(用硫酸钠,时间为 5-10 min)。

四、牛仔裤的包装

经过水洗处理后,牛仔裤进入包装车间。工人们开始对其进行检验:剪掉前裤片、腰襻上的线头,并在初次整烫和验货前装缭按扣和铆钉。通过质检的产品,要测量牛仔裤腰围和下裆尺寸,经二次整烫,装上吊牌、腰牌和后袋吊牌,把牛仔裤装进塑料袋,放入硬纸盒,等待最终验货。

思考题:

1. 简述成衣整烫定型的作用、工艺参数及后整理的内容。

2. 常用成衣包装形式和标识有哪些种类?

3. 针对不同类型的服装产品,如何提高整理工程的质量控制?

4. 现有一订单资料如下:

	XS	S	M	L	XL
颜色 A	200	400	600	400	200
颜色 B	150	300	500	300	150
颜色 C	300	400	600	400	300

试以混色混码 24 件一箱包装,并列出其装箱单。

下　篇

第六章　质量管理

知识目标

1. 能够从不同的角度阐述质量的定义及其特征
2. 能够解释质量管理的发展过程及不同阶段的特点
3. 了解质量标准体系，了解标准的类型与我国的标准体系；
4. 掌握质量检验的定义、作用、要素及检验方法；
5. 掌握统计质量控制的基础知识以及常用的 7 种统计方法；
6. 了解全面质量管理的概念、工作内容、基本工作方法。

能力目标

1. 理解质量概念演变的内在动力、发展过程及意义；
2. 理解质量管理演变的内在动力、发展过程及意义；
3. 能够根据服装生产过程中的质量问题选用合理的方法分析并尝试解决问题；
4. 能够制作直方图、检查表、因果图、排列图、散布图、控制图，会使用分层法，并能够利用上述方法分析服装生产过程中的质量问题。

　　质量是企业各项工作的综合反映，也是维持企业竞争力的源泉。当今市场环境下，用户对产品的质量的要求越来越高，质量管理已经成为企业经营战略和生产运营战略的重要内容，是提升企业的市场竞争力、提高企业的经济效益的重要手段。我国加入世界贸易组织后，制造业在很多方面都要与国际接轨。对于出口型企业占较大比例的服装制造业，如果企业的质量管理水平不能跟上国际水平，则会停留在制造业的初级水平，不能有质的飞跃。

　　质量管理是企业管理最重要的组成部分。虽然目前我国作为世界第一大服装生产国和出口国的地位稳固，但随着东南亚各国承接全球服装份额的不断增加等行业新态势，我国的服装制造应该最大限度地发挥作为全球服装制造强国的优势，在注重节能降耗、保护生态环境、加快自动化、智能化步伐的同时，提高企业的管理水平尤其是质量管理水平，实现以最低的成本、最高的效率，生产最优的产品。目前，先进的质量管理方法与管理技术正在服装生产企业得到越来越广泛的应用。

　　本章主要介绍制造企业质量管理过程中的常用的概念、术语、管理方法与管理技术等，并通过服装产品生产过程中的质量问题介绍质量管理方法与管理技术在服装产品生产过程中的实际运用。

第一节 质量概念的发展

质量是质量管理中最基本的概念。随着社会经济和科学技术的发展，人们对质量的要求越来越高，质量的概念也在不断演变。质量的概念最初仅用于产品，如今逐渐延伸到服务、过程、体系和组织，以及以上任意项的组合。

一、质量概念的演变

一般意义下，质量好坏与产品特性相关，同时，质量评价又受到顾客主观感觉的影响。那么，质量到底是什么？质量的概念是在历史发展中产生的，随着时代的变迁，质量的概念也在不断地变化，不断地被补充、丰富和发展。对于质量，不同时期有不同的定义。总体来说，人们对质量概念的认识主要经历了如下四个阶段：

1. 符合性质量

符合性质量观是最早形成的质量观，符合性质量观认为"质量就是对特定规范或要求的满足程度"。

可以看出，符合性质量观是一种合格性评定的质量观。这种质量观的主要特点表现在：

（1）以是否符合标准或规范要求作为判别质量的标准，这种质量观的核心不在于描述质量的好与卓越，而是质量只有在相对于特定的规范或特定的要求时才有意义，符合标准就是合格；

（2）认为质量是检验出来的，是以"符合"特定标准或要求的程度作为衡量依据的。这种质量观所强调的"符合"程度反映了产品质量的一致性；

（3）符合性质量以检验为中心：作为最早形成的质量观，符合性质量对于企业管理和保证产品质量曾起到过积极的推动作用，使得"标准"或"要求"能够得到贯彻执行。尤其是在短缺经济或卖方市场条件下，对于企业的发展和产品质量的保证起到了重要作用。

作为最早形成的质量观，符合性质量观具有一定的局限性。主要表现在：①只是从生产者的立场出发，以生产企业为中心考虑质量问题，忽略了对产品质量要求最为重要的顾客需求。作为符合性质量判定依据的"标准"不能把顾客的需求及期望规定出来，特别是顾客隐含的需求与期望；②符合性质量是静态反映产品的质量水平。作为符合性质量判定依据的"标准"存在先进与落后之分，过去先进的标准现在可能是落后的，如果产品完全符合的是落后的标准，也不能认为产品是质量是好的产品。

企业的使命就是要不断提高产品和服务质量，以满足客户不断发展的需求。由于忽略了企业的真正使命，在经济过剩的买方市场下，止步于符合性质量观，企业无法生存下去。

2. 适用性质量

对于产品质量而言，实际的情况是即使产品符合了设计要求，达到了技术标准，却也不一定能被顾客所接受。顾客很少知道产品的"规范"和"标准"是什么，只是根据自己的需求选择产品。因此，为了更好地满足顾客，企业必须从关注产品是否符合"标准"，转向关注产品是否适应顾客的"要求"。在这样的市场环境下，产生了适用性质量观念。20世纪60年代，质量管理专家约瑟夫·朱兰从顾客角度出发，提出了"适用性质量"观点。

适用性质量观认为"质量即适用性，所谓适用性是指产品在使用期间能满足使用者的需要"。适用性是由产品特性决定的，适用性的评价是由顾客做出的，而不是由产品制造者或者服务提供者做出的。

适用性质量以适应顾客需求为核心的，同时考虑了"顾客的需求是处于不断变化中"的这一客观事实。这种质量观的主要特点表现在：

（1）是一种广义的质量观，是以"顾客感觉"为主体的质量观，跳出了合格与不合格的两值逻辑的质量观；

（2）对顾客来说，质量是满足需求的适用性，而不仅是"符合标准或规范"。适用性质量观以"富有魅力的质量"来满足顾客的潜在需求；

（3）把质量评判权交给了顾客，同时考虑了顾客需求的变化，具有动态意识。

3. 满意性质量

现代质量管理认为，必须要从满足用户需求出发来解释质量的概念，以用户的观点对质量进行定义。国际标准 ISO9000：2015 中将质量定义为"一组固有特性满足要求的程度"。

（1）定义中的"要求"

国际标准 ISO9000：2015 中对质量定义中的"要求"给出了明确的解释："要求指明示的、通常隐含的或必须履行的需求或期望"。其中："明示的"要求可以理解为规定的要求；"通常隐含的"要求指组织、顾客和其他相关方的惯例或一般做法，所考虑的需求或期望是不言而喻的。标准中不会对这类要求给出明确的规定，组织应根据自身产品的用途和特性进行识别，并做出规定；"必须履行的"要求指法律法规要求的，或有强制性标准要求的。

我国《标准化法》规定，强制性标准必须执行，不符合强制性标准的产品禁止生产、销售和进口。对于纺织服装产品，《国家纺织产品基本安全技术规范》GB18401—2010 于 2011 年8 月 1 日起正式实施，是我国纺织行业的国家强制性标准法规。

（2）定义中的"特性"

"特性"指可区分的特征。特征可以是固有的或赋予的，也可以是定性的或定量的。"固有的"指在某事或某物中本来就有的，尤其是那种永久的特性；"赋予的"的特性不是事物本来就有的，而是产品完成后因不同的要求而对产品所增加的特性，是人为增加或给予事物的特性。

由质量的定义可以看出，满意性质量不仅包括符合标准的要求，而且以顾客及其他相关方的满意为衡量依据，体现"以顾客为关注焦点"的原则。

4. 卓越质量

20 世纪 90 年代后，通用电气等世界级的大型跨国公司相继推行了 6σ 管理，逐步确立了全新的卓越质量理念——顾客对质量的感知远远超出期望，并使顾客感到惊喜。卓越质量理念意味着没有缺陷。根据卓越质量理念，质量的衡量除了体现顾客价值，追求顾客满意和顾客忠诚之外，还体现了降低资源成本，减少差错和缺陷。

二、质量概念的内涵

质量的含义有狭义和广义之分。狭义质量是指产品质量和服务质量，广义质量还包括过程质量和工作质量。

1. 产品质量和服务质量

（1）产品质量：当今关于产品质量的概念已大大不同于传统的观念。产品质量指的是："产品满足明确和隐含需要的能力特征之总和"。产品质量可以包括服务、硬件、软件、流程性材料或是它们的组合；可以是有形的，也可以是无形的；可以是预期的，也可以是非预期的。

（2）服务质量：服务质量是指服务要求得到满足的程度。

"服务"是一种无形的产品，不仅包括服务性行业提供的服务，还包括工业产品等的售前、售中、售后服务，以及企业内部上道工序对下道工序的服务等。

2. 过程质量和工作质量

（1）过程质量

① 过程：ISO9000强调"把一切都看成过程"。ISO9000：2000对过程的定义是："一组将输入转化为输出的相互关联或相互作用的活动"。通常来讲，一件产品或服务能否成功地实现预定的目标主要取决于四个过程：设计过程、制造过程、使用过程和服务过程。

② 过程质量：根据上述关于过程的定义，过程质量可理解为过程满足要求的程度。产品质量和服务质量最终由过程来保证。

质量形成有一个过程，而过程又分为若干个阶段，主要包括：

a. 开发设计过程质量：指的是从市场调研、产品构思到完成产品设计的过程质量。是形成产品固有质量的先行性和决定性因素。b. 制造过程质量：指的是产品符合设计质量要求的程度。是产品固有质量具体形成的阶段。制造过程质量一方面取决于设计过程质量，另一方面取决于制造过程中一系列工序的质量。c. 使用过程质量：指的是产品在使用过程中，其使用价值得以充分发挥的程度。取决于使用环境与使用条件是否合理、使用规范、使用者的操作水平等。d. 服务过程质量：指的是产品进入使用过程后，用户对供方的技术服务的满意程度。

（2）工作质量

工作质量指与产品和服务质量有关的工作（如经营管理工作、技术工作和组织工作等）对于产品和服务质量的保证程度。工作质量涉及企业的各个层次、各个部门、各个岗位、各类人员工作的有效性。工作质量主要取决于人的素质，包括员工的质量意识、责任心和业务水平等。其中最高管理者的工作质量起主导作用，一般管理层和执行层的工作质量起保证与落实作用。

工作质量是产品质量的保证，产品质量是工作质量的综合反映。所以，实施质量管理，就是要以工作质量保证工序质量，以工序质量保证产品质量。而且，应该把重点放在工作质量上，通过保证和提高工作质量来保证产品质量。

产品质量可用产品质量特性值定量地表现出来。工作质量一般可以通过产品质量和服务质量、工作效率、报废率等指标间接地反映出来，在许多场合是不能直接量化的。

第二节　质量管理的发展

质量管理是为了保证和提高产品质量或工作质量所进行的各项活动的总称。质量管理的概念早在20世纪初就提出来了，是随着企业管理与实践的发展而不断发展和完善的，经历了一个长期的发展过程。

对于质量管理的定义有着不同的论述。比较有代表性的论述包括：美国质量管理专家费根堡姆的论述是"质量管理是把一个组织内部各个部门在质量发展、质量保持、质量改进的努力结合起来的一个有效体系，以便使生产和服务达到最经济的水平，并使用户满意"；日本质量管理专家石川馨对质量管理定义是"用最经济的方法，生产买方要求质量的产品，并且为研制买方满意的产品进行设计、生产、销售和服务"。

ISO 9000：2000 将质量管理定义为"在质量方面指挥和控制组织的协调活动"，主要包括确定质量方针、目标和职责并在质量保证体系中通过诸如质量策划、质量控制、质量保证和质量改进使其实施的全部管理职能的所有活动。这个定义把质量管理视为企业管理的系统工程来看，只要与质量有关的企业活动，包括内部的和外部的活动都作为质量管理的范畴，都与质量管理有关。

质量管理是一门科学，是随着社会生产的发展而发展的，同科学技术的进步、管理科学的发展密切相关。从质量管理的发展史看，对于不同时期，质量管理的理论、技术和方法都在不断地发展变化，并且有着不同的发展特点。从一些工业比较发达的国家看，质量管理大致经历了三个阶段。

一、质量检验阶段（20 世纪初到 20 世纪 40 年代）

质量检验阶段也称为传统质量管理阶段，其主要特征是按照规定的技术要求，对已完成的产品进行质量检验。在这一阶段，质量管理的中心内容是通过事后把关性质的质量检查，对已生产出来的产品进行筛选，把不合格品和合格品分开。这种质量管理方式虽然存在对于预防废品的出现等管理方面的作用弱等诸多问题，但至今在制造企业中仍不可缺少。

1. 质量检验产生的背景

质量检验理论产生之前，生产活动中的生产和检验是合二为一的，产品质量主要依靠生产者的实际经验。但随着生产的发展，人们意识到为了保证产品质量，需要制定相应的质量标准，有专门的检验人员使用专门的、精准的测量工作对产品质量进行准确的测量和评定。在这样的社会背景下，最早的质量管理理论——质量检验理论诞生了。

质量检验是一种事后检验，将产品检查从制造中分离出来，成为一道独立的工序，同时，管理人员与操作人员合理分工、计划职能和执行职能分开、增加了中间检验环节、形成了设计、操作、检验各有专人负责的职能管理体制。

2. 质量检验的特点

质量检验的特点主要体现在三个方面：

（1）改变了之前生产者也是检验者的状态，使得制定标准、生产制造、产品检验三权分立。有人专职制定标准，有人负责生产制造，有人专职按照标准检验产品质量。

（2）强调事后把关，强调检验人员的职责是对生产出来的产品进行筛选，把合格品和不合格品分开，保证不合格的产品不出厂。

（3）通过将检验职能从操作职能中分离出来、将检验人员从操作工人中分离出来，使得质量检验从经验走向科学，并产生了专职检验队伍，有利于提高生产效率和劳动分工。

3. 质量检验的局限性

作为事后把关的产品质量检验,其局限性主要体现在:

(1) 预防作用薄弱:检验职能局限于事后检验,仅对产品划分等级并剔除不合格品,一旦出现不合格品,就已成为事实。

(2) 适宜性差:在实际生产过程中,许多产品不能全检。例如,大批量、快节奏生产的产品不适宜全数检验,检验费用高的产品不适宜倒数检验,破坏性检验不适宜全部产品检验等。

(3) 单纯依靠事后把关的质量检验,不能有效防止生产过程中产生不合格产品。

虽然作为事后把关的质量检验存在着多种局限性,但如果取消事后检验,许多产品的质量就难保证。目前阶段,即使是发达国家,许多产品也不能免检。

二、统计质量管理阶段(20世纪40、50年代)

上述质量检验的主要职能是把合格品与不合格品分开,这种事后检验是基于不合格品已经产生。不合格品既然已经出现,即使被检验出来也已经造成了损失。因此,事后的质量检验不是一种积极的方式,积极的方式应该是防止不合格品的出现。统计质量管理就是应用数理统计的方式,对生产过程进行控制,而不是等一个产品或工序完成了再去进行检验,是在生产过程中定期进行抽查,并把抽查结果当成一个反馈信号,发现或鉴定生产过程中是否出现了不正常情况,并依此及时发现和消除不正常的原因,防止不合格品的产生。统计质量管理的核心是由事后把关变为事前预防,管理方法上广泛应用了统计方法。

1. 统计质量管理产生的背景

统计质量控制萌芽于20世纪20年代,代表性时期是20世纪40至50年代,典型事例是二战初期,美国大批生产民用品的公司转为生产各种军需品,当时面临的一个严重的问题是由于事先没有办法控制废品的产生,使得生产过程中的废品率过高,美国政府开始推广应用统计质量控制方法,制定战时质量管理标准,成功地解决了军需品生产的质量问题,使得军需品生产在数量上、质量上和经济上都占世界领先地位。由于采用了统计质量管理方法,美国的军需品生产企业获得了巨额利润。战后,其他企业也竞相仿效,质量的统计管理方法成为质量管理的主要内容。

2. 统计质量管理的主要特点

统计质量管理的主要特点主要体现在:

(1) 强调对生产制造过程的预防性控制,利用数理统计原理在生产流程的工序之间进行质量控制,从而预防不合格产品的大量生产。

(2) 在生产经营活动中,对产品检验和验收检查采用了科学的统计抽样方案。

(3) 统计质量管理是概念的更新、检查职能的更新,是质量管理方法上的一次飞跃。使质量管理由单纯依靠事后检验把关,发展到突出质量的预防性控制与事后检验相结合的工序管理,成为进行生产过程控制强有力的工具。

3. 统计质量控制存在的主要问题

统计质量管理过分强调统计技术,忽略了组织管理工作和生产者的主观能动性,让人们误认为"质量管理就是统计技术"、"质量管理是少数数学家和学者的事情",限制了统计质量管理的发展。

三、全面质量管理阶段(20世纪50年代末60年代初至今)

最早提出全面质量管理概念的是美国的费根堡姆和朱兰。20世纪60年代美国的费根堡姆(A. V. Feigenbaum)和朱兰(J. M. Juran)提出了"全面质量控制"(Total Quality Control,简称TQC),20世纪80年代以后,人们开始将其称为全面质量管理(Total Quality Management,简称TQM)。

全面质量管理是一个组织以质量为中心,以全员参与为基础,目的在于通过让顾客满意和本组织所有成员及社会受益而达到长期成功的管理途径。全面质量管理的概念提出之后,世界各工业发达国家都对它进行了深入全面的研究,使得全面质量管理的思想、理论和方法在实践中不断得到应用和发展。

1. 产生的背景

全面质量管理是现代科学技术和现代工业发展的必然产物。随着科技的进步和市场竞争的加剧,新技术、新工艺、新设备、新材料大量涌现,工业产品的技术水平迅速提高,产品更新换代的速度大大加快,新产品层出不穷。特别是对于许多综合多门类技术成果的大型、精密、复杂的现代工业产品来说,影响质量的因素已不是几十、几百个,而是成千上万个。对于一个细节的忽略,也会造成全局的失误。这种情况必然对质量管理提出新的更高要求,单纯依靠事后把关或主要依靠生产过程控制的质量管理,已不再适应工业发展的需要。这样,全面质量管理作为现代企业管理的一个重要组成部分应运而生。催生全面质量管理的原因主要包括:

(1)科学技术和工业发展的需要。产品质量是在市场调研,产品的设计、生产、检验、销售、服务全过程形成的,仅靠统计方法控制生产过程和产品质量远远不够,还需要一系列的组织管理工作。质量管理不再以质量技术为主线,而是以质量经营为主线。

(2)20世纪60年代,出现了工人参与管理、共同决策、目标管理等新办法,在质量管理中出现了依靠工人进行自我控制的无缺陷运动和质量管理小组等。同时,管理科学出现了各种学派,各种管理理论出现并发展。

(3)社会进步引发观念的变革,更加强调"质量责任"。

(4)市场经济的发展,使得竞争加剧,质量的经济性不容忽视,质量与成本密切相关。

2. 全面质量的概念

在介绍全面质量管理之前,首先来介绍全面质量的概念。全面质量是一个非常重要的概念,20世纪60年代,桑德霍姆、费根堡姆、克劳士等一批著名专家不约而同地提出了"全面质量"的新概念。全面质量,不仅指最终产品,同时包括与产品相关的一切过程质量,涵盖产品的整个寿命周期。全面质量关注的重点转向注重过程,强调管理通过过程来实现,注重使每一过程都实现增值转换。全面质量从"以产品和服务为中心"发展到注重"企业经营管理一切过程的质量持续改进"。全面质量的特点是注重"顾客满意质量"。在全面质量观下,质量不再是一大堆技术标准参数,更注重的是消费者的评价好。

3. 全面质量管理的概念

费根堡姆给出的全面质量管理的定义是:"全面质量管理是为了在最经济的水平上,并考虑到充分满足顾客要求的条件下进行生产和提供服务,并把企业各部门研制质量、维持质量和提高质量的活动构成为一体的一种有效体系"。

全面质量管理首次提出了质量体系的问题,提出质量管理的主要任务是建立质量管理体系,这是一个全新的见解。由于符合生产发展和质量管理发展的客观要求,很快在世界各地得到推行。全面质量管理的概念最早是由美国的费根堡姆提出的,但首先把这一概念真正应用于企业管理的是日本。日本引进了美国的质量管理方法,并且有所发展,取得了举世瞩目的成绩。日本质量管理专家石川馨把日本的质量管理称为全公司质量管理(Company-wide Quality Control),他们十分重视质量管理教育,并开展群众性的质量控制小组活动和全国质量月活动,归纳、整理了质量管理的老七种工具和新七种工具,发明了质量功能展开(Quality Function Deployment)以及质量工程技术(田口方法),为全面质量管理充实了大量内容。

当今世界闻名的 ISO 9000 族质量管理体系、卓越绩效模式、6σ 管理法等,都是以全面质量管理的理论和方法为基础的。

本章第六节会全面介绍全面质量管理的内容。

第三节　质量标准

对于产品而言,虽然现代质量保证的重点已由事后检验转移到了产前阶段的设计、工艺工程和物料采购的各种预防活动上,但检验仍是质量体系中不可少的质量要素,质量标准是质量检验的主要判据。

一、标准及标准类型概述

1. 标准的概念

所谓标准,指的是衡量某一事物或某项工作应达到的水平、尺度和必须遵守的规定。

我国《标准化基本术语》(GB3935.1)对标准的定义是:"对重复性事物和概念所做的统一规定。它以科学、技术和实践经验的综合成果为基础,经有关方面协商一致,由主管机构批准,以特定形式发布,作为共同遵守的准则和依据"。

《中华人民共和国标准化法》对标准的定义是:"标准,指农业、工业、服务业以及社会事业等领域需要统一的技术要求"。

2. 标准的类型

作为质量检验的依据,标准主要包括技术标准、工作标准和管理标准三类:

(1)技术标准

技术标准指对技术活动中需要统一协调的事物制定的技术准则。主要包括产品标准、基础标准、方法标准。

① 产品标准:产品标准为了保证产品的适用性,对产品必须达到的某些或全部要求所制定的标准。产品标准是在一定的时期和一定范围内具有约束力的技术标准,是生产、检验、验收、使用中进行维护、合作贸易和质量仲裁的技术依据。产品在正式生产前先要根据其质量的目的确定其质量标准。产品标准包括对产品结构、性能、规格、质量和检验方法所

做的技术规定,以及对生产过程有关检验、试验、包装、储存和运输等方面的要求,例如《衬衫》GB/T2660—2008 和《西裤》GB/T2666—2009。

② 基础标准:基础标准是指在一定范围内作为其他标准的基础,是具有通用性和广泛指导意见的标准。基础标准是制订产品标准或其他标准所必须遵循的依据或准则,在一定范围内可以直接应用,也可以作为其他标准的依据和基础。上述一定范围是指特定领域,如企业、专业、国家等。也就是说,基础标准既存在于国家标准、专业标准,也存在于企业标准中,具有普遍的指导意义。在某领域中基础标准是覆盖面最大的标准,是该领域中所有标准的共同基础,例如服装行业常用的技术语言标准《服装术语》GB/T 15557—2008 就是基础标准。

③ 方法标准:方法标准指的是通用性的方法相关联的标准。方法标准包括试验方法、检验方法、分析方法、测定方法、抽样方法、工艺方法、生产方法、操作方法等标准。例如服装行业常用的《服装测量方法》GB/T31907 2015 就是方法标准。

（2）工作标准

工作标准是对工作的内容、方法、程序和质量要求所制定的标准。包括各岗位的职责、任务的数量和质量要求及完成期限、完成各项任务的过程和方法、与相关岗位的协调与信息传递方式、工作人员的考核与奖罚方法等。

（3）管理标准

它是在行政和管理机构行使其管理职能而制定的准则,包括管理工作程序标准、管理业务标准和管理制度等,如质量手册和检验人员工作准则、检验工作流程中的规则和制度、检验设备和工具的作用与维护制度、有关工序控制的管理制度和管理标准、有关不合格品的管理制度、有关质量检验的信息管理制度等。

3. 标准的级别

从标准级别的角度看,我国标准分为国家标准、行业标准、地方标准和团体标准、企业标准四级;国际上,标准分为国际标准和区域标准两级。

（1）我国标准分级的范围

根据《中华人民共和国标准化法》规定,我国标准分为四级:

① 国家标准:国家标准指根据全国范围内统一的需要,对全国经济、技术发展有重要意义而必须在全国范围内统一的标准。这类标准以“GB”,或“GB/T”开头,其中“GB”开头的标准属于强制性国家标准,由国务院批准发布或者授权批准发布;以“GB/T”开头的标准属于推荐性国家标准,由国务院标准化行政主管部门制定。

国家标准一经公布,就是技术法规,各级生产、建设、科研管理部门和企业单位,都必须严格执行。国家标准在全国范围内适用,其他各级别标准不得与国家标准相抵触。国家标准是四级标准体系中的主体。

② 行业标准:对没有相应的国家标准、需要在全国某个行业范围内统一的技术要求,可以制定行业标准。行业标准是由行业协会、特定领域制定和颁布,报国务院标准化行政主管部门备案,在全国某个行业范围内适用。行业标准不得与国家标准相抵触,国家标准公布实施后,相应的行业标准即行废止,例如“FZ”是纺织行业标准;“YY”是医疗行业标准;“HG”是化工行业标准;“JC”是建筑行业标准等。

③ 地方标准：对没有国家标准和行业标准而又需要在省、自治区、直辖市范围内统一要求，可以制定地方标准。地方标准指由省、自治区、直辖市人民政府标准化行政主管部门批准，并报国务院标准化行政主管部门和国务院有关行政主管部门备案的标准。地方标准以"DB"开头。在公布国家标准或者行业标准之后，相应的地方标准即行废止。

④ 企业标准：指对企业生产技术组织工作具有重要意义而需要统一的标准。以"QB"开头。企业标准是在没有国家标准、行业标准和地方标准的情况下，或企业的标准要求高于国家标准、行业标准和地方标准的情况下，企业制定的标准。企业标准应报当地政府标准化行政主管部门和有关行政主管部门备案，在该企业内部适用。

企业标准主要包括五类：一类是没有相应的国家标准及行业标准、地方标准；二是企业执行的标准高于国标及行业标准；三是对国家标准、行业标准的选择或补充的标准；四是工艺、工装、半成品和方法标准；五是生产、经营活动中的管理标准和工作标准。

（2）国际标准与区域标准

国际上，标准可分为国际标准与区域标准两级。

① 国际标准：指国际标准化组织（ISO）、国际电工委员会（IEC）和国际电信联盟（ITU）制定的标准，以及国际标准化组织确认并公布的其他国际组织制定的标准。国际标准在世界范围内统一使用。

② 区域标准：指世界某一区域标准团体采用的标准或区域标准化团体采用的规范，是贯彻国际标准，协调本区域标准而在本区域范围内执行和使用的标准或规范。如 CEN 欧洲标准化委员会、CENEL 欧洲电工标准化委员会、COPANT 泛美标准化委员会、ASAC 亚洲标准化咨询委员会、PASS 太平洋区域标准大会、ARSO 非洲标准化组织等范围内的标准。

由于区域标准容易造成贸易壁垒，因此，现在许多区域标准化团体倾向于不制订区域标准，区域标准有逐渐削弱和减少之势。

3. 强制标准和推荐性标准

在我国的标准体系中，强制标准必须执行，国家鼓励采用推荐性标准。

（1）强制性标准

《中华人民共和国标准化法》规定，对保障人身健康和生命财产安全、国家安全、生态环境安全以及满足经济社会管理基本需要的技术要求，应当制定强制性国家标准。强制性国家标准具有法律属性。

国家强制标准的代号是"GB"，如《国家纺织产品基本安全技术规范》GB 18401—2010 是国家强制性标准；行业强制标准的代号如"GA"是公安行业强制标准，如《警服号型》GA 250—2000 是公安行业强制标准。

产品符合强制性标准，是产品走向市场的必备条件之一。强制性标准必须执行。不符合强制性标准的产品禁止生产、销售和进口。生产、销售和进口不符合强制标准产品的，由法律、行政法规规定的行政主管部门依法处理；法律、行政法规未作规定的，由工商行政管理部门没收产品的违法所得，并处罚款；造成严重后果构成犯罪的，对直接责任人员依法追究刑事责任。

（2）推荐性标准

推荐性标准，又称为非强制性标准或自愿性标准。不强制厂商和用户采用，是指生产、交换、使用等方面,通过经济手段或市场调节促使他们自愿采用的国家标准或行业标准。

推荐性标准的代号是"＊＊/T"。例如,"GB/T"是国家级推荐标准;"FZ/T"是纺织行业推荐标准。"T"是推荐的意义,只有参考意义,没有强制意义。但需要强调的是,推荐性标准一经接受并采用,或各方商定同意纳入经济合同中,就具有了法律上的约束性。

第四节　质　量　检　验

一、质量检验概述

现代工业生产是一个极其复杂的过程,由于主客观因素的影响,要绝对防止不合格产品的产生是难以做到的。因此,质量检验是非常必要的,是生产过程中必不可少的重要环节。

1. 质量检验的定义

质量检验是指借助于某种手段和方法,对产品和质量特性进行测定,并将测得的结果同规定的产品质量标准进行比较,从而判断产品合格(优劣)与否的过程。

2. 质量检验的作用

质量检验是质量管理不可缺少的一项工作。通过质量检验,力求保证不合格的原材料不投产,不合格的零件不转到下面工序,不合格的产品不出厂;同时,通过质量检验可收集和积累反映质量状况的数据资料,为测定和分析工序能力,监督工艺过程,改进质量提供信息。因此,质量检验的作用可归纳为以下几点:

(1)把关作用

质量把关作用体现在不合格产品不流入下一环节,把关是质量检验最基本的职能,这一职能在质量检验的初期就已经存在的。即使是生产水平大幅提高的情况下,检验的手段和技术有所发展和变化,质量检验的把关作用仍然是必不可少的。

产品实现的过程往往是一个复杂的过程。质量检验的把关作用体现在层层把关中,在工序中进行质量检验,可实现不合格的原材料不投产,不合格产品不进入下一道工序;产品生成后的检验,可剔出不合格产品,保证不合格的产品不交付。

(2)鉴别(评价)作用

质量检验的鉴别(评价)作用体现在,通过检验,可以判断产品是否符合规定的要求。

鉴别(评价)是把关的前提,通过鉴别才能判断产品质量是否合格。不进行鉴别就不能确定产品的质量状态,也就难以实现质量"把关"。

(3)预防作用

现代质量检验区别于传统质量检验的重要之处在于现代质量检验不单纯起事后把关的作用,同时还起预防的作用,在生产过程中早发现不合格品,防止其进入工序加工致大量产品不合格。检验的预防作用主要反映在四个方面:①对生产中的首件产品进行检验,从而预防批量产品质量问题发生;②及时对工序中的半成品进行抽验,以防止大量的质量问题;③通过对工序中半成品检验数据分析,找出影响质量问题的主要因素,控制半成品质量;④终检发现质量问题时,及时采取措施并改进,防止质量问题再次发生。

（4）信息反馈与报告作用

检验过程中，把检验获取的数据和信息，汇总、整理、分析后写成报告进行反馈，可以为质量控制、质量改良、质量考核以及管理层进行质量决策提供信息和依据。

3. 质量检验工作的基本要素

为了使质量检验工作顺利、有效地进行，实现上述质量检验的功能，检验工作必须具备下述"四大基本要素"：①足够数量的，满足实际要求的检测人员；②先进、可靠而完善的检测手段；③明确、有效而清楚的检验标准；④科学、严格的检验管理制度。

4. 产品质量检验方式

产品质量检验方式可以根据不同的分类方式划分：

（1）按检验的数量，可分为全数检验、抽样检验和免于检验；

（2）按质量特性值，可分为计数检验和计量检验；

（3）按质量检验手段，可分为理化检验和官能检验；

（4）按检验后检验对象的完整性，可分为破坏性检验和非破坏性检验；

（5）按检验的地点，可分为固定检验和流动性检验；

（6）按检验的目的，可分为验收性检验、监控性检验、生产检验、监督检验、验证检验和仲裁检验；

（7）按供需关系，可分为第一方检验、第二方检验和第三方检验；

（8）按检验人员，可分为自检、互检和专检；

（9）按流程，可分为进货检验、过程检验、最终产品检验、出货检验；

（10）按检验的效果，可分为判定检验、信息性检验和寻因性检验。

二、抽样检验

如前所述，产品检验按检验的数量可分为全数检验和抽样检验。在多数情况下，全数检验既不现实也不经济，所以企业日常进行的产品检验多数是抽样检验。常用的抽样检验包括计数标准型抽样检验、计数调整型抽样检验。

抽样检验指的是根据数理统计的原理预先制订的抽样方案，从交验的一批产品中，随机抽取部分样品进行检验，根据样品的检验结果，按照规定的判断准则，判定整批产品是否合格，并决定是接收还是拒收该批产品或采取其他处理方式。

抽样检验的优点是节约检验工作量和检验费用、缩短了检验周期、减少了检验人员和设备；抽验检验的缺点是存在一定的错判风险，例如：将合格批错判为不合格批或把不合格批错判为合格批等，抽样检验中数理统计方法的应用虽然在一定程序上减少了错判的风险，但风险仍不可避免。

抽样检验适合于如下情况：

①生产批量大、自动化程序高、质量比较稳定的产品或工序；②进行破坏性检验的产品或工序；外协件、外购件成批进货的验收检验；③某些生产效率高、检验时间长的产品或工序；④检验成本高的产品或工序；⑤漏检少数不合格品不会引起重大损失的产品或工序。

1. 抽样检验中常用的名词、术语和概念

（1）样本与样本量：从总体中抽取的部分单位（用于检验的单位）所构成的集合称为样

本;样本中所包含的个体的个数称为样本量,常用 n 表示。通常情况下,把 $n \geqslant 50$ 的样本称为大样本,$n \leqslant 50$ 的样本称为小样本。

(2) 检验批:提交进行检验的一批产品,也是作为检验对象而汇集起来的一批产品。通常指同型号、同等级、同类别、同生产条件和同生产时间的产品

(3) 批量:检验批中单位产品的数量,常用 N 表示。

(4) 批质量:检验批的质量,通常用 p 表示。由于质量特性值的属性不同,批质量的表示方法也不同。在计数抽样检验中,批质量的表示方法有批不合格品率、批不合格百分数、批每百单位产品不合格数三种方法。

(5) 不合格:在抽样检验中,不合格是指单位产品的任何一个质量特性不满足规范要求。分为 A、B、C 三类不合格。其中:A 类是最被关注的一种不合格。如产品的极重要的质量特性不符合规定,或产品的质量特性极严重不符合规定;B 类需要关注的程度比 A 类稍低的一种类型的不合格,如产品的重要质量特性不符合规定,或产品的质量特性严重不符合规定;C 类关注程度低于 A 类和 B 类的一类不合格。如产品的一般质量特性不符合规定,或产品的质量特性轻微不符合规定。

(6) 不合格品:具有一个或一个以上不合格的单位产品,称为不合格品。分为 A、B、C 三类不合格品。其中,A 类,指有一个或一个以上 A 类不合格,同时还有可能包含 B 类和(或)C 类不合格产品;B 类,指有一个或一个以上 B 类不合格,也可能有 C 类不合格,但没有 A 类不合格;C 类,指有一个或一个以上 C 类不合格,但无 A 类、B 类不合格。

2. 批质量的判定过程

抽样检验是根据样本的质量推断批的质量,抽取的样本具有代表性,可以认为,在样本量 n 确定时,样本中的不合格(品)数 d 越小,则批的质量越好(即 p 越小)。因此,在样本量 n 确定时,样本中的不合格(品)数 d 越小,则批的质量越好(即 p 越小)。因此,有理由规定两个合适的正整数 $A_c (A_c < n)$、$R_e (R_e < n)$,A_c 被称为接收数,R_e 被称为拒收数。样本量 n 与判定数组 (A_c, R_e) 构成了一次计数抽样检验方案(图 6-1)。

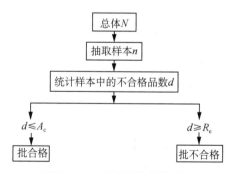

图 6-1 一次抽样的判断过程

相对于一次抽样,二次抽样对批质量的判断是允许最多抽取两个样本,在抽检过程中,如果第一个样本量 n_1 中的不合格(品)数 $d_1 \leqslant A_{c1}$,则批接收;如果 $d_1 \geqslant R_{e1}$,则拒收;如果 $A_{c1} < d_1 < R_{e1}$,则抽取第二个样本,设第二个样本中不合格(品)数为 d_2,当 $d_1 + d_2 \leqslant A_{c2}$ 时,则接收该批,如果 $d_1 + d_2 \geqslant R_{e2} (= A_{c2} + 1)$,则拒收该批产品(图 6-2)。

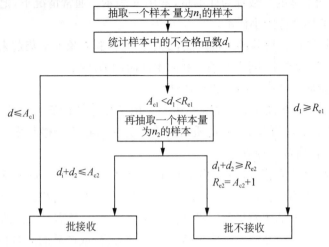

图 6-2　二次抽样的判断过程

3. 计数标准型抽样检验

计数标准型抽样检验,就是同时考虑生产方与使用方的风险,同时保护生产方的质量要求和对使用方的质量保护的抽样检验方法。

(1)生产方、使用方风险及风险质量

① 生产方(供方)风险及风险质量:抽样检验不同于全检,合格批也可能有一定的概率(用 α 表示)遭到拒绝,称为生产方风险,对应的质量为生产方风险质量 p_0。α 被称为第一类错误概率。

② 使用(需方)方风险及风险质量:抽样检验不同于全检,不同合格批也可能有一定的概率(有 β 表示)概率被接收,称为使用方风险,对应的质量为使用方风险质量 p_1。β 被称为第二类错误概率。

一般情况下:α 取 0.01、0.05、0.1,β 取 0.05、0.1、0.2,其中 $\alpha=0.05$,$\beta=0.1$ 最为常用;p_0、p_1 计数标准型抽样方案的两个重要质量参数。在确定 P_0 和 P_1 时,要综合考虑:生产能力、制造成本,产品不合格对顾客的损失,质量要求和检验费用等因素。P_1 的选取要与 P_0 拉开一定的距离,P_1/P_0 过小会增加抽检产品的数量,增加检验费用;P_1/P_0 过大会放松对质量的要求,对使用方不利。通常情况下,可选择 P_1 是 P_0 的 1.5、2.0 或 3 倍。

(2)计数标准型抽样检验程序

① 确定单位产品的质量特性,并规定区分合格品与不合格品的标准。

② 确定生产方风险质量 P_0 与使用方风险质量 P_1,对于上述 A、B、C 三类不合格,风险质量是 A 类 $P_0<$B 类 $P_0<$ C 类 P_0。

③ 检索抽样方案:

GB/T 13262—2008 中规定 $\alpha=0.05$;$\beta=0.1$。

检索抽样方案是根据规定的风险质量,查计数标准型一次抽样表(GB/T 13262—2008),得到样本大小及合格判定数,如下表 6-1 所示。

表6-1　GB/T13622-2008 不合格品百分数的计数标准型——样本大小及合格判定数

$p_0/\%$ \ $p_1/\%$	0.75	0.85	0.95	1.05	1.20	1.30	1.50	1.70	1.90	2.10	2.40	2.60	3.00	3.40	3.80	4.20	4.80
0.095	750, 2	425, 1	395, 1	370, 1	345, 1	315, 1	280, 1	250, 1	225, 1	210, 1	185, 1	160, 1	68, 0	64, 0	58, 0	54, 0	49, 0
0.105	730, 2	665, 2	380, 1	355, 1	330, 1	310, 1	275, 1	250, 1	225, 1	200, 1	185, 1	160, 1	150, 1	60, 0	56, 0	52, 0	48, 0
0.120	700, 2	650, 2	595, 2	340, 1	320, 1	295, 1	275, 1	245, 1	220, 1	200, 1	180, 1	160, 1	150, 1	130, 1	54, 0	50, 0	46, 0
0.130	930, 3	625, 2	580, 2	535, 2	305, 1	285, 1	260, 1	240, 1	220, 1	200, 1	180, 1	160, 1	150, 1	130, 1	115, 1	48, 0	45, 0
0.150	900, 3	820, 3	545, 2	520, 2	475, 2	270, 1	250, 1	230, 1	215, 1	195, 1	175, 1	160, 1	140, 1	130, 1	115, 1	100, 1	43, 0
0.170	1105, 4	795, 3	740, 3	495, 2	470, 2	430, 2	240, 1	220, 1	205, 1	190, 1	175, 1	160, 1	140, 1	125, 1	115, 1	100, 1	92, 1
0.190	1295, 5	980, 4	710, 3	665, 3	440, 2	415, 2	370, 2	210, 1	200, 1	185, 1	170, 1	155, 1	140, 1	125, 1	115, 1	100, 1	92, 1
0.210	1445, 6	1135, 5	875, 4	635, 3	595, 3	395, 2	365, 2	330, 2	190, 1	175, 1	165, 1	155, 1	140, 1	125, 1	115, 1	100, 1	92, 1
0.240	1620, 7	1305, 6	1015, 5	785, 4	570, 3	525, 3	350, 2	325, 2	300, 2	170, 1	160, 1	145, 1	135, 1	125, 1	115, 1	100, 1	90, 1
0.260	1750, 8	1435, 7	1165, 6	910, 5	705, 4	510, 3	465, 3	310, 2	290, 2	265, 2	150, 1	140, 1	130, 1	120, 1	110, 1	100, 1	90, 1
0.300	2055, 10	1545, 8	1275, 7	1025, 6	810, 5	625, 4	450, 3	410, 3	275, 2	260, 2	240, 2	135, 1	125, 1	115, 1	110, 1	98, 1	88, 1
0.340		1820, 10	1385, 8	1145, 7	920, 6	725, 5	555, 4	400, 3	365, 3	250, 2	230, 2	210, 2	120, 1	110, 1	105, 1	96, 1	86, 1
0.380			1630, 10	1235, 8	1025, 7	820, 6	640, 5	490, 4	355, 3	330, 3	220, 2	205, 2	190, 2	110, 1	100, 1	92, 1	86, 1
0.420				1450, 10	1100, 8	910, 7	725, 6	565, 5	440, 4	315, 3	295, 3	195, 2	180, 2	165, 2	95, 1	88, 1	82, 1
0.480					1300, 10	985, 8	810, 7	545, 5	505, 5	390, 4	285, 3	260, 3	175, 2	165, 2	150, 2	84, 1	80, 1
0.530						1165, 10	875, 8	715, 7	495, 5	454, 5	350, 4	255, 3	230, 3	155, 2	145, 2	135, 2	76, 1
0.600							1035, 10	770, 8	640, 7	435, 5	405, 5	310, 4	225, 3	205, 3	140, 2	125, 2	115, 2
0.670								910, 10	690, 8	570, 7	390, 5	360, 5	275, 4	200, 3	185, 3	125, 2	115, 2
0.750									815, 10	620, 8	510, 7	350, 5	320, 5	250, 4	180, 3	165, 3	110, 2
0.850										725, 10	550, 8	455, 7	310, 5	285, 5	220, 4	160, 3	145, 3
0.950											650, 10	490, 8	405, 7	275, 5	255, 5	195, 4	140, 3
1.05												580, 10	435, 8	360, 7	245, 5	225, 5	175, 4
1.20												715, 13	515, 10	390, 8	280, 6	220, 5	165, 4
1.30													635, 13	465, 10	350, 8	250, 6	195, 5
1.50													825, 18	565, 13	410, 10	310, 8	220, 6

表中,供需双方规定 $P_0 = 1.05\%$,$P_1 = 3.00\%$,以 P_0 为 1.05% 所在的行和 P_1 为 3.00% 所在的列的相交栏中查到 435,8。即样本大小为 435,合格判定数为 8。

④ 样本的抽取:样本大小确定后,依据一定的抽样规则,抽取样本。

⑤ 样本检验:根据规定的质量标准,测试与判断样本中每个产品合格与否,并记下样本中不合格品数 d。

⑥ 批的判断:根据前面所述的判定规则,如果 $d < A_c$,批接收;$d \geqslant R_e = A_c + 1$,批不接收。

⑦ 批的处置:判为合格的批即可接收。至于样本中已发现的不合格品是直接接收、退货、还是换成合格品,这要按事先签订的合同来定。判为不合格的批,全部退货;但是也可以有条件地接收,不过要由事先签订的合同来定。

4. 计数调整型抽样检验

计数调整型抽样检验是对检验批量相同且质量要求一定时的某种产品进行连续抽样检验时,将会随着检验批质量的变化,按照事先规定的"转移规则"对抽样方案进行调整的一种抽检检验方式。

也就是说,调整型抽样检验有一套宽严程度不同的抽样方案或验收方式。当生产方提供的产品正常时,采用正常的检验方式进行检验;当产品质量下降或生产不稳时,采用加严检验方案进行检验,以避免被称为第二类错误概率 β 变大;当产品质量较为理想且生产稳定时,采用放宽检验方案进行检验,以避免第一类错误概率 α 变大。

计数调整型抽样检验鼓励生产方加强质量管理,提高产品稳定性。这种抽样检验方案适合连续批的检验。

(1) 过程平均与接收质量限 AQL 的概念

① 过程平均:在调整型抽样系统中,常用"过程平均"表示连续批的质量。对连续提交批的过程平均规定了一个合格界限。如果过程平均小于这个界限,就认为该过程是满意的,其产品应以高概率接收;否则应以高概率拒收。

② AQL:上述过程平均规定的这个界限被称为"接收质量限",记作 AQL(Acceptance Quality Limit)。接收质量限 AQL(以不合格百分数或每百单位产品不合格数表示)是调整型抽样系统设计的基础。对于严重的不合格或不合格品应指定相对较小的 AQL 值,反之可以指定相对较大的 AQL 值。

(2) 确定调整型抽样方案的要素

为了确定调整型抽样方案,必须首先确定以下要素:接收质量限 AQL;检验水平;检验的严格程度及转移规则。

① 接收质量限 AQL:AQL 反映了使用方对生产过程质量稳定性的要求,即要求在生产连续稳定的基础上的过程不合格品率的最大值,是可以接受和不可以接受的过程平均之间的界限值。

通常,AQL 不能任意取值,应采用标准中规定的"优先的 AQL 系列",在 GB/T 2828.1 中,这样的优先数共有 26 个,AQL 的取值从 0.01% 至 1000% 共 26 个级别(图 6-3)。

② 检验水平(IL):检验水平是衡量调整型抽样方案判别能力的参数。检验水平越高,所要采用的抽样方案的判别能力越强。GB/T 2828.1 中检验水平的判别能力是:检验水平Ⅰ<检验水平Ⅱ<检验水平Ⅲ。在没有特殊要求时,采用一般检验水平Ⅱ。

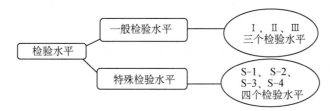

图 6-3　GB/T 2828.1 中规定的检验水平

检验水平规定了批量 N 与样本量 n 之间的关系。为了简化抽样表的组成,样本量是由一组字码表示,称为"样本量字码"如表 6-2 所示。样本量字码的确定取决于检验水平和批量的大小。

表 6-2　GB/T2828.1—2003 中规定的抽样检验用样本量字码表

批量	特殊检验水平				一般检验水平		
	S-1	S-2	S-3	S-4	Ⅰ	Ⅱ	Ⅲ
2～8	A	A	A	A	A	A	B
9～15	A	A	A	A	A	B	C
16～25	A	A	B	B	B	C	D
26～50	A	B	B	C	C	D	E
51～90	B	B	C	C	C	E	F
91～150	B	B	C	D	D	F	G
151～280	B	C	D	E	E	G	H
281～500	B	C	D	E	F	H	J
501～1200	C	C	E	F	G	J	K
1201～3200	C	D	E	G	H	K	L
3201～10000	C	D	F	G	J	L	M
10001～35000	C	D	F	H	K	M	N
35001～150000	D	E	G	J	L	N	P
150001～500000	D	E	G	J	M	P	Q
500001 及其以上	D	E	H	K	N	Q	R

③ 检验的严格度：指检验批接收检验的严格程度，在 GB/T 2828.1 中规定了三种严格程度不同的检验。

① 正常检验：当过程质量优于 AQL 时使用的抽样方案，此时的抽样方案应该以高的接受概率接收，以保护生产方利益。

在检验开始时，一般采用正常检验。加严检验和放宽检验应根据已检信息和转移规则选择使用。

② 加严检验：是比正常检验更严厉的一种抽样方案，是为保使用方的利益而设立的。当过程质量低于 AQL 且出现大部分批被拒收时，必须由正常检验进入加严检验。

③ 放宽检验：当系列批的检验结果表明过程平均远好于可接收质量限时，可使用放宽检验，以节省样本量。放宽检验样本量约为正常检验样本量的 40%。

④ 转移规则：不同严格程度的抽样方案之间的转移是根据逐批检验过程所反映出来的质量，按照规定的转移规则进行的。GB/T 2828.1 中规定的转移规则如图 6-4 所示：

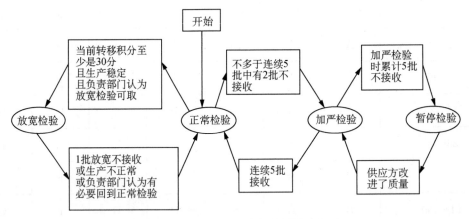

图 6-4　GB/T 2828.1 中规定的转移规则

（3）计数调整型抽样检验实例

对于服装产品，通常采用一般检验水平Ⅱ。假定批量 $N=1500$ 件服装，$AQL=2.5\%$ 则抽样检验方案确定过程如下：

① 由表 6-2 所示的 GB/T 2828.1 查出字码为 K；

② 在表 6-3 中查到字码 K 规定的与 AQL 为 2.5% 对应的一栏样本量为 125，判定数组为（5，6）；则它的一次正常检验抽样方案为（K：125/5，6）。加严检验方案为（K：125/5，6），如表 6-4 所示；放宽检验方案为（K：50/5，6），如表 6-5 所示。

以上构成了调整型一次检验方案。

由此可见，AQL（平均质量水平）是检验的参数，不是标准。产品验货时的主要依据包括批量范围、检验水平、检验的严格程度、AQL 值决定的抽样数量以及合格与不合格产品的数量。

表 6-3　GB/T 2828.1 正常检验一次抽样方案样本本量及判定数组表

接收质量限(AQL)，下列各 AQL 列中数值为 A_c　R_e

样本量字码	样本量	0.010	0.015	0.025	0.040	0.065	0.10	0.15	0.25	0.40	0.65	1.0	1.5	2.5	4.0	6.5	10	15	25	40	65	100	150	250	400	650	1000
A	2	↓	↓	↓	↓	↓	↓	↓	↓	↓	↓	↓	↓	↓	↓	↓	↓	0 1	1 2	2 3	3 4	5 6	7 8	10 11	14 15	21 22	30 31
B	3	↓	↓	↓	↓	↓	↓	↓	↓	↓	↓	↓	↓	↓	↓	↓	0 1	1 2	2 3	3 4	5 6	7 8	10 11	14 15	21 22	30 31	44 45
C	5	↓	↓	↓	↓	↓	↓	↓	↓	↓	↓	↓	↓	↓	↓	0 1	1 2	2 3	3 4	5 6	7 8	10 11	14 15	21 22	30 31	44 45	↑
D	8	↓	↓	↓	↓	↓	↓	↓	↓	↓	↓	↓	↓	↓	0 1	1 2	2 3	3 4	5 6	7 8	10 11	14 15	21 22	30 31	44 45	↑	↑
E	13	↓	↓	↓	↓	↓	↓	↓	↓	↓	↓	↓	↓	0 1	1 2	2 3	3 4	5 6	7 8	10 11	14 15	21 22	30 31	44 45	↑	↑	↑
F	20	↓	↓	↓	↓	↓	↓	↓	↓	↓	↓	↓	0 1	1 2	2 3	3 4	5 6	7 8	10 11	14 15	21 22	30 31	44 45	↑	↑	↑	↑
G	32	↓	↓	↓	↓	↓	↓	↓	↓	↓	↓	0 1	1 2	2 3	3 4	5 6	7 8	10 11	14 15	21 22	30 31	44 45	↑	↑	↑	↑	↑
H	50	↓	↓	↓	↓	↓	↓	↓	↓	↓	0 1	1 2	2 3	3 4	5 6	7 8	10 11	14 15	21 22	30 31	44 45	↑	↑	↑	↑	↑	↑
J	80	↓	↓	↓	↓	↓	↓	↓	↓	0 1	1 2	2 3	3 4	5 6	7 8	10 11	14 15	21 22	30 31	44 45	↑	↑	↑	↑	↑	↑	↑
K	125	↓	↓	↓	↓	↓	↓	↓	0 1	1 2	2 3	3 4	5 6	7 8	10 11	14 15	21 22	30 31	44 45	↑	↑	↑	↑	↑	↑	↑	↑
L	200	↓	↓	↓	↓	↓	↓	0 1	1 2	2 3	3 4	5 6	7 8	10 11	14 15	21 22	30 31	44 45	↑	↑	↑	↑	↑	↑	↑	↑	↑
M	315	↓	↓	↓	↓	↓	0 1	1 2	2 3	3 4	5 6	7 8	10 11	14 15	21 22	30 31	44 45	↑	↑	↑	↑	↑	↑	↑	↑	↑	↑
N	500	↓	↓	↓	↓	0 1	1 2	2 3	3 4	5 6	7 8	10 11	14 15	21 22	30 31	44 45	↑	↑	↑	↑	↑	↑	↑	↑	↑	↑	↑
P	800	↓	↓	↓	0 1	1 2	2 3	3 4	5 6	7 8	10 11	14 15	21 22	30 31	44 45	↑	↑	↑	↑	↑	↑	↑	↑	↑	↑	↑	↑
Q	1 250	↓	↓	0 1	1 2	2 3	3 4	5 6	7 8	10 11	14 15	21 22	30 31	44 45	↑	↑	↑	↑	↑	↑	↑	↑	↑	↑	↑	↑	↑
R	2 000	↓	0 1	1 2	2 3	3 4	5 6	7 8	10 11	14 15	21 22	30 31	44 45	↑	↑	↑	↑	↑	↑	↑	↑	↑	↑	↑	↑	↑	↑

↓ —— 使用箭头下面的第一个抽样方案，如果样本本量等于或超过批量，则执行 100%检验。

↑ —— 使用箭头上面的第一个抽样方案。

A_c —— 接收数。

R_e —— 拒收数。

表 6-4　GB/T 2828.1 加严检验一次抽样方案样本量及判定数组表

样本量字码	样本量	接收质量限(AQL)																									
		0.010	0.015	0.025	0.040	0.065	0.10	0.15	0.25	0.40	0.65	1.0	1.5	2.5	4.0	6.5	10	15	25	40	65	100	150	250	450	650	1 000
		A_c R_e	A_c R_e	A_c R_e	A_c R_e	A_c R_e	A_c R_e	A_c R_e	A_c R_e	A_c R_e	A_c R_e	A_c R_e	A_c R_e	A_c R_e	A_c R_e	A_c R_e	A_c R_e	A_c R_e	A_c R_e	A_c R_e	A_c R_e	A_c R_e	A_c R_e	A_c R_e	A_c R_e	A_c R_e	A_c R_e
A	2	↓	↓	↓	↓	↓	↓	↓	↓	↓	↓	↓	↓	↓	↓	↓	0 1	↓	↓	1 2	2 3	3 4	5 6	8 9	12 13	18 19	27 28
B	3	↓	↓	↓	↓	↓	↓	↓	↓	↓	↓	↓	↓	↓	↓	0 1	↓	↓	1 2	2 3	3 4	5 6	8 9	12 13	18 19	27 28	41 42
C	5	↓	↓	↓	↓	↓	↓	↓	↓	↓	↓	↓	↓	↓	0 1	↓	↓	1 2	2 3	3 4	5 6	8 9	12 13	18 19	27 28	41 42	↑
D	8	↓	↓	↓	↓	↓	↓	↓	↓	↓	↓	↓	↓	0 1	↓	↓	1 2	2 3	3 4	5 6	8 9	12 13	18 19	27 28	41 42	↑	↑
E	13	↓	↓	↓	↓	↓	↓	↓	↓	↓	↓	↓	0 1	↓	↓	1 2	2 3	3 4	5 6	8 9	12 13	18 19	27 28	41 42	↑	↑	↑
F	20	↓	↓	↓	↓	↓	↓	↓	↓	↓	↓	0 1	↓	↓	1 2	2 3	3 4	5 6	8 9	12 13	18 19	↑	↑	↑	↑	↑	↑
G	32	↓	↓	↓	↓	↓	↓	↓	↓	↓	0 1	↓	↓	1 2	2 3	3 4	5 6	8 9	12 13	18 19	↑	↑	↑	↑	↑	↑	↑
H	50	↓	↓	↓	↓	↓	↓	↓	↓	0 1	↓	↓	1 2	2 3	3 4	5 6	8 9	12 13	18 19	↑	↑	↑	↑	↑	↑	↑	↑
J	80	↓	↓	↓	↓	↓	↓	↓	0 1	↓	↓	1 2	2 3	3 4	5 6	8 9	12 13	18 19	↑	↑	↑	↑	↑	↑	↑	↑	↑
K	125	↓	↓	↓	↓	↓	↓	0 1	↓	↓	1 2	2 3	3 4	5 6	8 9	12 13	18 19	↑	↑	↑	↑	↑	↑	↑	↑	↑	↑
L	200	↓	↓	↓	↓	↓	0 1	↓	↓	1 2	2 3	3 4	5 6	8 9	12 13	18 19	↑	↑	↑	↑	↑	↑	↑	↑	↑	↑	↑
M	315	↓	↓	↓	↓	0 1	↓	↓	1 2	2 3	3 4	5 6	8 9	12 13	18 19	↑	↑	↑	↑	↑	↑	↑	↑	↑	↑	↑	↑
N	500	↓	↓	↓	0 1	↓	↓	1 2	2 3	3 4	5 6	8 9	12 13	18 19	↑	↑	↑	↑	↑	↑	↑	↑	↑	↑	↑	↑	↑
P	800	↓	↓	0 1	↓	↓	1 2	2 3	3 4	5 6	8 9	12 13	18 19	↑	↑	↑	↑	↑	↑	↑	↑	↑	↑	↑	↑	↑	↑
Q	1 250	↓	0 1	↓	↓	1 2	2 3	3 4	5 6	8 9	12 13	18 19	↑	↑	↑	↑	↑	↑	↑	↑	↑	↑	↑	↑	↑	↑	↑
R	2 000	0 1	↑	↓	1 2	2 3	3 4	5 6	8 9	12 13	18 19	↑	↑	↑	↑	↑	↑	↑	↑	↑	↑	↑	↑	↑	↑	↑	↑
S	3 150			1 2																							

⇩——使用箭头下面的第一个抽样方案，如果样本量等于或超过批量，则执行100%检验。

⇧——使用箭头上面的第一个抽样方案。

A_c——接收数。

R_e——拒收数。

表 6-5　GB/T 2828.1 放宽检验一次抽样方案样本量及判定数组表

接收质量限(AQL)

样本量字码	样本量	0.010		0.015		0.025		0.040		0.065		0.10		0.15		0.25		0.40		0.65		1.0		1.5		2.5		4.0		6.5		10		15		25		40		65		100		150		250		450		650		1000	
		Ac	Re	Ac	Re	Ac	Re	Ac	Re	Ac	Re	Ac	Re	Ac	Re	Ac	Re	Ac	Re	Ac	Re	Ac	Re	Ac	Re	Ac	Re	Ac	Re	Ac	Re	Ac	Re	Ac	Re	Ac	Re	Ac	Re	Ac	Re	Ac	Re	Ac	Re	Ac	Re	Ac	Re	Ac	Re	Ac	Re
A	2	↓		↓		↓		↓		↓		↓		↓		↓		↓		↓		↓		↓		↓		↓		0	1	1	2	2	3	3	4	5	6	6	7	7	8	8	9	10	11	14	15	21	22	30	31
B	2	↓		↓		↓		↓		↓		↓		↓		↓		↓		↓		↓		↓		↓		0	1	1	2	2	3	3	4	5	6	6	7	7	8	8	9	10	11	14	15	21	22	30	31	↑	
C	2	↓		↓		↓		↓		↓		↓		↓		↓		↓		↓		↓		↓		0	1	1	2	2	3	3	4	5	6	6	7	7	8	8	9	10	11	14	15	21	22	30	31	↑		↑	
D	3	↓		↓		↓		↓		↓		↓		↓		↓		↓		↓		↓		0	1	1	2	2	3	3	4	5	6	6	7	7	8	8	9	10	11	14	15	21	22	30	31	↑		↑		↑	
E	5	↓		↓		↓		↓		↓		↓		↓		↓		↓		↓		0	1	1	2	2	3	3	4	5	6	6	7	7	8	8	9	10	11	14	15	21	22	30	31	↑		↑		↑		↑	
F	8	↓		↓		↓		↓		↓		↓		↓		↓		↓		0	1	1	2	2	3	3	4	5	6	6	7	7	8	8	9	10	11	14	15	21	22	30	31	↑		↑		↑		↑		↑	
G	13	↓		↓		↓		↓		↓		↓		↓		↓		0	1	1	2	2	3	3	4	5	6	6	7	7	8	8	9	10	11	14	15	21	22	30	31	↑		↑		↑		↑		↑		↑	
H	20	↓		↓		↓		↓		↓		↓		↓		0	1	1	2	2	3	3	4	5	6	6	7	7	8	8	9	10	11	14	15	21	22	30	31	↑		↑		↑		↑		↑		↑		↑	
J	32	↓		↓		↓		↓		↓		↓		0	1	1	2	2	3	3	4	5	6	6	7	7	8	8	9	10	11	14	15	21	22	30	31	↑		↑		↑		↑		↑		↑		↑		↑	
K	50	↓		↓		↓		↓		↓		0	1	1	2	2	3	3	4	5	6	6	7	7	8	8	9	10	11	14	15	21	22	30	31	↑		↑		↑		↑		↑		↑		↑		↑		↑	
L	80	↓		↓		↓		↓		0	1	1	2	2	3	3	4	5	6	6	7	7	8	8	9	10	11	14	15	21	22	30	31	↑		↑		↑		↑		↑		↑		↑		↑		↑		↑	
M	125	↓		↓		↓		0	1	1	2	2	3	3	4	5	6	6	7	7	8	8	9	10	11	14	15	21	22	30	31	↑		↑		↑		↑		↑		↑		↑		↑		↑		↑		↑	
N	200	↓		↓		0	1	1	2	2	3	3	4	5	6	6	7	7	8	8	9	10	11	14	15	21	22	30	31	↑		↑		↑		↑		↑		↑		↑		↑		↑		↑		↑		↑	
P	315	↓		0	1	1	2	2	3	3	4	5	6	6	7	7	8	8	9	10	11	14	15	21	22	30	31	↑		↑		↑		↑		↑		↑		↑		↑		↑		↑		↑		↑		↑	
Q	500	0	1	1	2	2	3	3	4	5	6	6	7	7	8	8	9	10	11	14	15	21	22	30	31	↑		↑		↑		↑		↑		↑		↑		↑		↑		↑		↑		↑		↑		↑	
R	800	1	2	2	3	3	4	5	6	6	7	7	8	8	9	10	11	14	15	21	22	30	31	↑		↑		↑		↑		↑		↑		↑		↑		↑		↑		↑		↑		↑		↑		↑	

↓ ——使用箭头下面的第一个抽样方案，如果样本量等于或超过批量，则执行100%检验。

↑ ——使用箭头上面的第一个抽样方案。

A_c ——接收数。

R_e ——拒收数。

第五节 统计质量管理

统计质量管理是用数量统计学的理论和方法处理工业产品的质量问题。

统计质量管理中,常用一些统计工具进行质量数据的分析与控制。常用的统计质量管理制方法包括:直方图、调查表、分层法、排列图、散布图、因果图和控制图,称为QC旧7种工具;关联图、KJ法、系统图、矩阵图、矩阵数据分析法、网络图、过程决策程序图,称为QC新7种工具。本章主要介绍QC旧7种工具。

一、频数直方图

频数直方图,简称直方图,是用于工序质量控制的一种数据分布图形。通过整理质量数据、找出数据分布中心和分布规律。是由样本测量值推测群体形态最简单有效的方法。通过观察直方图形状,可以判断生产是否正常,工序是否处于受控状态,并以此调整工序措施,达到控制工序质量的目的。使用直方图,通常要求数据量大于50个。

1. 基本概念

直方图相关的基本概念包括:

(1)频数:每个对象出现的次数为频数;

(2)频率:每个对象出现次数与总次数的比值为频率;

(3)组数:把全体样本分成组的个数称为组数;

(4)组距:把所有数据分成若干个组,每个小组的两个端点的距离;

(5)频数分布直方图:用来表示频数分布的基本统计图,是由若干个宽等于组距、长为每一组频数(或频率)的长方形组成的统计图。

2. 直方图的作图方法

下面以一个具体实例说明直方图的作图方法。

【例】 服装企业统计某新投产女西裤裤后档里料的接缝强力。现抽取容量为100的样本,测试的原始数据记录如下,计量单位为N,请作直方图,了解此产品接缝强力的分布情况。

87	88	111	91	73	70	92	98	105	94
99	91	98	110	98	97	90	83	92	88
86	94	102	99	89	104	94	94	92	96
87	94	92	86	102	88	75	90	90	80
84	91	82	94	99	102	91	96	94	94
85	88	80	83	81	70	95	80	97	92
96	109	91	80	80	94	102	80	86	91
90	83	84	91	87	95	76	90	91	77
103	89	88	85	95	92	104	92	95	83
86	81	86	91	89	83	96	86	75	92

[解] 绘制直方图的步骤如下:

（1）找出这组数据的最大值 $x_{max}=111$；最小值 $x_{min}=70$；

（2）计算极差：$R=x_{max}-x_{min}=111-70=4$；

（3）根据样本量 n，决定分组数 k 和组距 h：

画频数分布直方图的目的，是为了将频数分布表中的结果直观、形象地表示出来，其中组距、组数起关键作用，分组过少，数据就非常集中；分组过多，数据就非常分散。分组过多和过少都会掩盖数据分布的特征。分组的组数可根据经验公式 $k=\sqrt{n}$ 确定或参考表 6-6 确定：

表 6-6 直方图数据分组

数据量	组数
50～100	5～10
101～250	7～12
250 以上	10～12

① 确定组数：$n=100$，取组数 $k=9$，

② 确定组距：通常组距 h 为接近 R/k 的某个整数值，$R/k=41/9=4.6$，故取组距 $h=5$。

（4）确定组限：即确定每个组的端点和组中值。

为了避免出现数据值与组的边界重合而造成频数计算困难，通常将各组的区间确定为左开右闭，保证最小值落在第一组内，最大值落在最后一组内；为了避免数据落在组界上，应尽可能使组界最末一位为测量单位的 1/2。例如上例测量单位为 $1N$，组界末位应取 $0.5N$。

本例中 $x_{min}=70$，则 $a_0=70-0.5=69.5$。

（5）计算组中值：组中值 $x_i=\frac{1}{2}(a_{i-1}+a_i)$

计算结果如表 6-7 所示。

表 6-7 分组情况表

组号	区间	组中值 x'_i	频数 n_i	频率 f_i	累计频率
1	(69.5, 74.5]	72	3	0.03	0.03
2	(74.5, 79.5]	77	4	0.04	0.07
3	(79.5, 84.5]	82	16	0.16	0.23
4	(84.5, 89.5]	87	18	0.18	0.41
5	(89.5, 94.5]	92	32	0.32	0.73
6	(94.5, 99.5]	97	16	0.16	0.89
7	(99.5, 104.5]	102	7	0.07	0.96
8	(104.5, 109.5]	107	2	0.02	0.98
9	(109.5, 114.5]	112	2	0.02	1.00
总计			100	1.00	1.00

（6）作频数直方图

在横轴上标出每个组的组界,以每一组的区间为底,以频数为高画一个矩形,所得的图形称为频数（频率）直方图,如图6-5所示。对于上述产品的质量情况,可以通过图6-6中数据分布情况与质量公差的对比做出判断。

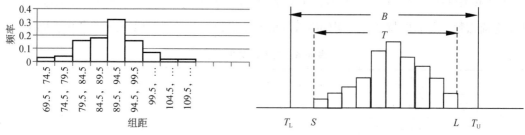

图6-5　女西裤裤后档里料的接缝强力直方图　　　图6-6　理想型直方图与公差线的关系

3. 直方图反映的信息

通过作直方图可以把收集到的貌似无序的数据进行处理,来反映数据的分布情况。通过对直方图的观察,可以得知数据集中在什么范围,哪个范围内数据最为集中等信息。

通过观察直方图的形状,对数据波动进行分析,可以判断生产过程是否稳定,并可以进一步预测生产过程的质量。在生产过程中,如果得到的直方图不是正常形状,就要分析其原因,采取相应措施。

直方图正常的分布形态为"山"字型。异常的直方图分布形态及形成的主要原因如下表6-8所示。

表6-8　几种典型的异常直方图及形成原因

直方图形态	可能的原因
孤岛型	有特殊事件发生,短时间内有异常因素在起作用,造成原因可能是:①夹杂了其他分布的少量数据;②原材料发生变化;③生产过程发生了变化;④不熟练的工人替班等;⑤机器一时故障;⑥测量错误
双峰型	通常是由于观测值来自两个总体、两种分布,数据混在一起引起的:①将两个工人加工的产品混在一起;②两台设备加工的产品混在一起;③两批原料加工的产品混在一起
锯齿型	通常不是生产上的问题:①作频数分布表时,分组不当,如分组过多;②当测量方法不当或读错测量数据;③量具的精度较差
陡壁型	①技术要求是单一侧时常出现此种情况;②当用剔除了不合格品的产品质量特性值数据作直方图时,往往会出现绝壁型直方图;③或过程中存在自动反馈调整时;④亦可能是操作者的工作习惯,习惯于偏标准(上)下限,于是出现左边陡壁的直方图

直方图形态	可能的原因
偏态型 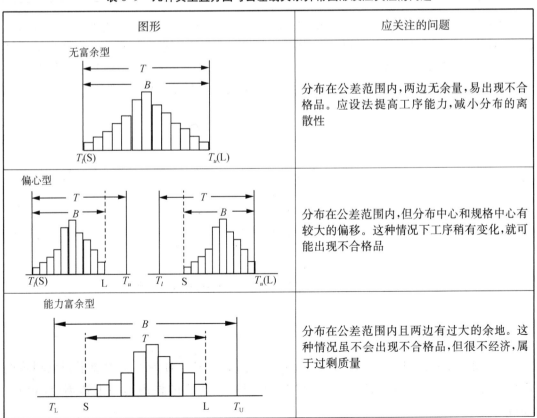	①当下限(或上限)受到公差等因素限制时;②操作者(含测量者)的个人习惯;③剔除了不合格品后作的图形;④质量特性值的单侧控制造成,譬如加工时习惯于"宁大勿小"
平顶型	往往是由于生产过程中有缓慢变化的因素在起作用,如机件的磨损、操作者的疲劳等

(3) 如果产品有公差要求,应将公差限用两条线在直方图上表示出来,并与直方图的分布进行比较。通过比较可以看出产品质量特性值的分布是否在标准范围内,从而可以了解生产过程或工序加工能力是否处于所希望的状态(表 6-9)。

直方图分布:分布范围 $B=[S,L]$。S 为一批数据中的最小值,L 为一批数据中的最大值。

公差范围:(标准范围)$T=[T_L,T_U]$,T_L 为标准下界限值,T_U 为标准上界限值。

表 6-9　几种典型直方图与公差线关系异常图形及应关注的问题

图形	应关注的问题
无富余型	分布在公差范围内,两边无余量,易出现不合格品。应设法提高工序能力,减小分布的离散性
偏心型	分布在公差范围内,但分布中心和规格中心有较大的偏移。这种情况下工序稍有变化,就可能出现不合格品
能力富余型	分布在公差范围内且两边有过大的余地。这种情况虽不会出现不合格品,但很不经济,属于过剩质量

图形	应关注的问题
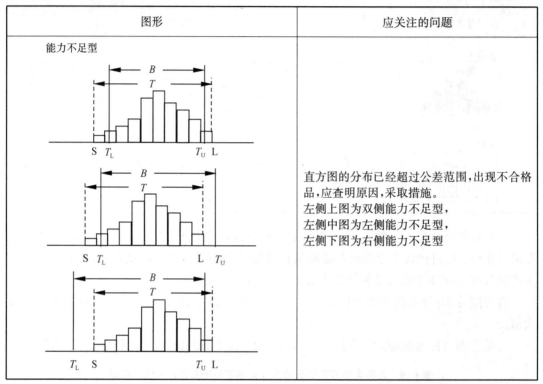	直方图的分布已经超过公差范围,出现不合格品,应查明原因,采取措施。 左侧上图为双侧能力不足型, 左侧中图为左侧能力不足型, 左侧下图为右侧能力不足型

上面的女裤里裆接缝强力实例中,根据 GB/T 21295—2015《服装理化性能的技术要求》中规定,裤后裆里料接缝的强力不得小于 80 N,规定的公差为单侧公差。通过裤后裆里料拼接强力数据直方图可以得出:①数据分布形态为正常形态;②但通过直方图与公差线的对比发现,当前工艺能力不足,出现了接缝强力不合格的产品,需要立刻寻找原因加以改进。

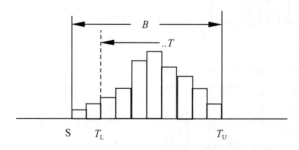

图 6-7　裤裆里料拼接强力直方图与质量标准的对比

二、调查表

调查表又称检查表、核对表、点检表或统计分析表,是一种为了便于搜集和整理数据而事先设计制成的空白统计表,在实际应用时只要在相应的栏内填写上数据(或记号)即可。

1. 检查表的种类

检查表形式多样,可根据需要调查的项目不同而采取不同的形式。

常用的检查表可分为记录用和点检用两大类。

(1)记录用检查表

此类调查表是用来收集资料,常应用于不良原因和不良项目的记录。具体做法是将数据分类成数个项目区别,以符号、记号或数字记录的表格或图形。由于常用于作业缺陷、品质不良等记录,也称为改善用调查表。

记录用调查表的主要作用在于根据收集的数据调查不良项目、不良原因、缺点位置等。常见的记表用检查表有计数值用检查表和计量值用检查表。

① 计数值用检查表:先根据收集数据目的设计表格,以达到初步对数据分层的目的。下面以服装熨烫质量缺陷为例,说明调查表制作。

首先,要决定希望把握的项目及所要收集的数据。在执行这个步骤时,应该根据相关人员过去累积的经验及知识来决定。确定熨烫质量缺陷内容如表 6-10 所示。

第二,决定调查表的格式;

第三,决定记录的方式,具体有以下几种方式:"正"字记号,运用频率极高,一般较常采用;"＋＋＋＋＋"棒记号,多应用于品质管理,如频数分布表等;"○△√×"图形记录。

第四,决定收集数据的方法:由什么人搜集,间隔多久,检查方法等均应事先决定;

第五,完善其他信息,如标题、背景信息等。

制作的服装熨烫质量缺陷计数检查表如表 6-10 所示:

表 6-10　熨烫质量检查表

检查日期:　　年　月　日

品名:	生产部门:	
检查总数:	批号:	
检查方式:	检查者:	
检查记录		
检查项	不合格数量	小计
烫焦变色	正正正正正正	30
极光	正正正下	18
死迹	正正正正正正正正	40
漏烫	正下	8
其他	正正一	11
合计		107

② 计量值用检查表：计量值用检查表的工作步骤与计数值用检查表相似。以测量服装衣长为例，实际测量一批产品的实际衣长，制作的计量检查表如表 6-11 所示：

表 6-11　服装衣长测量检查表

特性值	检查结果	合计
（≤75）		
[75～75.5]	正正	10
(75.5～76]	正正正　……　正正正	75
(76～76.5]	正正正正……正正正正	340
(76.5～77]	正正正正正正	75
（＞77）		
合计		500

通过检查表可以发现，这批产品的衣长都落在了(76±1)cm 的范围内，都是合格品。虽然误差在允差范围内，但这批服装产品的衣长数据绝大多数都大于设计值。

③ 缺陷位置用检查表：很多产品中都存在"疵点"、"外伤"或"脏污类"外观缺陷。要解决这类问题，可采用缺陷位置调查表。这种检查表可用来记录、统计、分析不同类型的外观质量缺陷所发生的部位以及密集程度。缺陷位置用检查表多采用画出产品示意图或展开图，缺陷发生时，将发生的位置标记在图上。

【例】　西服挂面质量缺陷项目及缺陷位置检测示意图如图 6-8 所示：

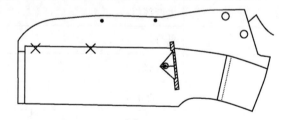

图 6-8　西服挂面质量缺陷项目及缺陷位置检测示意图

图中"×"表示起泡质量问题；"○"表示缝合质量问题。

（2）点检用检查表

这种检查表是预先记录所有需要检查的项目，检查时对应检查表边检查边记录，可以做到无遗漏地检查确认核对项目，也可用于事后检查。如在设备的启动、保养、检查、安全确认、整理整顿等场合，对检修、确认事项无遗漏地查对，在事先写有应检确认项目的检查表上，将查对结果记录上去(表 6-12)。

表 6-12　点检记录表

车间：＿＿＿＿＿		日期：		点检者：											
	点　检　内　容	点检方法	判定检准												
				1	2	3	4	5	6	7	8	9	……	28 29 30 31	
1	各传动系统运转正常,变速齐全。	听试	正常/齐全												
2	各操纵系统动作灵敏可靠。	看试	可靠												
3	润滑系统装置齐全,压力正常,管道完整,油路畅通,油标醒目。	看	齐全												
4	电气系统装置齐全,管线完整,性能灵敏,运动可靠。	看试	齐全可靠												
5	滑动部位正常,各滑导部位及零部件无严重拉、研、碰伤。	看	无												
6	机器内外清洁,无黄袍、油垢、锈蚀、油质符合要求。	看	清洁												
7	基本无漏油、漏水、漏气现象。	看试	无												
8	零部件完整,随机附件基本齐全保管妥善。	看	不缺												
9	安全防护装置齐全可靠。	看	齐全可靠												
10	定机定人,凭证操作。	看	齐全												

检查表的制作,可任意配合需求目的作更改,故没有特定的形式,但仍有几项重点制作时应特别注意：

① 并非一开始即要求完美,可先行参考他人的例子模仿,使用时如有不理想再行改善；

② 越简单越好,容易记录、看图,以最短的时间将现场的资料记录下来；

③ 一目了然,检查的事项应清楚陈述,使记录者在记录问题的同时,能明了所登记的内容；

④ 以团队的方式集思广益,切记不可遗漏重要项目；

⑤ 设计不会令使用者记录错误的检查表,以免影响日后统计分析作业的真实性。

三、分层法

分层法又称为分类法、层别法、分组法。是一种简单实用的统计不同条件出现质量问题的方法,目的是把杂乱无章和错综复杂的数据,按照不同的目的、性质、来源等加以分类整理,使之系统化、条理化。分层过程中,分层不当,也会得出错误的信息。必须运用有关技术知识和经验进行正确分层。

1. 分层的方法

分层按一定的标志(标准)来划分,分层的目的不同,分层的标志不同。在质量管理中,

常按下述标志(标准)进行分层:

① 时间(日期、上下午等);

② 地点(产地、发生地、不同生产工位、不同生产线等);

③ 单位(班组、部门等);

④ 人员(性别、年龄、级别、学历、资历、熟练程度等);

⑤ 机器(设备类型、模具、机台、机种、设备新旧等);

⑥ 原材料(供货商、批次、材质、贮存时间等);

⑦ 方法(工艺要求、工艺流程、操作方法、生产速度等);

⑧ 环境(照明、噪音、温度、湿度、天候、清洁等);

⑨ 检测(检查方法、取样方法、测量设备、测量方法等);

⑩ 其他(作业条件、使用条件、缺陷部位、包装等)。

需要强调的是,分层方法不是一成不变的,要根据具体的使用条件和使用目的灵活掌握。

2. 分层法的应用

分层法可以单独使用,也可以与其他方法一起使用。

【例1】 某服装企业有甲乙丙三个黏衬班组,一周内产量各自均为 2000 件,共生产6000 件,其中不合格品171 件。现根据不同的班组进行分层,分别统计出现的不合格品项目及数量,得到三个生产班组每类不合格品的数据(表6-13)。

表6-13 黏衬质量统计表

疵品项目	疵品数量 (件)			
	甲班	乙班	丙班	合计
正面渗胶	30	10	12	52
正面黏痕线	10	33	10	53
正成起泡	5	10	30	45
脱胶	8	4	3	15
其他	3	1	2	6
	56	58	57	171

这是一个分层法单独使用的例子,通过简单地按不同班组及不良品项目进行分层,可以发现,尽管三个不同班组出现残疵品的数量相差不大,但出现残疵的原因不尽相同:甲班产生疵品的主要原因是"正面渗胶",乙班产生疵品的主要原因是"正面黏痕线",丙班产生疵品的主要原因是"正面起泡"。在这种情况下,应该分别针对性检查三个班级的生产工艺或设备情况等,各班组采取针对性的措施减少残疵品的产生。

在分层法的应用中,要注意分层不当会导致判断失误,下面是一个分层不当的例子。

【例2】 某服装产品黏衬不合格率高。经调查50 件产品后发现,一是由于三个操作人员操作方法不同;二是所使用的原料由两个制造厂所提供。

在用分层法分析不合格产品产生原因时分别采用两种不同的分层方法,即按操作人员分层[表6-14(1)]和按原料生产厂家分层[表6-14(2)]。

表 6-14(1)　按操作人员分层

操作者	不合格	合格	不合格率(%)
王师傅	6	13	32
李师傅	3	9	25
张师傅	10	9	53
共计	19	31	38

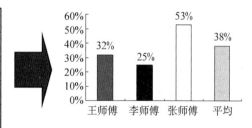

表 6-14(2)　按原料生产厂家分层

供应厂	不合格	合格	不合格率(%)
一厂	9	14	39
二厂	10	17	37
共计	19	31	38

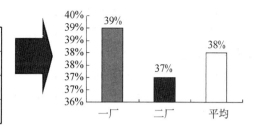

由上面两个分层方法可以得出结论:为降低不合格品率,应采用李师傅的操作方法和选用二厂的原料。然而事实是否如此呢? 下面采用按作业者和生产厂家两种交叉层别分层。如表 6-14(3)所示:

表 6-14(3)　按操作者和生产厂家两种交叉层别

操作者			原料生产厂		合计
			一厂	二厂	
操作者	王师傅	不合格	6	0	6
		合格	2	11	13
	李师傅	不合格	0	3	3
		合格	5	4	9
	张师傅	不合格	3	7	10
		合格	7	2	9
合计		不合格	9	10	19
		合格	14	17	31
共　计			23	27	50

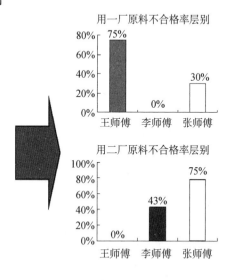

由以上交叉层别法进行分层可以发现,最优的选择应该是:当采用一厂的原料时,应推广采用李师傅的操作方法;当采用二厂的原料时,应推广采用王师傅的操作方法。

由以上案例可知,如果数据没有适当层别,一旦有异常时,往往在调查上浪费大量的人力、物力和时间,有时甚至最终还是无法寻获真正原因。所以,平时数据搜集时要注意适当分层,才可发挥层别法的最主要功能——透过各种分层收集数据以寻求不合格品产生原因或寻找最佳生产条件。

四、排列图

排列图又叫帕拉图(帕累托图)、主次因素分析图,是为了寻找主要质量问题或影响质量的主要因素的一种方法。

1987 年意大利社会经济学家帕拉图在研究意大利社会财富分布状况时,发现小数人占有着绝大多数的财富,而绝大数人却只占有少量财富处于贫困状态的现象,从而得出"关键的少数和次要的多数"的资本主义社会财富不均匀分布规律。他还把这一规律用坐标图描绘出来,得到一条累计的百分比曲线。后人为纪念他,把这一条曲线称为帕拉图曲线,故排列图又称帕拉图(图 6-9)。到了 20 世纪 50 年代,美国的质量管理专家朱兰把帕拉图原理应用到质量管理活动中,指出影响产品质量的诸多因素中起主要作用的只是其中少数几项,从而使帕拉图法成为质量管理的常用手法之一。

排列图是根据所收集的数据,按不良原因、不良状况、不良发生位置等不同区分标准,寻求最大比率的原因、以及影响程度的一种图形(图 6-10)。

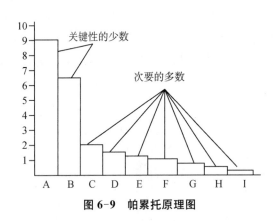

图 6-9　帕累托原理图

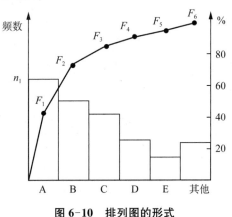

图 6-10　排列图的形式

1. 排列图的形式

排列图由两个纵坐标,一个横坐标组成,左边的纵坐标表示频数 n_i,右边的纵坐标表示频率 F_i;横坐标表示质量项目,按其频数大小从左向右排列;各矩形的底边相等,其高度表示对应项目的频数。

2. 排列图的作图步骤

下面以一批服装产品缝制质量不良为例,说明排列图的作图步骤。不合格项目及不合格数量如表 6-15 所示。

(1)确定分析对象:一般指不合格项目、废品件数、消耗工时等。

(2)收集与整理数据

① 收集数据:收集数据的时间不宜过长,过长时可按一定期限的数据分层作排列图,一般取 50 个以上的数据。本例共收集 190 个数据。

② 数据分类统计:对采集的数据进行分类统计,如表 6-15 所示。

表 6-15　缝制质量问题及疵品数

序号	缝制质量问题	疵品数
1	反翘	10
2	吃势不匀	35
3	对条对格不准	130
4	不平顺	8
5	其他	12
合计		190

（3）计算频数 n_i、频率 $f_i\%$、累计频率 F_i 等，计算方法如表 6-16 所示。

表 6-16　频数 n_i、频率 $f_i\%$、累计频率 F_i 计算方法

序号	项目	频数	频率，%	累计频率，%
1	A	n_1	$f_1 = \dfrac{n_1}{N} \times 100$	$F_1 = f_1$
2	B	n_2	$f_2 = \dfrac{n_2}{N} \times 100$	$F_2 = F_1 + f_2$
3	C	n_3	$f_3 = \dfrac{n_3}{N} \times 100$	$F_3 = F_2 + f_3$
4	D	n_4	$f_4 = \dfrac{n_4}{N} \times 100$	$F_4 = F_3 + f_4$
5	E	n_5	$f_5 = \dfrac{n_5}{N} \times 100$	$F_5 = F_4 + f_5$
6	其他	n_6	$f_6 = \dfrac{n_6}{N} \times 100$	$F_6 = F_5 + f_6$
总计	N			$F_6 = 100$

注意：表中，$n_1, n_2, \cdots, n_6$ 是按频数大小顺序排列。

上例计算结果如表 6-17 所示。

表 6-17　频数 n_i、频率 $f_i\%$、累计频率 F_i 计算结果

序号	原因	不良品	占不良总数比率（%）	累积比率（%）
1	对条对格不准	130	66.7	
2	吃势不匀	35	17.9	84.6
3	反翘	10	5.1	89.7
4	不平顺	8	4.1	93.8
5	其他	12	6.2	100

（4）画图

画图包括两项内容：按频数大小作直方条和按累计比率作排列曲线（图 6-11）。

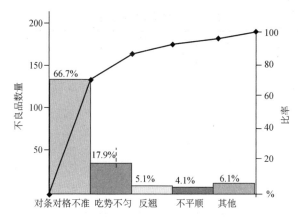

图 6-11　缝制不良质量问题原因排列图

（5）根据排列图确定主要、次要因素

通常将影响因素分为三类，A 类因素（主要因素）累计频率 F_i 在 0～80％左右的若干因素，它们是影响产品质量的关键原因，一般情况下 A 类因素个数为 1～2 个，最多 3 个；B 类因素（有影响因素）累计频率 F_i 在 80～95％左右的若干因素，它们对产品质量有一定的影响；C 类因素（次要因素）累计频率 F_i 在 95～100％左右的若干因素，它们对产品质量仅有轻微影响。

在本例中，造成此批服装缝制质量不良的主要原因是对条对格不准以及吃势不匀。这两项原因造成的疵品数量超过了 80％。

（6）记入必要的事项

在完成图形绘制后，注意在图中记入如下内容：标题（目的）、数据搜集期间、数据合计（总检查、不良数、不良率…等）、工序名称、相关人员（包括记录者、绘图者…）等重要事项。上例中完善后的排列图如图 6-12 所示：

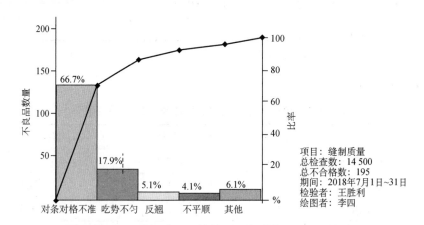

图 6-12　记入必要事项后的缝制不良质量问题原因排列图

3. 排列图的用途

（1）作为降低不良的依据，可以判断全体的不良是多少？各种不良占多少？降低哪些不良，是否可将全体不良降低 70％～80％以上？例如，上例中，对条对格不准以及吃势不匀造成的缝制质量问题占比超过 80％。

（2）确认改善效果（改善前后的比较），如针对上例的分析结果，针对缝制过程中的对条对格不准以及吃势不匀问题采取措施，改进工艺。改进后再收集数据制作排列图，可以发现，不良品率明显降低，说明改进措施有效（图 6-13）。

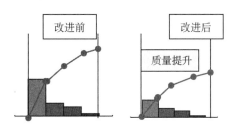

图 6-13　针对主要质量问题产生原因采取措施前后质量对比图

五、散布图

散布图也叫相关图、散点图，是表示两个变量之间变化关系并揭示其内部联系的一种图。

1. 散布图的主要形态

利用散布图进行分析时主要是依据图的形态进行分析，一来般来说散布图有六种形态（图 6-18）。

表 6-18　散布图的主要形态

图形	X 与 Y 的关系	说明
(a) 强正相关	强正相关。 X 变大，Y 也变大。	X、Y 之间可以用直线表示。一般只要控制住 X，Y 就会行到相应控制。
(b) 强负相关	强负相关。 X 变大，Y 变小；X 变小，Y 变大。	
(c) 弱正相关	弱正相关 X 变大，Y 大致变大。	除 X 因素影响 Y 外，还要考虑其他因素（一般可进行分层处理，寻找 X 以外的因素）。
(d) 弱负相关	弱负相关 X 变大，Y 大致变小。	

图形	X 与 Y 的关系	说明
(e) 不相关	不相关。 X 与 Y 无任何关系。	不存在相关系数 R。
(f) 非线性相关	非线性相关。	

2. 散布图的用途

散布图适用于需明确问题潜在的根本原因时,或评定某一个原因与结果是否有关联时,或确定看起来相关的两个结果是否由同一个原因引起时。其主要用途包括:

(1) 发现数据间关系:散布图可以用来发现两组相关数据之间的关系,并确认数据间预期的关系;

(2) 确认数据间相关性质:即数据间的正相关和负相关;数据间的关联相关程度,即强相关和弱相关;

(3) 利用散布图进行分析:可以进行定性分析,也可以进行定量分析。

六、因果图

因果图是一种用来分析一个问题的特性(结果)与影响其特性的因素(原因)的图。

通常情况下,问题的原因是多种多样、错综复杂的,有时很难把各种原因的单独影响区分开来,因为它们的作用往往是交织在一起的。因果图就是用来分析影响产品质量各种原因的一种有效的定性分析方法。因其形状与鱼的骨架及树枝相似,故亦称鱼刺图或树枝图;又因为是日本质量管理专家石川馨博士 1943 年倡导的,故又称为石川图。

因果图常用于如下三个方面:分析因果关系,表达因果关系以及通过识别症状、分析原因、寻找措施、促进问题的解决。

1. 因果图的分类

因果图的分类主要有两大类型。

(1) 原因追求型

这种因果图鱼头向右,使用中列出可能会影响结果的相关因素,以便进一步从中找出主要原因,并以因果图的形式表示结果与原因之间的关系。解决诸如生产效率为什么这么低、为什么废品率这么高、为什么员工流动率这么高、为什么顾客投诉这么多、为什么过程波动这么大之类的问题(图 6-14)。

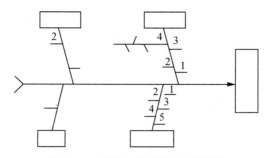

图 6-14　原因追求型因果图示意图

（2）对策追求型

对策追求型因果图鱼头向左,是将原因追求型因果图反转成鱼头向左的图形,目的在于追求问题点应该如何防止,目标结果应如何达成的对策。解决诸如如何提高生产效率、如何防止不合格品产生、如何降低生产成本、如何提高过程的有效性和效率之类的问题(图 6-15)。

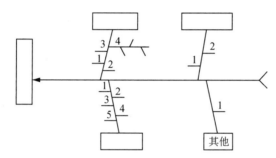

图 6-15　对策追求型因果图示意图

2. 因果图的绘制

因果图的绘制可以按如下六个步骤进行:

（1）确定要解决的问题:首先确定要解决的质量问题及其特性是什么。例如:生产效率、过程波动、质量指标、产品及零部件规范、产品不合格率、设备停机率、报废率、顾客投诉率等问题;

（2）规定可能原因的主要类别:要解决的问题特性确定之后,要围绕问题可能产生的原因。原因可以围绕六个方面的问题展开(图 6-16)。在寻找因果关系时,可以结合其他方法的应用,例如 QC 小组、脑力激荡活动等;

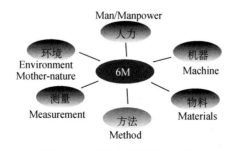

图 6-16　质量问题原因 6M 图

（3）开始画图：如果是原因追求型因果图，首先把确定的问题画在右侧方框，如果是对策追求型因果图，首先把确定的问题画在左侧方框，然后把主要原因放在它的图一侧。图 6-17 是一个原因追求型因果图的示例；

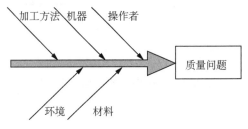

图 6-17　五层次因果图示意图

（4）寻找所有下一层次的原因并画在相应主枝上，并继续发展下去。一个完整的因果图至少要有二层，常用的有三层或更多；

（5）从最高层原因中选取和识别少量的（3～5 个）可能对结果有最大影响的原因，并有针对性地开展进一步的工作，如收集数据、采取控制措施等；

（6）记下制图部门和人员、制图日期、参加人员以及其他备查事项。

【例】　缝制过程效率低的因果分析实例

这是一种需要追究原因的例子，因此采用鱼头向右的因果分析图，通过逐步分析加工过程中的人、材料、加工方法、加工环境、设备各个方面可能存在的问题，得到的因果分析图如图 6-18 所示：

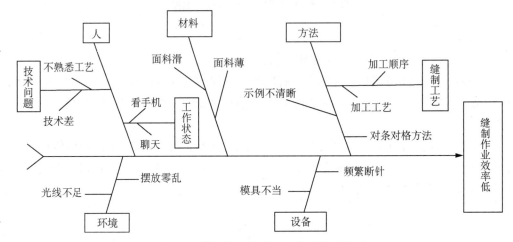

图 6-18　缝制作业效率低下的因果分析图

3. 因果图使用注意事项

（1）结果只能是一个：主干箭头指向的结果只能是一个。如果要解决的不止一个质量问题，要分别用不同的因果图分析。

上例中，要解决的问题只是提高缝制作业的效率，而不能同时分析质量问题等。如果要分析缝制质量问题，需要再重新制作因果图。

（2）原因归类清楚：因果图之间的原因是可以归类的，类与类之间的原因不能发生联系。尤其要注意避免归类不当和因果倒置的错误发生。

如上例中原因归类如下：

① 对条对格：如果是对条对格方法不合理，则将对条对格放在方法类别中；如果对条对格方法没有问题，而是因为条格面料处理过程中需要特殊处理而影响效率，可将对条对格放到材料类别中。本例将对条对格放入方法类别中，就不能再放到材料类别中。

② 模具：如果模具本身存在问题，应该放在设备类别中；如果是因为加工过程采用适当的模具能提高效率，则模具问题应该放在方法类别中。本例因为模具自身问题放在了设备类别中，就不能再放到方法类别中。

（3）广泛听取意见，找到主要原因：在分析原因时，分析人员要熟悉工艺过程，并开质量分析会，广泛听取各方面的意见，设法找到主要原因。

（4）层次关系清楚，细到能采取措施：为了查找具体原因，因果图的分析是层层展开的。分析中要注意原因分析的层次之间的关系必须是因果关系，层次要细到能采取措施为止。

（5）重点放在解决问题：使用因果图是为了解决问题，并依据结果提出对策。在确定解决的问题时，可根据 5W2H 原则执行：WHY（为什么要）、WHAT（目的何在）、WHERE（在何处做）、WHEN（何时去做）、WHO（由谁来做）、HOW（方法如何）、HOW MUCH（费用多少）。

（6）采取措施并检查效果：使用因果图的最终目的是解决问题。因此，在利用因果图找出所有原因后，要针对主要原因采取措施，改进后再用排列图检查实施效果如何。下图是利用因果图找出原因，采取针对性措施，改进前后的效果对比，可以看出在这个例子中，采用因果图分析原因，进行针对性改进是有效的（图 6-19）。

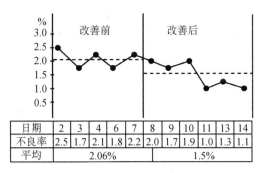

图 6-19　质量问题改善效果对比图

七、控制图

控制图是统计过程质量控制（SPC）的核心工具，是统计原理应用于控制过程，用来监视、控制质量特性值随时间推移而发生波动的图形方法。通过判别和区分正常质量波动和异常质量波动，来调查、分析过程是否处于统计控制状，以及保持过程处于统计控制状态的工具。控制图可以用于质量诊断、质量控制和质量改进。通过控制图的应用，可以让管理者知道质量是否处于受控状态,控制图能提供有关变化的趋势信息,从而为改进质量提供决策依据。

1. 质量特性数据的特点

要想有效地利用控制图,需要首先了解质量数据的特点。作为质量控制依据的质量特性数据,既存在规律性,又存在波动性。

(1)质量数据的规律性指的是应用统计方法能够发现质量数据的统计分布规律。

(2)质量数据的波动性包括正常波动和异常波动:

① 正常波动指的是由随机因素、偶然因素引起的质量数据波动。一般情况下,只出现正常波动的情况下,我们认为过程处于统计受控状态,此时的过程质量是可以预测的。这种情况下,可以通过减少随机因素造成的质量波动进一步改进质量。

② 异常波动指的是由异常因素、系统因素引起的质量数据波动。如果出现异常波动,则认为过程处于非统计受控状态。在这种情况下,要尽早发现,采取措施,及时调整,防患于未然。

针对上述质量特性数据特点,在生产过程中需要一个既能显示出质量波动状态又能指导过程,起到事先预防作用的方法。控制图就是一种可以很好满足这个要求的统计技术。

2. 控制图的原理

正如上面所述,质量特性数据具有波动性,在没有进行观察或测量时,一般是未知的,但其又有规律性,是在一定的范围内波动的,所以质量特性数据是随机变量。

(1)正态分布

控制图是基于正态分布的原理发明的。

正态分布是最常见、应用最广泛的一种数据分布,形态如下图。正态分布有两个重要参数:总体均值 μ 和总体标准差 σ。任何一个正态分布仅由 μ 和 σ 决定,其中,μ 决定分布的图形的位置,σ 决定分布图形的形状,标准差越大,数据越分散,当标准差小时,数据较多地集中于 μ 值附近,当标准差大时,数据向 μ 值集中的程度就差。在质量管理中,σ 值反映了质量的一致性情况,σ 越小,质量的一致性越好(图 6-20)。

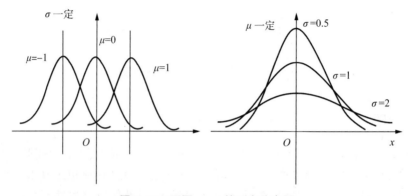

图 6-20 不同 σ、μ 的正态分布图

（2）几个关键的数字

总体数值落在 $\mu\pm1\sigma$ 界限范围内的概率为 68.28%；$\mu\pm2\sigma$ 界限范围内的概率为 95.46%；$\mu\pm3\sigma$ 界限范围内的概率为 99.73%；$\mu\pm1.96\sigma$ 界限范围内的概率为 95.0%。而数据落在：$\mu\pm3\sigma$ 界限范围之外的概率应小于 3%；$\mu\pm1.96\sigma$ 界限范围之外的概率应小于 5%。

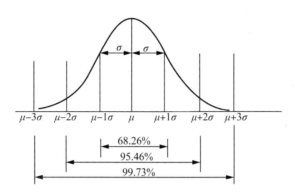

图 6-21　标准正态分布曲线下面积分布规律

（3）3σ 原则

控制图实际上就是横过来的正态分布图的具体应用，将正态分布图向右旋转 90 度。

一个控制图通常有三条线：

中心线（CL）：其位置与总体均值 μ 重合；

上控制线（UCL）：其位置在 $\mu+3\sigma$ 处；

下控制线（LCL）：其位置在 $\mu-3\sigma$ 处。

控制界线数字化地定义了每一个过程中正常可变的变化范围。控制界线虽然不能驾驭过程，但能反映当前过程的状态（图 6-22）。

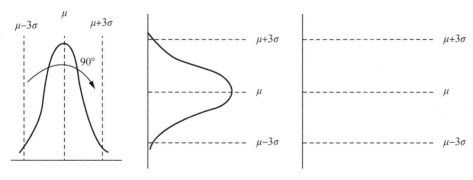

图 6-22　控制图的 3σ 原则示意图

如是产品的质量波动服从正态分布，那么产品的质量特性值落在 $\mu\pm3\sigma$ 控制界限外的概率是 0.27%，而落在一侧界限外的概率仅为 0.135%。根据小概率事件在一次实验中不会发生的原理，若质量特性值出界就可以判断生产有异常。

（4）两类错误的概率

如前所述，0.27%这个概率数值虽然很小，但不是绝对不可能发生的。

当生产过程正常时，在纯粹出于偶然原因使质量特性值出界时我们会判断为生产过程异常，这时就犯了错发警报的错误，也称为第一类错误，这种错误会造成虚惊一场，停机检查无功而延误生产。为了减少第一类错误的发生，可以把控制图的界限扩大，如果把控制界限扩大到 $\mu \pm 4\sigma$，则第一类错误发生的概率为 0.006%。但把控制界限扩大，会增大另一类错误发生的可能性。

还有一类错误，即生产过程已经发生的错误，产品质量分布偏离了原有的典型分布，但是总还有一部分产品的质量特性值在上下控制界限之内。如果我们抽取到这样的产品进行检测，会因为数值未出界而判断生产过程正常，就犯了漏发警报的错误，也称为第二类错误。这种错误将造成不良品率增加（图 6-23）。

第 1 类错误：错判，虚惊一场，用 α 表示；

第 2 类错误：漏判，漏发警报，用 β 表示。

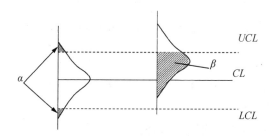

图 6-23　控制图的两类错误

要完全避免这两种错误是不可能的，以 $\mu \pm 3\sigma$ 为控制界限，在实际生产中使用时两种错误造成的总损失是最小的。这就是大多数的控制图的控制界限都采用 $\mu \pm 3\sigma$ 方式的原因。

3. 控制图的分类

（1）按照控制图应用目的的不同，控制图可分为分析用控制图和控制用控制图。

① 分析用控制图：用于分析考察过程是否处于统计控制状态。

分析用控制图用抽样的方法获取数据，依据收集的数据取得 CL、UCL、LCL 数据，作出控制图，并将数据在控制图上打点，分析过程是否处于稳定状态。如果发现异常，需要寻找原因，采取措施，使过程处于稳定状态；如果过程处于稳定状态，则进入正常工序控制。

② 控制用控制图：控制用控制图是为了控制后续的过程。

当分析用控制图表明过程没有系统因素起作用，并且过程能力可以满足生产要求时，则可以将分析用控制图延伸，作为控制用控制图的控制限，之后定期抽取样本打点，观察点的分布情况。

（2）按照控制图上点所用的数据性质分类

控制图种类很多，一般按数据性质分为计量值控制图、计数值控制图两类。如表 6-19 所示：

表 6-19 控制图种类

类别	名称	控制图符号	特点	适用场合
计量值控制图	平均值-极差控制图	$X-R$	最常用,判断工序是否正常的检出效果好,但计算工作量很大。	主要用于判断过程的均值和标准差是否处于或保持在所要求的水平
	中位数-极差控制图	$-R$	提供的信息少于 $X-R$ 检出效果低于 $X-R$ 计算简便,但效果较差。	主要用于判断过程的均值和标准差是否处于或保持在所要求的水平 适宜在现场使用
	单值-移动极差控制图	$X-R_S$	简便省事,能及时判断工序是否处于稳定状态。缺点是检出效率低,不易发现工序分布中心的变化。若数据能合理分组,可与以 R 图联用	用于判断过程的均值和标准差是否处于或保持在所要求的水平 适用于每批产品或每一抽样间隔周期内只能得到一个观测值,因而不能分组的场合
	平均值-标准差控制图	$X-S$	特别当样本量较大时,S 图的检出功效高于 R 图;提供的信息比较多	适用于判断过程的均值和标准差是否处于或保持在所要求的水平
	不合格品数控制图	nP	较常用,计算简单检出能力与 n 有关	主要用于判断过程的不合格品率是否处于或保持在所要求的水平 适用于样本容量相等的场合
	不合格品率控制图	P	计算量大检出能力与 n 有关	主要用于判断过程的不合格品率是否处于或保持在所要求的水平 适用于样本容量不相等的场合
	不合格数控制图	c	较常用,计算简单,操作工人易于理解。	主要用于判断过程的不合格品率是否处于或保持在所要求的水平 适用于样本容量相等的场合
	单位不合格数控制图	u	计算量大检出能力与 n 有关	主要用于判断过程的不合格品率是否处于或保持在所要求的水平 适用于样本容量不相等的场合

4. 控制图的观察与分析

控制图是用于分析和判断过程是否处于稳定状态所使用的带有控制界限的图。通过对控制图的观察与分析,可以区分正常波动和异常波动、生产过程处于稳定状态还是异常状态。

(1)判稳:点子没有超出控制线(在控制线上的点子按超出处理),控制界限内的点子排列无缺陷,则反映工序处于控制状态,生产过程稳定,不必采取措施。

在点子随机排列的情况下,符合下列各点之一就认为过程处于稳态:

①连续 25 个点子都在控制界限内;②连续 35 个点子至多 1 个点子落在控制界限外;③连续 100 个点子至多 2 个点子落在控制界限外。

(2)判异:控制图上的点子出现下列情形之一时,即判断生产过程异常:

①点子超出或落在控制线上;②点子不是随机排列,控制界线内的点子排列有如图 6-24 所示缺陷。

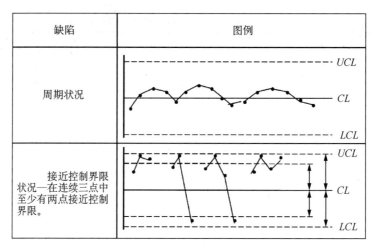

缺陷	图例
周期状况	
接近控制界限状况—在连续三点中至少有两点接近控制界限。	

图 6-24 控制图判异示意图

5. 控制图的应用实例

某纺织公司生产坯布规定长度为 5000 cm,规范要求为 5000 cm。请使用控制图监控坯布匹长状态。

使用控制图的步骤如下:

(1)将多卷装长度(cm)看成应当加以研究并由控制图加以控制的重要质量特征;

(2)由于要控制的多卷装长度是计量特性值,因此选用 $\bar{x}$-R 控制图;

(3)以 5 个连续卷装为一个样本($n=5$),每隔 1 天抽取一个样本;

(4)收集 25 个样本数据($k=5$),并按观测顺序将其记录在表 6-20 中[见多卷装量(cm)和样本统计量];

(5)计算每个样本的统计量 $\bar{x}$(5 个观测值的平均值)和 R(5 个观测值的极差)(表 6-20);

表 6-20 多卷装量(cm)和样本统计量

样本号	x_1	x_2	x_3	x_4	x_5	$\sum x$	x	R
15	25	40	24	50	19	158	31.6	31
16	7	31	23	18	32	111	22.2	25
17	38	0	41	40	37	156	31.2	41
18	35	12	29	48	20	144	28.8	36
19	31	20	35	24	47	157	31.4	27
20	12	27	38	40	31	148	29.6	28
21	52	42	52	24	25	195	39.0	28
22	20	31	15	3	28	97	19.4	28
23	29	47	41	32	22	171	34.2	25
24	28	27	22	32	54	163	32.6	32
25	42	34	15	29	21	141	23.2	27
累计						746.6		686
平均							$x=29.86$	$R=27.44$

(6) 计算各统计量的控制界限(UCL、LCL)

① 计算各样本平均值($\bar{x}$)和各样本极差的平均值($\bar{R}$)

$$\bar{\bar{x}} = \frac{\sum \bar{x}}{k} \quad \bar{R} = \frac{\sum R}{k}$$

② 计算统计量的中心值和控制界限

$\bar{x}$ 图：

$$中心值 CL = \bar{\bar{x}} = 29.86 \text{（cm）}$$

$$UCL = \bar{\bar{x}} + A_2\bar{R} \approx 45.69 \text{（cm）}$$

$$LCL = \bar{\bar{x}} - A_2\bar{R} \approx 14.03 \text{（cm）}$$

注：A_2 为随着样本容量 n 而变化的系数，可由控制图系数选用表 6-21 中选取。

$\bar{R}$ 图：

$$中心值 CL = \bar{R} = 27.44 \text{（cm）}$$

$$UCL = D_4\bar{R} \approx 58.04 \text{（cm）}$$

$$LCL = D_3\bar{R} = 0$$

注：D_3 为随着样本容量 n 而变化的系数，可由控制图系数选用表中选取；

D_4 为随着样本容量 n 而变化的系数，可由控制图系数选用表中选取。

表 6-21　控制图系数表

n	2	3	4	5	6	7	8	9	10
A_2	1.880	1.023	0.729	0.577	0.483	0.419	0.373	0.337	0.308
D_4	3.267	2.575	2.282	2.115	2.004	1.924	1.864	1.816	1.777
E_2	2.660	1.772	1.457	1.290	1.134	1.109	1.054	1.010	0.975
m_3A_2	1.880	1.187	0.796	0.691	0.549	0.509	0.430	0.410	0.360
D_3	0	0	0	0	0	0.076	0.136	0.184	0.223
d_2	1.128	1.693	2.059	2.326	2.534	2.704	2.847	2.970	3.087

(7) 画控制图

一般 $\bar{x}$ 放在上方，R 图放在下方；横轴表示样本号，纵轴表示质量特性值和极差（图 6-25）。

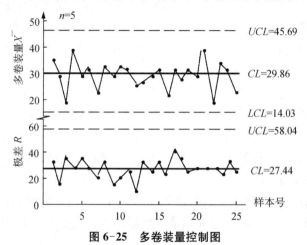

图 6-25　多卷装量控制图

（8）控制图的判别

控制图没有出现越出控制线的点子，也未出现点子排列有缺陷（即非随机的迹象或异常原因），可以认为该过程是按预计的要求进行，即处于统计控制状态（受控状态）。

值得注意的是，当过程达到了我们所确定的状态后，才能将分析用控制图的控制线延长作为控制用控制图。

上例中控制图中的图判稳，则可以进入下一步。

（9）控制图调整

在不对该过程做任何调整的同时，继续用同样的方法对多卷装量抽样、观察和打点。如果在继续观察时，控制图显示出存在异常原因，则应进一步分析具体原因，并采取措施对过程进行调整。

综上，介绍了质量管理常用的 7 种统计方法。现对 7 种方法的主要用途总结如下：

直方图——看分布，展示过程的分布情况；

检查表——集数据，收集、整理资料；

分层法——做解析，从不同角度层面发现问题；

排列图——抓重点，确定主导因素；

散布图——看相关，展示变量之间的关系；

因果图——追原因，寻找引发结果的原因；

控制图——找异常，识别波动的来源。

需要强调的是，不同的统计方法各有其特点和作用，各有其优越性与局限性，在实际的质量管理过程中，可以单独使用某一种统计方法，但在更多的情况下，只有一种统计方法不能满足质量管理的需要，因此不同的统计方法经常结合在一起使用。

第六节　全面质量管理

一、全面质量管理的中的全面

本章第二节讨论了全面质量管理概念的提出、全面质量管理产生的背景以及费根堡姆提出的全面质量管理的定义。全面是全面质量管理的关键词，主要包括三个方面的含义：

一是全范围的质量管理，要求企业各个方面，都应为保证企业生产经营过程的正常进行和全面质量管理做好工作。包括：产品质量、工作质量、服务质量，产品性能的质量、产品的可靠性、安全性、适应性、时间性，人和物的管理；

二是全过程的质量管理，是对产品质量产生、形成和实现的全过程的管理。即：市场调查开始到产品设计、生产、销售、售后服务等，直到产品使用寿命结束为止的全过程；

三是全员参加的质量管理，所有员工的工作质量，都直接或间接地影响产品质量和销售服务的质量，强调全员的教育与培训。

全面质量管理就是在上述三全的基础上，把科学管理、先进技术和数量统计方法等结合起来，应用于质量管理过程，同时，全面质量管理强调"最经济的水平"和"充分的顾客要求"

的完美统一,离开质量成本和经济效益谈质量是没有实际意义的。

二、全面质量管理的工作内容

全面质量管理改变了原来的质量管理的观念,引入了新的理念。全面质量管理的全面性,决定了其内容应当包括生产经营全过程的质量管理,要对影响产品质量的一切因素都加以控制,主要包括设计过程质量、制造过程质量、辅助过程质量和使用过程质量。

1. 设计过程的质量管理

(1)设计过程质量管理的内容

产品设计过程的质量管理是全面质量管理的首要环节,是产品质量形成的起点。设计质量是使产品具有技术上的先进性和经济上的合理性的保证。在设计中要积极采用新技术、新工艺新材料,从而提高产品质量的档次;在工艺设计方面,使加工制造方便、降低制造成本、提高经济效益。设计过程包括产品正式投产前的全部技术准备过程,即:市场调查、产品设计、工艺准备、试制和鉴定等过程。

(2)产品设计的质量职能

产品质量的优劣,产品能否使顾客满意首先取决于产品的设计开发过程,产品设计质量不仅影响产品本身,还影响到产品的生产制造过程,并直接影响到产品的市场竞争力。产品设计过程的质量职能主要体现在如下4个方面:

①确定质量水平:产品设计过程中,根据市场调研结果,掌握用户质量要求,做好技术经济分析,并依此确定适宜的质量水平;②设计质量控制:设计过程中,要严格认真地按产品质量设计所规定的程序和要求开展工作,对设计质量进行控制;③"早期报警":设计过程中通过设计评审、现场试验、小批试验等,把设计环节造成的先天性缺陷消灭在形成过程之中;④质量特性的传递:设计过程中,要做好质量特征重要程度的分级和传递,使其他环节的质量职能按设计要求进行重点控制,确保符合性质量。

2. 制造过程质量管理

制造过程,是指对产品直接进行加工的过程,是产品实体形成的过程,是产品质量形成的基础,是企业质量管理的基本环节。制造过程质量管理的基本任务是保证产品的制造质量。制造过程质量管理的目标是保证实现设计阶段对质量的要求和控制意图,建立一个控制状态下的生产系统,使生产过程能够稳定、持续地生产出符合设计要求的产品。产品投产后能否达到设计质量标准,不仅和制造过程的技术和水平有关,还和制造过程的质量管理水平密切相关。

(1)制造过程质量管理的内容

制造过程的质量管理主要是通过控制影响产品质量的大因素,即操作者的技术水平、设备、原料、操作方法、检测手段和生产环境来保证产品质量,制造过程质量管理的主要工作内容包括组织和促进文明生产、组织质量检验工作、组织质量分析工作、掌握质量动态、组织工序的质量控制以及建立管理点等。

(2)制造过程的质量管理工作重点

一般来说,制造过程的质量管理,重点应当抓好如下几个方面的工作:

① 严格贯彻执行工艺规程,保证工艺质量:制造过程的质量管理就是要使影响产品质

量的各个因素都处在稳定的受控状态。因此,各道工序都必须严格贯彻执行工艺规程,确保工艺质量,禁止违章操作。

② 搞好均衡生产和文明生产:均衡的、有节奏的生产过程,以及良好的生产秩序和整洁的工作场所代表了企业经营管理的基本素质。均衡生产和文明生产是保证产品质量、消除质量隐患的重要途径,也是全面质量管理不可缺少的组成部分。

③ 组织技术检验,把好工序质量关:实行全面质量管理,贯彻预防为主的方针,并不是否定技术检验的把关作用。因此,生产过程中,必须根据技术标准的规定,对原材料、外购件、在制品、产成品以及工艺过程的质量,进行严格的质量检验,保证不合格的原材料不投产、不合格的零部件不转序、不合格的产成品不出厂。需要强调的是,质量检验的目的不仅是发现问题,还要为改进工序质量、加强质量管理提供信息。因此,技术检验是制造过程质量控制的重要手段,也是不可缺少的重要环节。

④ 掌握质量动态:为了真正落实制造过程质量管理的预防作用,必须全面、准确、及时地掌握制造过程各个环节的质量现状和发展动态,必须建立和健全各质量信息源的原始记录工作,以及和企业质量体系相适应的质量信息系统。

⑤ 加强不合格品的管理:不合格品的管理是企业质量体系的一个要素。不合格品管理的目的是为了对不合格品做出及时的处置,如返工、返修、降级或报废,但更重要的是为了及时了解制造过程中产生不合格品的系统因素,对症下药,使制造过程恢复受控状态。因此,不合格品管理工作要做到三个"不放过",即没找到责任和原因"不放过";没找到防患措施"不放过";当事人没受到教育"不放过"。

⑥ 搞好工序质量控制:制造过程各工序是产品质量形成的最基本环节,要保证产品质量,预防不合格品的发生,必须搞好工序质量控制。工序质量控制工作主要有三个方面:一,针对生产工序或工作中的质量关键因素建立质量管理点;二,在企业内部建立有广泛群众基础的 QC 小组,并对之进行积极的引导和培养工作;三,由于制造过程越来越依赖于设备,所以工序质量控制的重点将逐步转移到对设备工作状态有效控制上来。

3. 辅助过程质量管理

辅助过程,是指为保证制造过程正常进行而提供各种物资技术条件的过程。

(1) 辅助过程的主要工作

辅助过程的工作主要包括物资采购供应、动力生产、设备维修、工具制造、仓库保管和运输服务等。

(2) 辅助过程质量管理的内容

辅助过程质量管理的主要内容包括做好物资采购供应(包括外协准备)的质量管理,保证采购质量;严格入库物资的检查验收,按质,按量,按期提供生产所需要的各种物资(包括原材料,辅助材料,燃料等);组织好设备维修工作,保持设备良好的技术状态;做好工具制造和供应的质量管理工作等。

4. 使用过程质量管理

使用过程是考验产品实际质量的过程,它是企业内部质量管理的继续,也是全面质量管理的出发点和落脚点。

这一过程质量管理的基本任务是提高服务质量(包括售前服务和售后服务),保证产品的实际使用效果,不断促使企业研究和改进产品质量。主要的工作内容包括开展技术服务工作,处理出厂产品质量问题;调查产品使用效果和用户要求。

三、全面质量管理的基本工作方法——PDCA 循环

全面质量管理基本的工作方法以及工作程序就是 PDCA 循环。这一概念最早由美国质量管理统计学家戴明提出,又称"戴明环"。PDCA 循环要求在管理工作中把各项工作按照"制定计划、计划实施、检查实施效果、处理结果(将成功的纳入标准而不成功的留待下一个循环去解决)"的工作方法进行。PDCA 是全面质量管理中反复经过的上述 4 个阶段的简称:Plan(计划)、Do(实施)、Check(检查)和 Action(处理)。

1. PDCA 循环的步骤

PDCA 循环的过程,就是企业在认识问题和解决问题中使质量和质量管理水平不断呈阶梯状上升的过程。在具体工作中,上述 4 个阶段又进一步化为 8 个步骤(图 2-26)。

(1) P(计划)阶段:质量的持续改进,始于工作计划。

①分析现状:通过现状分析,寻找存在的主要质量问题;②寻找原因:分析查找产生质量问题的原因或影响因素;③提炼主因:从各种原因中,找出对质量影响最大的因素,即主要原因;④制定计划:针对主要原因,研究措施,制定对策和计划。

图 6-26　PDCA 循环示意图

(2) D(实施)阶段:将制定的计划和措施进行组织和实施。

⑤ 按预定计划的对策,认真执行。

(3) C(检查)阶段: 将执行的结果与预定的目标进行比较,检查计划执行情况是否达到预期效果。

⑥ 检查执行效果。

(4) A(处理)阶段:对检查的结果进行处理,成功的经验加以肯定,并予以标准化或制定作业指导书,以便于以后工作时可以遵循;对于失败的教训要预以重视;对于没有得到解决的问题,应该到下一个 PDCA 循环中去解决。处理阶段包括两方面的内容:

⑦ 巩固成绩,进行标准化。

⑧ 寻找遗留问题,为下一个 PDCA 循环提供依据。

2. PDCA 循环的特点

(1) PDCA 循环一定要按一定的顺序形成一个大圈,四个阶段衔接着不停地转,如图 6-27 所示。

(2) 大环套小环,互相促进:如果把整个企业的工作作为一个大的 PDCA 循环,那么各个部门、小组等还有各自小的 PDCA 循环,就象一个行星轮系一样,大环带动小环,一环扣一环,大环指导和推动小环,小环又促进着大环,有机地构成一个运转体系,如图 6-27 所示。

(3) 循环上升:PDCA 循环不是到 A 阶段就算结束,而是又要回到 P 阶段开始新的循

环,就这样不断旋转。PDCA 循环的转动不是在原地转动,而是每转一圈都有新的计划和目标。犹如爬楼梯一样逐步上升。PDCA 循环不是停留在一个水平上的循环,不断解决问题的过程就是使质量水平不断提高、逐步阶梯式上升的过程。如图 6-28 所示。

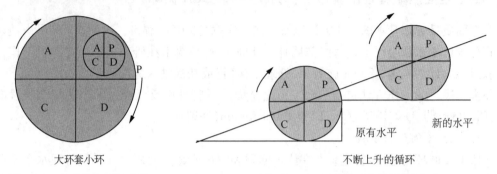

图 6-27　大环带小环示意图　　　　图 6-28　PDCA 循环上升示意图

　　PDCA 循环实际上是进行任何一项工作的合乎逻辑的工作程序。在质量管理中,PDCA 循环得到了广泛应用,并取得了很好的效果。简言之,PDCA 循环的特点可以形象地称为:大环套小环,互相推进,不断循环上升,推动 PDCA 循环。又可以称为:大环套小环,一环扣一环,小环保大环,推动大循环。

思考题:

　　1. 狭义质量和广义质量分别指什么? 分别包含哪些内容?

　　2. 质量概念的演变经历了哪些阶段? 各阶段的主要特点是什么?

　　3. 质量管理发展的各个阶段都有哪些特点?

　　4. 什么是技术标准、管理标准和工作标准?

　　5. 我国的标准体系中,标准的级别有哪些?

　　6. 什么是强制性标准和推荐性标准?

　　7. 什么是质量检验? 质量检验的作用有哪些?

　　8. 什么是抽样检验? 什么是批质量? 什么是过程平均? AQL 指什么?

　　9. 在计数标准型抽样检验中,生产方及使用方风险及风险质量指什么?

　　10. 直方图、调查表、分层法、排列图、散布图、因果图和控制图的主要用途分别有哪些?

　　11. 什么是全面质量管理? 全面质量管理的工作内容包括哪些? 全面质量管理中的"三全"指什么?

　　12. 什么是 PDCA 循环? 它有哪些特点? PDCA 循环的应用有哪些步骤?

第七章　服装成本管理

从纺织服装产业集群分布已经发生过的三次国际间转移来看,基本规律是往以劳动力为主的综合成本较低的国家或者地区转移。由此可见,在服装供应链全球化分布的产业背景下,服装产品生产制造的综合成本已经成为服装供应链上每一个机构需要考虑的核心要素。因而,了解服装成本并能进行成本核算,成为从业者必备的技能。

第一节　成本管理概述

成本管理是指企业生产经营过程中各项成本核算、成本分析、成本决策和成本控制等一系列科学管理行为的总称。

无论是服装还是其他商品,由于品牌的不同,在消费者心目中地位有很大差异,运营模式也不尽相同。但无论采用哪种模式,前提都是要弄清楚产品的成本构成,不同竞争态势下的成本、利润、销售量及运营模式的关系见图7-1。

服装价格与成本的比值被业内称为"倍率",品牌企业都希望通过自主创新而获得更高的倍率,倍率也能够体现品牌的价值,如图7-1中的第一种脱销情况,是很多企业所渴望的。但服装是一个完全竞争行业,没有很高的技术壁垒,很多服装品牌处于第二类甚至第三类的状况。

另外,过去企业一直实施的产品价格为成本加利润的思维也被打破,产品定价不但要考虑自身成本,还要调研同档次其他品牌竞品的价格。为了获得一定的利润保持企业发展,需要事先设计并控制新产品成本,如图7-2所示。

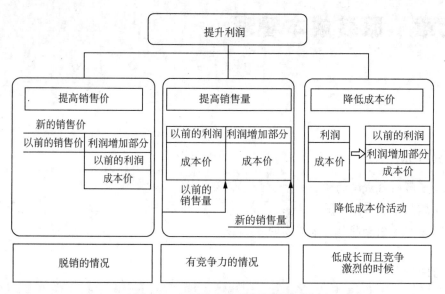

图 7-1 不同竞争态势下运营模式

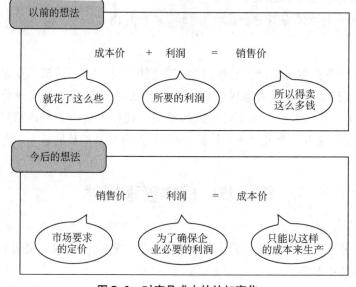

图 7-2 对产品成本的认知变化

一、成本的概念

成本概念版本很多,CCA 中国成本协会发布的 CCA2101:2005《成本管理体系术语》中对成本的定义是为过程增值和结果有效已付出或应付出的资源代价;美国会计学会所属的成本与标准委员会对成本的定义是为了达到特定目的而发生或未发生的价值牺牲,它可用货币单位加以衡量;《成本与管理会计》中对成本下的定义是为了达到某一种特定目的而耗用或放弃的资源。生产成本,是指生产活动中所使用的生产要素的价格。

服装产品在生产中所投入的要素如图 7-3 所示。图中,能够用货币衡量的有人力成本、材料费、设备折旧、资金利息等费用。

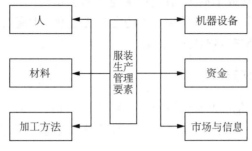

图 7-3　服装生产要素

二、成本三要素

服装成本由以下三部分构成：

（1）材料费：直接用于服装的面辅料费用，包括面料和里料、拉链等辅料费用；

（2）劳务费：是为了制造产品而发生的员工的工资、补贴、奖励等各种费用；

（3）制造经费：企业为生产服装产品而发生的各项间接费用，如间接人员，即非一线人员的工资、厂房机器折旧、相关交通、办公费等。

材料费能够在服装上看到；劳务费涉及直接生产人员和间接人员；制造经费种类更加多样。为了更好核算成本，就要对成本进行分类，理解各类成本的特点，以便开展核算。

三、成本分类

1. 直接成本与间接成本

（1）成本中与产品直接相关的费用，如直接材料费、劳务费等，即企业生产过程中所消耗的原材料、备品配件、外购半成品、生产工人计件工资等，通常属于直接成本。

（2）间接成本指成本中与产品间接相关的费用，即生产费用发生时，不能或不便于直接计入某一成本计算对象，而需先按发生地点或用途加以归集，待月终确定分摊方法并进行分摊后才计入有关成本计算对象的费用。如管理人员工资、节假日奖励、会议、差旅、办公费等。

直接成本和间接成本的划分，有利于统计各自占比，便于与其他同类型企业、同类型产品进行对比，一般直接成本占比高，说明成本情况比较良好。对于直接成本降低，一般应从改进生产工艺、降低单耗、提升效率等方面；对于间接成本一般应从加强费用的预算管理、降低非一线人员数等方法来降低成本。

2. 固定费和变动费

（1）固定费：成本中不随业务量变化的部分，如厂房折旧、设备折旧、聘用计时人员的工资等；

（2）变动费：成本中随业务量变化的部分，如原料、水电费、雇佣的计件工资的薪酬管理费用等。

区分固定费和变动费也是为降低成本提供依据，产品售价、成本与利润之间的简单关系模型如图 7-4 所示。在实际运营中，服装可能随着生产量

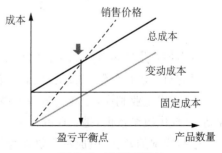

图 7-4　盈亏平衡点

163

加大而使成本降低，即变动成本成为曲线；服装也会随上市时间的延长而发生销售折扣，使销售收入也成为曲线。但总成本与销售收入的交点就是盈亏平衡点，也是利润的拐点，低于此点的生产量和销售量处于亏损状态。

四、边际成本及边际利润

边际成本指增加一单位的产量随即而产生的成本增加量。边际利润是指增加单位产量所增加的利润。两者均反映增加产品的销售量能为企业增加的收益，销售单价扣除变动成本即为边际利润。

边际利润的计算公式为：边际利润 (M) ＝销售收入 (S) －变动成本 (V)

边际利润率是指边际利润与销售收入的比率，即 $U＝M\div S＝(S-V)\div S＝1-V\div S$

边际利润反映了利润如何随着销量或生产量的提高和单价的变化而变化的状态，当边际利润为 0 时利润达到最大值，也就是说规模再扩大，成本不但不降低，反而会升高。

即随着生产规模的扩大，企业通过利用更先进的技术和设备等生产要素、较多的人力和机器的使用、企业内部、更合理和专业化的生产分工、人数较多的技术培训和具有一定规模的生产经营管理等措施，都可以节约成本。但是随着规模的继续扩大，生产的各个方面难以得到协调，从而降低了生产效率，成本反而上升。这种情况用图形表示长期平均成本曲线表现为先下降后上升的趋势，因而会有一个合理的产量规模区间，更为直观，如图 7-5 所示。

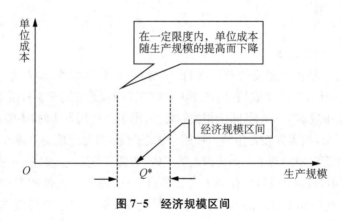

图 7-5　经济规模区间

第二节　成　本　核　算

成本核算是成本管理的重要组成部分，是指企业在生产经营过程中发生的各种成本按照一定的对象进行分配和收集，从而计算出总成本和单位成本。成本核算过程能够生成财务报表，得出企业利润，是确定销售价格的重要参考，同时能够指导企业内部各部门的预算控制，并提供决策依据，是企业的核心工作之一。

服装成本的核算，以成本三要素为基础，逐一计算。

1. 材料费的计算

构成服装的全部原辅材料费用,以技术资料中的原辅材料单(大货 BOM 单)为依据,根据各种材料采购的单价,计算出某款服装的材料费。

材料费＝材料用量(单耗)×单价。

以一条西裤为例,具体原辅材料核算如表 7-1 所示。

表 7-1　西裤材料一览表

项目	材料名称	单位	细节描述	单价(元)	用量	小计
1	毛涤素花呢	m	毛 50%涤纶 50% ,110 $N_m/2×60 N_m$,面密度 153 g/m^2	58	1.22	70.76
2	涤棉平布	m	涤 80%棉 20% 13tex/13tex	8.2	0.38	3.116
3	涤纶缝纫线	m	11.8 tex×3	0.0017	110	0.187
4	涤纶缝纫线	m	11.8 tex×2	0.0012	180	0.216
5	涤纶缝纫线	m	8.4 tex×2(70^S/2)	0.0014	7.5	0.0105
6	涤长丝缝纫线	m	167 dtex×3	0.0044	5.3	0.02332
7	防滑腰里	m	乳胶丝带防滑腰里	2.8	1.3	3.64
8	四件裤钩	付	不锈钢	0.3	1	0.3
9	铜质镀镍扣	个	ϕ15 mm 竖柄	0.32	2	0.64
10	尼龙拉链	条	3 号	0.72	1	0.72
11	梭织衬	m	T2137-036	7.1	0.08	0.568
12			TC2133-272	10.1	0.072	0.7272
13	产品标志	个	70 mm×50 mm	1.15	1	1.15
14	洗涤标志	个	60 mm×20 mm	0.15	1	0.15
15	号型标志	个	30 mm×8 mm	0.06	1	0.06
16	塑料袋	个	90×60	1.1	1	1.1
17	透明胶带	m		0.1	1	0.1
18	纸箱	套		2.98	0.8	2.384
合计						85.85

表 7-1 中从第 1 到 15 项都是直接材料费,15 到 18 项是间接材料费。

材料费在服装成本中占据很大的比例,材料质量是服装成品质量的核心,不能通过降低材料档次的方法降低材料费单价,而是要通过增加面料利用率、降低单耗、通过集中面料供货厂家份额或者改变付款条件等方法来降低材料成本。

二、劳务费的计算

劳务费指为了制造产品而发生的员工的工资、补贴、奖励等各种费用,分为直接劳务费和间接劳务费。直接劳务费指直接生产人员的工资,如计件工资等,间接劳务费一般计算在制造经费里面。

$$直接劳务费 = 产品标准加工时间 \times 秒(小时)费率$$

秒(小时)费率这个概念其实就是加工单位生产 1 s(或 1 h)的总人员成本,为了方便核算,这里先确定直接完成产品部门的成本,即生产部门的成本,非直接部门的费用情况可以在制造经费中的分摊中体现。

三、制造经费的计算

指各种间接用于制造服装的费用,如间接人员工资、厂房机器折旧、交通、差旅、办公等。

1. 制造经费计算

$$制造经费 = 产品标准加工时间 \times 秒(小时)分摊$$

其中,标准分摊=年度财务报表中制造经费总额度/该年度出货的总标准加工时间,即分摊在每秒(小时)上的制造费用。

2. 制造经费中分摊问题

在制造经费的计算中,涉及一些费用在各部门分摊的情况。有些部门或人是为几个生产单位服务的,如总公司的质检部门,同时为公司内部 A、B 工厂以及外加工合作 C 工厂提供质量服务,该部门的费用就要分摊在这些部门,具体分摊比例如图如表 7-2 所示。

表 7-2　质量保障部费用分摊

服务工厂	产出的标准加工时间(h)	费用分摊比例(%)
A	30000	30
B	50000	50
C	20000	20
合计	100000	100

即各工厂分摊的具体费用应以每个工厂出产产品的标准加工时间为依据进行核算。如果此质检部门该月人员费、固定资产折旧等所有费用为 20 万元,则 A 工厂分摊 6 万元,B 工厂分摊 10 万元,C 工厂分摊 4 万元。

四、工缴计算

通过劳务费和制造经费的计算公式发现,这两项费用都是以产品标准加工时间乘以后续的秒(小时)费率或者分摊组成,企业就将劳务费中的"秒(小时)费率"和制造经费中的"标准公摊"合在一起计算,称为"秒费率(小时费率)",也称为"工缴"。

$$劳务费 + 制造经费 = 产品标准加工时间 \times 秒(小时)费率 +$$
$$产品标准加工时间 \times 秒(小时)分摊$$
$$= 产品标准加工时间 \times [秒(小时)费率 + 秒(小时)分摊]$$
$$= 产品标准加工时间 \times 工缴$$

会计学中,工缴指企业以原材料或半成品委托外单位加工或装配而支付的加工费,或因完成外单位委托的来料加工业务而取得的收入。在实际工作中,也有把产品的工厂成本减去原材料成本后的余额,称为"工缴"。企业生产不同,产品加工难易程度也不一样,因而上述公式中"工缴"其实是以秒或者小时为依据的费率。对于来料加工服装工厂来说,面辅料都由委托加工的品牌服装企业提供,因而劳务费与制造经费之和,才是此类型工厂的生产成本。

企业可以分别从产出端和投入端开展工缴计算,并相互印证。投入端即花费了多少费用购买了多少一线员工的有效劳动时间,产出端则是衡量产出多少时间的产品,投入了多少费用。

1. 通过产出工时计算工缴

从产出端计算较为容易,以某女装品牌企业为例,该企业有两个服装生产厂,其中A厂在企业内部,B厂为与乡镇政府合作的扶贫工厂,厂房设备均为政府提供,因而在费用上与A厂有很大不同,该企业的工厂2021年费用如表7-3所示。

表7-3　某女装品牌企业生产厂2021年度费用

单位:元

所属工厂	工资	五险一金	房租	生活费用	其他费用	小计
A厂	11965514	266568	540000	300000	1249581	14321663
B厂	2111522	34711	0	0	0	2146233
总　计						16467896

两个生产工厂2021年度产出情况如表7-4所示。

表7-4　2021年

加工品牌	SKU数(个)	产出标准加工时间(s)
AC	71	94380114
CC	349	402046071
DC	393	743016992
MC	68	111649348
TC	28	43403507
总计	909	1394496032

即该企业的工厂2021年度花费1646.7896万元,产出了1394496032 s标准加工时间的产品,则该企业的工缴＝费用÷产出工时＝16467896÷1394496032≈0.0118元/s,即该企业的两个服装工厂的工缴约为0.012元/s。

如果将表7-4中的数据按照A厂、B厂分别计算加工品牌和SKU数、产出的标准加工时间,则可以看出不同背景生产厂在工缴上的差别,工缴越低加工成本越低。

通过产出端计算工缴的方法简便明确,但是需要月度或者年度完成加工后才能够准确计算,如果需要在没有发生的时候预算工缴,则需要采用投入费用计算工缴的方式。

2. 投入费用计算工缴

投入端计算工缴,通过花了多少费用购买了生产系统中直接作业人员多少有效工作时间来计算。直接作业人员在有效劳动时间内完成生产任务,而生产系统中间接人员的薪资等费用,也是为了保障生产运行,费用也要核算在这些时间内。企业中通常将直接作业人员定义为"计件工资人员",间接人员定义为"非计件工资人员"。通过各项费用的分解和计算,可以帮助企业更有效进行成本比例构成的分析,有助于针对性进行成本控制和改善。

仍以上述企业的 A 工厂为例,如表 7-5 所示,通过劳务费中计件人员相关费用、非计件人员相关费用和制造经费的计算,能够明晰该工厂一个月花了多少费用,而这些费用加起来总共购买了计件人员多少有效劳动时间。

由表中可知,如果按照一个月出勤 26 天,每天平均工作 9 h 情况下,该工厂包含裁剪、缝制、整烫、质检和包装人员的直接作业人员(计件人员)190 人,该月度的工作时间为 44460 h。

其中,计件人员含工资、社保、餐费等费用为 879343 元,占全部费用的 71.41%;而包含组长、机修、统计、IE 等非计件人员费用 137351 元,占比 11.15%;包含固定资产折旧、水电等由固定制造经费和变动制造经费组成的制造经费 214723 元,占比 17.44%。该厂一个月劳务费与制造经费之和为 1231417 元。

表 7-5　投入端工缴计算明细

1. 计件工资人员部分(含社保、餐费)									
序号	岗位	人数	月开工工时(26天9h)	折合工时	平均工资额度	费用	小时工价1(80%效率)	小时工价2(60%效率)	占比
1	裁剪车间	12	234	2808	4400	52800	1.4848043	1.97930724	4.29%
	缝纫车间1	125	234	29250	4400	550000	15.4633378	20.6177838	44.74%
2	缝纫车间2	8	234	1872	4400	35200	0.98965362	1.31953816	2.86%
3	后道整理大通	3	234	702	4400	13200	0.37112011	0.49482681	1.07%
4	检验人员(含组检6人、尾检3人巡检1人)	10	234	2340	4400	44000	1.23706703	1.6494227	3.58%
5	包装(含手工、吸线、拉/送货)	32	234	7488	4400	140800	3.95861448	5.27815265	11.45%
	社保等企业承担部分					2303	0.06474921	0.08633228	0.19%
	餐费(人均8元/天,每月按27天计算)			216		41040	1.15384615	1.53846154	3.34%
计件人员合计		190		44460		879343	24.7228689	32.9638252	71.41%

	2. 非计件工资人员部分(含社保、餐费)							
1	裁床组长	1			6351	6351	0.17855938	0.23807917	0.52%
2	排唛架	1			4099	4099	0.11524404	0.15365872	0.33%
3	缝纫车间1组长	6			7327	43962	1.23599865	1.6479982	3.58%
4	缝纫车间2组长	1			8000	8000	0.22492128	0.29989504	0.65%
5	后道组长	1			6636	6636	0.1865722	0.24876293	0.54%
6	机修及电工	1			5000	5000	0.1405758	0.1874344	0.41%
7	统计计划	2			7900	15800	0.44421952	0.5922927	1.29%
8	IE专员(模板)	4			4600	18400	0.51731894	0.68975858	1.50%
	社保等企业承担部分					25431	0.71499663	0.95332883	2.07%
	餐费(人均8元/天,每月按27天计算)				216	3672	0.10323887	0.13765182	0.30%
非计件人员合计		17				137351	3.8616453	5.1488604	11.15%
全员合计		207							
	3. 制造费用部分								
1	固定制造费用								
1.1	机器折旧					26138	0.73487404	0.97983206	2.13%
1.2	厂房、宿舍、食堂折旧(或者按照租金)					46730	1.31382141	1.75176188	3.80%
1.3	宿舍、食堂分摊的管理费用(或者按照租金)					4486	0.12612461	0.16816614	0.36%
1.4	年终奖金平摊					41400	1.16396761	1.55195682	3.37%
1.5	节日福利、国定假日补贴平摊					4269	0.12002362	0.16003149	0.35%
1.6	其他人员费用					31000	0.87156995	1.16209327	2.52%
1.7	班车费					10000	0.2811516	0.3748688	0.81%
2	变动制造费用						0	0	0.00%
2.1	办公费用					1000	0.02811516	0.03748688	0.08%
2.1	维修费用(含维修配件+修理费)					500	0.01405758	0.01874344	0.04%
2.3	机物料费用					200	0.00562303	0.00749738	0.02%
2.4	水、电费、燃气用					46000	1.29329735	1.72439646	3.74%
2.5	劳保用品、低值易耗品摊销、软件费、差旅费、招待费、邮寄费、搬运费等在内					3000	0.08434548	0.11246064	0.24%
						214723	6.03697143	8.04929525	17.44%
3	公司制造费用分摊(按照集团公司确定的范围分摊仓库、生产计划部部费用)					0	0	0	0.00%
	1+2+3 合计					1231417	34.6214856	46.1619808	100.00%

加工型企业中，不是所有的工作时间都能够转化为有效时间，生产效率是指产出与投入之比，是经济学中一个用来衡量生产系统转换效率的指标，也可定义为在固定投入量下，实际产出与最大产出两者间的比率。根据女装加工一般状况，生产效率在60%~80%之间，我们可以用这两个值来计算在不同效率下工缴值。

该加工厂在80%效率时，工缴（小时）＝（1231417÷44460）÷80%≈34.62元/h，即0.0096元/s；在60%效率时，工缴（小时）＝（1231417÷44460）÷60%≈46.16元/h，即0.00128元/s。由于按照"秒费率"数值小数点位数较多，有些企业将工缴定义为"元/1000 s"。

按照该厂生产女装标准加工时间的平均值，每件服装的裁剪加工时间720 s，缝制6500 s，后道1750 s，检验420 s，每件合计2.608 h；80%效率情况下加工成本为90.29元，60%效率时加工成本为120.39元。从这里可以看出，生产加工的成本高低以及工厂是否有利润，很大程度取决于该工厂的生产效率。

因而作为服装加工要降低成本，一是要增加计件人员占比，也就是增加直接作业人员比例；二是降低制造经费的支出；三是通过各种方法提升生产效率。

对于一个企业来说，如果每个产品的标准加工时间与实际生产状况比较符合，无论是从产出端或者投入端计算工缴，两个数据都会比较接近，如表7-4得到的数据与表7-5中60%效率数值很接近，如果差异较大，也会对生产系统的改善或者标准加工时间的进一步优化提供数值依据。

工缴的计算和相关数据能够全面反映服装加工企业的财务状况，可以通过不同工厂的数据进行横向对比，也可以使用自身工厂不同时间段数据进行纵向对比，更好地了解企业运作状况，进行针对性改善。

五、成本与绩效

了解成本核算，是后续开展各项管理决策的基础。如稻盛和夫先生在京瓷公司开展的阿米巴模式，将一个企业分成一个个小集体，实现独立经营与核算，内部市场化，每个部门将工作结果转化为各自销售额度，实现销售最大化，成本最小化，追求利润最大化，使人人转变成经营者。

很多服装企业基于成本核算开展绩效管理、以一个部门、一个产品的成本和收益分析为依据，培养中层的经营意识，分析如何改善成本获得更大收益。因而，作为即将进入企业的人员，要时刻具备成本意识，能够阅读相关财务报表，了解成本核算基本思路和方法，以降本提效的思路开展日常工作，会得到更好的进步和发展。

当然，成本核算不仅仅用于生产加工环节，在服装销售等环节同样适用，而且更加直观，可以通过成本预算来评估项目实施可行性。成本核算的思维，是最基本的管理、经营思维。

第三节 成 本 管 理

成本管理中，成本核算是基础，成本管理可以通过标准成本法，即以理想标准成本管理的方式,对生产制造系统进行合理的设计和优化的管理过程。

很多企业开始成本管理的时候,都是从实际成本管理层面开始,但是随着对实际成本数据的积累,要逐步向标准成本管理方法提升。

一、标准成本

成本管理中的"标准成本管理"概念,是在企业发展过程中,管理者对"成本"这个概念的认知和理解的不断深化的过程,进行如下界定:

现行成本:根据实际情况核算出来的成本;

正常标准成本:以现行成本为基础考虑后续运作的标准成本;

理想标准成本:不承认有浪费存在的标准成本。

成本管理的标准成本法,就是从现行成本核算、正常标准成本确定,并不断向理想标准成本逼近的过程。

二、标准成本确定

在对企业实际成本核算后,根据标准成本管理的理念,应对实际成本进行分析,确定正常标准成本,并不断优化。具体的核算公式如下:

$$标准成本 = 标准直接材料费 + 标准直接劳务费 + 标准制造间接费$$

其中,　　标准直接材料费 = 标准使用量 × 标准单价

标准直接劳务费 = 标准加工时间 × 标准费率(小时或秒工价)

标准制造经费 = 标准加工时间 × 标准分摊

现行的小时(秒)工价核算及分摊方法前边已经介绍,这里的标准费率、单价、分摊就是要在现实的基础上,按照科学成本管理的思路与方法,优化和改善。

三、标准成本法

标准成本法有以下四个管理行为:

1. 成本核算

除了前面介绍的成本核算至每个产品外,还需要按照费用类别进行核算。

(1)分类别核算

从成本组成来说,开展材料费、劳务费和制造经费的分类核算,如占比、历年同比状况等。此类核算既可对分类费用的占比情况、年度变化情况有了解,也可对公司后一年度预算有规划。也可以针对单一栏目,如对几个年度员工费用支出状况进行核算,可以了解企业内员工收入增长状况,进行下一年度员工支出规划,帮助企业获得优质人力资源。

(2)分部门核算

以每个业务部门或者相对独立机构为单位,进行成本核算。培养部门负责人及有关人员的成本意识,并进行成本改善引导,提升部门负责人管理水平,为企业推行阿米巴管理打好基础。

(3)分品牌、产品线核算

对于一个企业来说,可能有不同品牌,即便一个品牌内也有不同的产品类别,因而可以

按照不同品牌、产品线和产品类别进行成本核算,以了解在一个公司中每个品牌、每个产品线和每类产品的成本状况,再与相应的收益相比较,更好了解每个品牌、每个产品线和每个品类对企业利润的贡献值,为企业不断优化产品结构,提供数据基础。

2. 成本分析

分产品、分部门寻找现有成本与"正常标准成本"之间的差异,与其他同类型企业的差异,从差异入手,开展成本分析。

(1)材料费方面应从如何提升材料利用率方面考虑;

(2)劳务费要从降低生产本身的浪费方面考虑,如服装加工中的成品率不高、生产能力的低下导致作业工时数的增加,不熟练、编制效率的损耗以及间接时间的增加等;所以应更多从生产整备条件改善、面辅料质量状况优化、不良品损失降低等角度改善生产。

(3)制造经费方面应从节能增效、提升固定资产利用率等方面考虑。如有效利用办公面积、提升设备利用率等来降低分摊。

3. 成本决策

实际成本与标准成本差异的原因,寻找改善点、关键点,如考察使用量的差异、单价的差异和效率差异,在这些差异中找到成本优化的点,逐一审核,进行更加精准的成本决策,不断优化"正常标准成本"。

4. 成本控制

通过差异分析,进行相应科目的成本改善,并在生产制造中通过"八大浪费"的消除,进一步控制成本,逐步向"理想标准成本"迈进。

四、成本企划

在科学成本管理的"成本分析"环节中,要将现行成本与"正常标准成本"进行比较,在生产前就要确定成本的过程,也称为"成本企划"。

尤其是进行产品开发过程中,设计阶段就要有成本意识,进行成本企划。以汽车行业开发产品成本企划流程为例,如图7-6所示。在开发服装新品时,应关注竞品同类服装的价位,先确定新品销售价格,然后根据自身品牌倍率反推合理成本,按照图示流程进行成本规划和确认。在实际操作中,有些服装企业在不同产品品类价格的基础上,会规定这些产品面辅料的合理单价区间,以及合理的标准加工时间范围,以避免产品开发出来,核算成本时才发现成本过高影响定价和后续产品销售的状况。

五、成本维持

服装的成本维持,是指从各个生产各要素出发进行稳定成本的过程,如时间、人员、设备、作业方法、物流、质量等因素的维持与稳定。

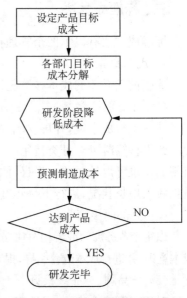

图7-6 设计研发阶段的成本企划

1．时间的维持

时间的维持还意味着生产中成品产出节拍的稳定，即以相对固定的节奏出成品，且该节奏与客户需求相对应，也与生产资源供给相协调。节拍时间的计算公式为：

$$节拍时间=\frac{每班可用工作时间}{每班客户需要量}$$

节拍反映如何把内部的资源使用和管理与外部顾客的实际需要挂钩，体现了内部的管理和外部客户需要之间的平衡。

时间的维持要通过一定的管理达成，如统一出勤时间管理、人性化的作息时间和生活工作条件改善、合理设置的班次安排及与技术部门、IE 部门结合起来的标准加工时间的管理等。

2．人员的维持

一定数量的直接作业人员达成一定量的服装产能，正如劳务费核算中提到的，提升直接作业人员的比例，确定合适的班组人员规模、组长的配置与相关要求、辅助员工岗位及配置等，都是需要思考的问题。尤其是核心工序员工的技能提升与薪酬制度的确定，直接影响企业产能。涉及到人的问题是管理中比较复杂的问题，员工技能与培训等内容参考本书第十章。

3．设备维持

前期的设备选型及匹配是非常重要的，设备选型及匹配不当，会引起半成品的堆积、造成固定资产资金投资及设备折旧的增加。设备的维持就是要建立日常的设备维护和维修制度，同时注重设备的小型化和可移动性，以利于设备利用率的提升。

4．其他

还有作业方法维持，相关作业方法要设定标准作业等；以及质量维持、物流维持等。

与加工性企业关注在生产本身不同，对于品牌服装企业来说，成本维持的核心工作是库存的管控。库存的控制是一个系统化问题，要通过科学预测销售需求、科学合理店铺存货量和快速的商品调货、灵活的折扣机制等方法，将品牌库存控制在一个合理范围内。

六、成本改善及消除浪费

成本改善指的是除控制成本外，还要从提升资金周转率和提升经营利润率的角度改善成本。

提升资金周转率就要求加快经营速度、缩短运作时间，重点是降低从研发到销售的时间周期，在本书第二章有讲述，即需要进行 OTT 时间压缩，研发环节占据了 OTT 时长的很大比例，通过"并行工程"的思维进行改善研发改善，如图 7-7 所示。

提升经营利润率的前提，除了减少材料费外，还要思考在产品工艺不变的情况下，如何降低产品的标准加工时间，提升人员效率，核心是消除浪费。

消除浪费也是一个主要成本改善点，对于丰田汽车公司的准时生产方式（Just in Time，简称 JIT）来说，凡是超出增加产品价值所必需的、绝对最少的物料、设备、人力、场地和时间

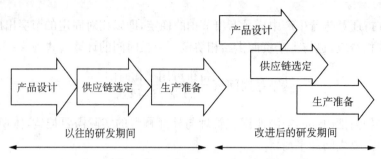

图 7-7　通过压缩研发时间来增加资金周转率

的部分都是浪费,因而要用"价值流"的思想,区分生产过程中"增值"和"非增值"活动,通过"八大浪费"的消除,缩短生产周期,进一步降低成本,如图 7-8 所示。

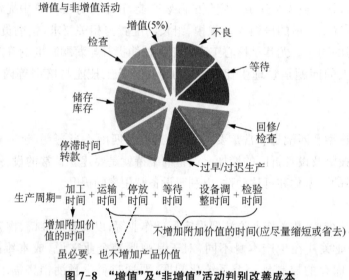

图 7-8　"增值"及"非增值"活动判别改善成本

七、企业实际案例

服装加工型企业要靠人员的高效率、一次性把事情作对来降低成本,而不合理的拆缝返工,会造成很大人力成本浪费。

以牛仔裤为例,裤口、后袋、门襟、内外侧缝会有明线,大多数品牌要求明线部分是不允许接缝的,但是由于 301 线迹梭芯线量有限,剩余部分也看不见,因而会造成明线缝到中间底线用完,必须拆缝重缝的问题。某企业为了解决这个问题,将每条裤子需要部位明线线迹用线量进行了测算,然后专门用绕底线器进行了底线定米数供给,并将每道工序缝合数量进行设定,提醒每位操作员工到了规定条数就要更换底线,从而杜绝由于底线用完而产生的拆缝返工问题,还节省了用线量,如表 7-6 所示。

表7-6　牛仔加工301线迹用线量要求

牛仔裤加工用线量统计							
工序名称	更换条数/条	节拍数/s	测定梭芯长度/m	每条用线量/m	松量/m	执行梭芯长度/m	设定长度/m
卷裤口	8	16	1314	158	40	1354	1270
订后袋外圈	10	30	1290/1227	123	31	1321/1258	1239/1178
订后袋内圈	10	20	1316/1238	124	31	1347/1269	1264/1188
压右侧保险线	15	15	1356	80	20	1376	1292
压左侧保险线、翻裤	15	15	1221	75	19	1240	1160
前袋定位	10	10	1021	102	26	1046	973
上门巾	20	20	1120/1040	52	13	1133/1053	1057/979
上里巾	20	25	1369	64	16	1385	1301
前袋暗缝	20	20	1150	58	14	1165	1088
合小档及门襟加固缝	40	50	1374	32	8	1382	1298
封腰口、作标记	40	80	1127	28	7	1134	1057

通过此案例可知,服装成本的降低既要着眼于成本分类、产品线等大处,也要从生产细节入手,如上述案例。企业也是通过不断观测生产现场、消除浪费、提升效率达到降低或者控制成本的目标。作为学生要具备改善思维,首先从建立成本意识开始,并具备观测技能,不断发现现场不合理问题,进行成本改善。

思考题:

1. 为何要了解边际利润?该理论对服装的生产和销售有何种指导作用?

2. 材料费如何计算?企业如何降低材料费?

3. 劳务费如何计算?企业如何降低劳务费?

4. 制造经费如何计算?企业如何降低制造经费?

5. 成本意识及相关计算训练:以开街边店为案例,如表7-7所示,如果要店铺保本,需要年度达成多少销售额?如果店铺净利润达到10万,需要年度达到多少销售额?

表7-7　店铺成本及相关核算

单位:元

项目	店铺年成本		相关核算			
1	店铺租金	240000	平均销售折扣	75%	净利润	100000
2	店员工资	180000	进货折扣	40%	销售额	?
3	水电费	30000	库存占比	10%	订货额	?
4	税金	10000	盈亏平衡			
5	装修折旧/2年	100000	销售额?		净利润	300000
6	杂支	10000	销售额?		销售额?	
	合计	578000	订货额?		订货额?	

第八章　工　作　研　究

结合国内服装生产企业面临转型升级的实际情况，本章主要介绍工业工程概念在服装产业中的应用现状、能够发挥的积极作用，尤其是在工作研究方面的改善作用和工作方法。

第一节　工　作　研　究

工作研究的对象是作业系统。作业系统是为了实现预定的目标，由许多相互联系的因素所形成的整体。作业系统主要由材料、设备、能源、方法和人员五方面的因素组成。

工作研究的特点是，在不需要投资或者只需要很少投资的情况下，通过改进作业流程和操作方法，即可实现生产效率的大幅提升，增强企业的竞争能力。因此，世界各国都将工作研究作为提高生产率的首要技术。

一、工作研究的内容

工作研究包括方法研究和作业测定两大技术（图 8-1）。方法研究在于寻求经济有效的工作方法，主要包括程序分析、作业分析和动作分析。作业测定是确定各项作业科学合理的工时定额，主要包括秒表测试、工作抽样、预定动作时间标准法和标准资料法。运用这些技术来考察生产和管理工作，系统地调查研究影响生产效率和成本的各种因素，寻找最适合的工作方法和最科学、最合理的工作时间，不断改进和完善，保证人员、物料等资源的有效运作,达到降低成本和提高生产效率的目的。

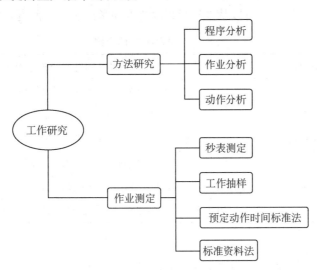

图 8-1 工作研究的内容

二、工作研究的分析技术

工作研究常用的分析技术是:"5W1H"提问法和"ECRS"四原则。

1. "5W1H"提问法

我们经常说要抓主要问题、要抓问题的主要矛盾,但是面对纷繁芜杂的具体生产场景时,往往感觉力不从心,不知道该如何科学地发现深层次的、根本性的问题。"5W1H"提问法以科学有序的提问方式进行,往往能够"抽丝剥茧"、"拨云见日",获得造成某一问题的根本性原因。

"5W1H"提问法是一种思考方法,对选定的研究对象从目的、原因、时间、地点、人员、方法六个方面提出问题进行思考。这种看似简单的问话和思考办法,可使思考的内容逐步深化、科学化。"5W1H"提问法见表 8-1。

表 8-1 "5W1H"提问法

考察点	第一次提问	第二次提问	第三次提问
目的	做什么(What)	是否必要	有无其他更适合的对象
原因	为何做(Why)	为什么要这样做	是不是不需要做
时间	何时做(When)	为何需要此时做	有无其他更合适的时间
地点	何处做(Where)	为何需要此处做	有无其他更适合的地点
人员	何人做(Who)	为何需要此人做	有无更合适的人
方法	如何做(How)	为何需要这样做	有无其他更合适的方法(工具)

案例:运用"5W1H"确定某服装新产品开发方案。

案例描述:某服装公司研发部门接到公司命令,需尽快完成市场紧急需求的某服装产品研发。研发部门经理接到命令后,初步分析技术可行性,紧急召开会议启动产品研发工作。

（1）考虑问题和提出问题的方法

根据研发任务一般规律，可以从"5W1H"六个方面考虑和提出问题，如表8-2所示。

表8-2 "5W1H"提问示例

序号	"5W1H"提问	思考问题或分析原因
1	Why	为什么要开发这个产品？理由何在？原因是什么？
2	What	要研发的是什么东西？需要做出什么来？
3	Where	从哪里入手？在哪里进行研发？在哪里打样、测试？
4	When	什么时候完成研发任务？什么时间启动研发最合适？
5	Who	谁来做研发？谁（如研发团队、总监、带头人）来研发？
6	How	用什么方法实施工作？怎样做创新研发？如何提高研发的效率？

（2）确定初步方案

初步分析研发方案的需求，制定出初步的研发方案，如表8-3所示。

表8-3 确定初步研发方案

序号	"5W1H"提问	初步方案
1	Why	由于目前市场紧急需求该产品，所以公司下令尽快实现
2	Who	根据项目特点及研发人员专长，任命张三为项目负责人
3	What	确定研发的产品需满足哪些功能、性能要求
4	When	张三认为产品研发周期需1个月
5	Where	由于项目紧急，需要在公司和产品测试机构办公
6	How	张三根据项目技术及周期等要求，初步确定产品实现方案。

（3）运用"5W1H"思维深度挖掘

针对初步方案，进一步应用"5W1H"进行深度思考和价值挖掘，如表8-4所示。

表8-4 运用"5W1H"思维深度挖掘

序号	初步方案		"5W1H"深度挖掘
1	张三为项目负责人	Who	有没有更合适的人选，比如李四更合适，为什么他更合适？
2	研发周期1个月	When	周期是否合适，有没有更合适的时间？
3	在公司和产品测试机构办公	Where	有没有更合适的办公场所，为什么？
4	研发的产品的性能指标	What	为什么是这样指标，是否需要其他性能，为什么？
5	市场急需	Why	是否存在其他原因？
6	张三的研发方案	How	该方案是否为最优方案，是否存在其他更优方案？

整个研发项目过程均可按照"5W1H"分析法思维完成相关工作，在该项目完成后，仍然可以采用"5W1H"分析法对项目运行进行经验总结，如表8-5所示。

表 8-5　应用"5W1H"进行项目总结

序号	"5W1H"提问	项目执行中的经验与改进思考
1	Who	项目负责人张三在整个项目过程中的能力评估
2	When	项目时间控制方面有哪些经验教训
3	Where	项目办公地点是否需改进
4	Why	研发任务为什么会如此紧急
5	What	是否需要启动类似产品的研发,避免紧急需求
6	How	本次应用的方案中是否存在可改进和完善的地方

2. "ECRS"四原则

(1) E(Eliminate),即消除。在经过"做什么"、"是否必要"等问题的提问后,若答复为不必要则可以取消。取消是改善的最佳效果,如取消目的(或目标)、取消不必要的工序、取消不必要的动作、取消不需要的检查等。取消是改善的最高原则。

(2) C(Combine),即合并。对于无法取消而又有必要的,则考虑能否合并,合并可以达到省时、省事、简化的目的。如合并一些工序或动作,或将原来由多人协同配合完成的工作,改为由一个高技能工人操作,或者采用一台多功能设备来完成。

(3) R(Rearrange),即重排。对于不能取消或者合并的工序,则可以考虑其工作顺序能否重排,时期作业顺序达到最佳状态。

(4) S(Simple),即简单化。经过取消、合并和重排后的工作,对其做进一步改善的思考,可以考虑采用最简单、最快捷的方法完成,从而提高效率。实际中,可以考虑增加夹具、增加附件、采用机械化或者自动化的设备(或方法、措施)等,简化工作方法,使新的工作方法更加有效率。

在服装生产编排中,经常需要考虑工序的优化,以寻求最为合理、经济的工序排布方式。在此过程中,经常利用"ECRS"四原则进行思考。图 8-2～图 8-5 分别展示了利用省略工序(Eliminate)、组合(Combine)、变更顺序(Rearrange)、简化工序(Simplify)的方法,使工序编排合理,降低生产成本,提高工作效率。

① 省略工序:由图 8-2(a)可知,原工序需要贴裁片、绷线、划粉作记号、铅笔划线(均手工),扣烫(手工、烫位),缝纫(机位)的操作才能完成,操作设计两类工种(辅工和车工),需要转移两个工作地(烫位和机位),需要使用两类操作设备(烫斗和平车)。

经分析和思考,扣烫工序对于批量生产的质量几乎没有影响,不是必要工序,如果通过使用辅助模具或提高工人技术水平等方法,省略掉扣烫工序,直接实现折边缝一体化操作,如图 8-2(b)所示,采用取消思维和策略,贴片直接与包缝进行组合,可以节省辅工、减少工作地传递、减少使用设备的种类等,改善效果明显。

② 合并工序:由图 8-3(a)可知,原工序平缝领子后,还需要进行手工修剪,耗时较多。通过升级设备(如带切刀的平车)、开发缝制加工辅助模具(如平行定规)、改变加工工艺等方法,则可以将修剪领子的工序合并到缝制工序里,如图 8-3(b)所示。

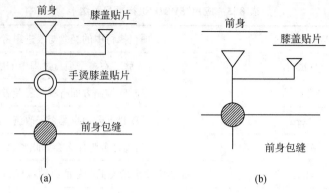

图 8-2 取消工序

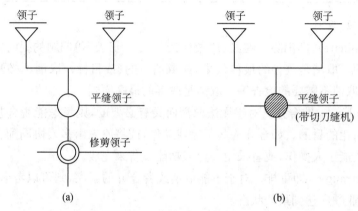

图 8-3 合并工序

③ 变更顺序：如图 8-4(a)所示，原工序呈现"平缝—手工操作"次第出现的情况，这样就需要在不同的工作地、工种、设备之间来回传递和转换。针对此类情况，可以考虑重排相邻工序的顺序，将使用同种设备、同类操作等的工序调整到一起，减少传递次数，如图 8-4(b)所示。

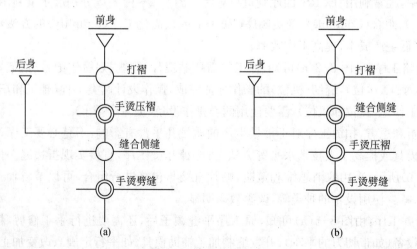

图 8-4 变更工序顺序

④ 工序简化、机械化：如图 8-5 所示情况，工人需完成绱袖的工艺，该工艺对于完成质量要求很高，通常需要缝制之间较长，且需配置技能水平较高的熟练工完成工作；从实际情况来看，该工序是容易形成批量化缝制质量不一致的瓶颈工序。针对该问题，采用简化思维分析和改善，通过升级设备，利用如图 8-5(b)所示的绱袖专机的程序化控制功能，既可以实现绱袖的机械化和简化，提高台产量，又可以确保绱袖质量的一致性，显著提升产品质量，从而实现质量和数量的双提升。

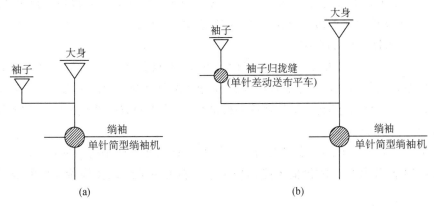

图 8-5　工序简单化

三、工作研究的步骤

工作研究不是阶段性工作，而应该是企业的一项常规性工作，也就是说工作研究应该永远在路上。但是，工作研究改变的是既有的工作模式，既涉及到具体的多种物的因素，也涉及到技术、工艺等"看不见"的流程的因素，还不可避免得涉及到人的因素（操作习惯、利益分配等），因此，开展工作研究应遵循科学的工作步骤。

1. 挖掘问题，确定工作研究项目

在选择某项作业进行工作研究的时候，需考虑以下因素：

(1) 经济因素：考虑该项作业在经济上有无价值；或者首先选择有经济价值的作业进行研究。在生产中的"价值"可能表现在两个方面，一方面是增值，另一方面是减少浪费；后者如阻碍流水线正常运行的"瓶颈"工序，长距离的或者反复的物料搬运等。

(2) 技术因素：需要查明是否有足够的技术手段来从事这项工作。

(3) 人的因素：当确定了进行工作研究的对象后，必须让企业的有关人员都了解进行该项工作研究对企业和他们个人的意义。要说明工作研究不但会提高企业的生产效率，而且也会提高他们个人的经济利益，不是让他们干得更辛苦，而是让他们"以正确的方法做事"，干得更有效率。需要强调的是，在推进工作研究的过程中，要特别注意工人们提出的改进意见，只有取得他们的理解和支持，才能激发他们的配合意识，从而使工作研究产生现实和长远的实效。

2. 观察现行方法，记录全部事实

问题一旦明确，就要确立调查计划，进行现场分析，寻求改进方法。整个改进是否成功，取决于所记录事实的准确性,因为这是严格考察、分析与提出改进方法的基础。利用最合适的记录方法,记录直接观察到的每一件事实,以便分析。

3. 仔细分析记录的事实并进行改进

根据记录的事实,采用"5W1H"和"ECRS"技术进行分析研究,提出改进措施和建议,并在工作中进行实施。

4. 评价和拟定新方案

对于一些复杂和重大的改进,通常会形成几个方案。这些方案通常各有长短,需要进行评价和比较,选择较为优秀和合理方案,作为拟定的实施方案。

5. 制定作业标准及时间标准

对于已经选定的改进方案,要经过标准化的步骤才能变成指导生产作业活动的规范,才能使改进方案真正落到实处。作业标准化是新方法的具体化,其中主要应该包括作业中使用的机器设备和工具的标准化、工作环境的标准化、工作地布置标准化和作业指导书等。

6. 新方案的组织实施

这是工作研究中关键的一步。因为只有新方案真正在生产中得以实施,工作研究的效果才能发挥出来,工作研究的价值才能体现出来。新方案的组织实施阶段要完成以下几项工作:

(1) 根据工作研究项目的层次、范围、审批权限等,请有关行政管理部门批准,并得到有关部门主管领导的认可和支持。这是新方案组织实施的必备条件。

(2) 组织相关的人员学习和掌握新方案,对于某些复杂和重大的实施方案应该有专门的培训,让更多的操作者真正按照新方案的要求执行。

(3) 现场试验运行。对于某项涉及面广、影响范围大的新方案,应该组织必要的试运行,演练各部门和各环节之间的衔接、配合,及时解决意想不到的问题,以保证新方案真正推行实施的时候万无一失。

(4) 维护新方案,不走"回头路"。实践证明,任何一次新方案的实施,尤其是开始阶段并不顺利,效果不明显,甚至效果还不如之前,这时候很容易走"回头路",造成即将来临的成功胎死腹中和前期工作的"前功尽弃"。因此,在实施开始阶段,要千方百计维持、维护新方案,可以根据实际情况进行微调,但应该坚持主体内容和方向。

7. 检查和评价

新方案实施一段时间后,应由企业工程主管部门对此项目的实施情况进行全面检查,并做出评估。检查评估的重点是考察方案实施后产生的种种影响;检查评估新方案设定的目标是否达到;分析所制定的作业标准与实际情况的差异,考虑有无调整的必要等。检查和评价工作是考核、衡量工作研究质量的重要形式,既有利于新方案的持续实施,也有利于在企业内形成持续开展工作研究、不断提升工作效率的氛围。

第二节 方法研究

在工业生产和日常生活中,人们总要使用方法来完成各种工作和生活任务。好的方法可以帮助人们减少物质、能源、时间以及资金的消耗和浪费,可以减人的精力的消耗,减少遭受损伤和工伤的概率;可以帮助人们利用有限的资源求得最高的产出,提高生产率。

一、方法研究的概念、目的和特点

1. 方法研究的概念

方法研究是对现有的工作(加工、制造、装配、管理等)方法进行详细的记录、严格的考察、系统的分析和改进,设计出最经济、最合理、最有效的工作方法,从而减少人员、机器的无效工作和资源的消耗,并使方法标准化的一系列活动。

2. 方法研究的目的

(1) 改进生产工具、工艺和流程的设计;

(2) 改进工厂、车间和工作场所的平面布置;

(3) 经济的利用人力、物力和财力,减少不必要的浪费;

(4) 改进物料、机器和人力的使用方式,提高生产率;

(5) 改善实际工作环境,实现舒适生产;

(6) 降低劳动强度,保证操作者身心健康。

3. 方法研究的特点

(1) 求新意识:方法研究不以现行的工作方法为满足,而是力图改进、不断创新、永无止境的求新意识是方法研究的一个显著特点。

(2) 改善作业方法,提高经济效益:方法研究能够充分挖掘企业既有资源的潜力,追求的是在不投资(不增加人、机、物)或少投资的情况下,通过改变生产组织方法,获得最大的经济效益。

(3) 整体优化的意识:方法研究首先着眼于系统的整体优化,然后再深入解决局部关键问题,即操作的优化,进而解决微观问题——动作的优化,最终达到系统整体优化的目的。

二、方法研究的内容与层次

1. 方法研究的内容

方法研究的对象是系统,解决的是系统优化问题。因此,方法研究着眼于全局,是从宏观到微观,从整体到局部,从粗到细的研究过程。其研究内容如图 8-6 所示。

2. 方法研究的层次

方法研究的分析过程具有一定的层次性。一般来说,首先进行程序分析,目的是使工作流程化→优化→标准化,然后才进行作业分析,最后再进行动作分析。

程序分析是对整个工作过程的分析,研究的最小单位是工序;作业分析是对某项具体工序进行分析,研究的最小单位是操作;动作分析是对操作者的操作过程进行分析,研究的最小单位是动素。

方法研究的分析过程是从粗到细,从宏观到局部的过程,如图 8-7 所示。图中的“工序”是指一个或一组工人、在同一个工作地点、对同一个(或一组)劳动对象连续进行的操作;“操作”是指工人为了达到某一目的、使用特定的方法所完成的、若干个动作的总和,它是工序的基本组成部分;而“动素”则是指构成动作的基本单位(如伸手、移物等)。

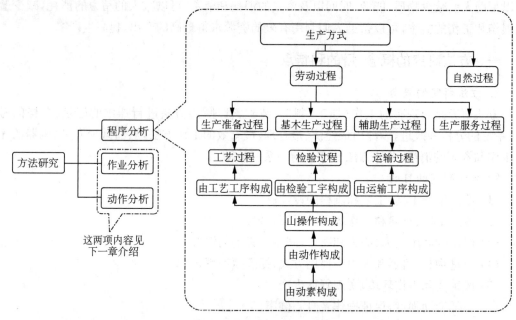

图 8-6　方法研究的内容

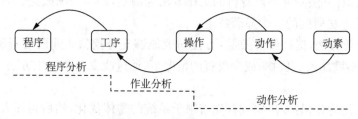

图 8-7　方法研究的层次

三、方法研究的程序

（1）选择研究对象

方法研究具有一定的选择性，在实际生产中，不必要也没可能对所有方法都进行研究，因此，在选择研究对象时，应选择：瓶颈工序、成本最高的工序、质量不稳定的工序、劳动强度最大的工序等。

（2）现场调查、记录实际情况

在选定研究对象后，需要记录现行工作方法的有关事实，这些事实是分析现行方法、开发新方法的基础。通常需要做好以下两方面的工作：

① 收集有关资料：主要包括与研究对象有关的直接资料和间接资料，这些资料可以现场调查，也可以收集历史资料获得。

② 准备用具和记录需要用到的表格：为了快速而准确地记录事实，需要预先准备必要的工具和图表。工业工程中，有一系列针对工序特点而设计的工具（含图表工具），可以根据实际情况选择使用，也常常自行设计适用的工具和图表。

（3）分析研究和开发新方法

人们在考察、分析、研究问题的过程中，一方面对现有方法进行分析，寻找其不足之处；另一方面，也会思考开发新方法的形式、可行性等问题，因此，分析问题的过程，其实也就是开发新方法的过程，两者往往同步进行。

（4）建立和评价最优方案

所谓最优方案，就是通过综合评价和作业测定，改善效果被认可为最好的方案。最优方案是相对于某些条件和技术水平背景下而言的，随着环境条件、技术水平等客观情况的改变，当前最优的方案也会成为落后的方案，需要重新建立最优方案。方法研究的效果需要作业测定来衡量，作业测定前必须进行方法研究。方法研究和作业测定截然不可分，必须综合运用才能达到预期效果。

（5）实施新方案

按照新工作方案的要求对操作者进行培训教育，在实际工作中逐渐实施新的方案；并且应该根据实际情况不断发现新问题，及时对新方案进行适当修正和调整。

（6）制定标准方法

服装行业对于标准方法的意识和实施能力，尚需极大提高。所以，新方案一旦取得预期效果，就应将其制定成相应的标准（操作标准、程序标准等），按照新标准来培训操作工人。

（7）维持

在适应新的工作方法或者操作标准的时候，工人可能有不适应的地方，这就需要工业工程师耐心做出说服工作，通过适当的形式阐明新方案的优越性，帮助使用者克服实施初期遇到的障碍，使之接受、习惯新的工作标准，从而稳步提升各项工作方法，实现持续改善。

方法研究的程序遵循 PDCA（Plan，计划；Do，执行；Check，检查；Adjust，调整）"戴明环"循环原则，每一次循环都可以改善一些问题，通过不断的循环，不断地解决问题，从而使整个工作系统不断优化。由此可见，IE 活动不是一次完成就可以了，也不是做好一次工作就一劳永逸了，需要持续开展 IE 活动才能保证生产系统处于良好的运行状态。能否坚持 IE 循环，是应用 IE 成败的关键。

第三节　程　序　分　析

程序分析是对产品生产过程的工序状态进行记录、分析和改善的必要有效的 IE 手法，它是把工艺过程中的物流过程及人的工作流程以符号形式进行记录、设计的方法，从而有效地掌握现有流程的问题点，并研究制定改善对策，以提高现有流程效率。

一、程序分析的概念、目的和特点

1. 程序分析的概念

程序分析，是指以整个生产过程为研究对象，研究分析完整的工艺程序，从第一个工作地到最后一个工作地，是否存在多余、重复、不合理的作业，作业顺序是否合理，搬运是否太多，等待是否太长等现象，并制定改进方案的一种分析技术。

服装生产管理

2. 程序分析的目的

（1）掌握工艺过程的整体状态

通过程序分析，可以清晰掌握工艺流程中工序之间的顺序、明确各工序的作业时间和相互之间的关系、发现总体工序不平衡的状态。

（2）发现工序问题点

针对问题工序，可以发现并改进产生浪费的工序；发现工时消耗较多的工序，重排简化此工序；减少停滞及闲余工序；合并一些过于细分或重复的工作。

程序分析是发现和改善生产过程中不经济、不合理、不科学的作业方法、作业内容及现场布置的 IE 技术，在获取工序管理、搬运管理、布局管理、作业编制等基础数据和资料的方面具有重要的作用。

3. 程序分析的特点

（1）程序分析是对生产过程的宏观分析，不是针对某个生产岗位、生产环节的分析。

（2）程序分析是对生产过程全面、系统而概况的分析。

二、程序分析的工具和常用符号

程序分析的种类和分析工具如表 8-6 所示。

表 8-6　程序分析的种类和工具

程序分析的种类	程序分析的工具
工艺流程分析	工艺流程图
流程程序分析	流程程序图
布置和经路分析	线路图和线图
管理事务分析	管理事务流程图

工作流程一般由五种基本活动组成，即加工、检查、搬运、等待和储存。美国机械工程师学会规定了用表 8-7 所示的符号对应表示相应的活动。在实际工作中，还有 2 种情况同时发生的情况，由此派生出表 8-8 所示的复合活动符号。

表 8-7　程序分析常用符号及其意义

符号	名称	表示的意义	举例
○	操作	指原材料或半成品按照生产目的承受物理、化学、形态、颜色等的变化	裁剪、缝制、整烫、包装都属于加工
□	检查	对原材料、半成品、成品的质量特征和梳理进行测量；或者将某目的物与标准物进行对比，判断是否合格的过程	测量成衣的各部位尺寸、进行色牢度、摩擦牢度实验、对版检查牛仔裤洗水效果等都属于检查
→	搬运	表示工人、物料或设备在物理位置上的移动过程	服装加工中面料被裁剪成裁片，从裁剪车间到缝制车间、缝制车间内的半成品传递都属于搬运

186

符号	名称	表示的意义	举例
D	等待或暂存	指在生产过程中出现的不必要的时间耽误	等待被加工、等待被搬运、等待被检验都属于等待
▽	储存	为了控制目的而保存货物的活动	服装生产准备阶段的面料、辅料经授权后进入原料仓库;包装后的服装经授权后进入成品仓库都属于储存

注:储存和暂存不一样,储存是有目的的,一般需要申请单才能进入和流出存储地;暂存是没有目的的,通过进入和流出暂存地也不需要票据。

表8-8　流程图派生的复合活动符号

符号	表示的意义
◇	表示在同一时间或同一工作场所、由同一人、同时执行加工和检验工作
◇	以质量检查为主,同时也进行梳理检查
◇	以梳理检查为主,同时也进行质量检查
◯	以加工为主,同时也就进行梳理检查
⊖→	以加工为主,同时也进行搬运

三、程序分析的方法和步骤

程序分析采用"5W1H"、"ECRS"的分析方法,在实际工作中常称为"1个不忘,4个原则,5个方面,5W1H技术"。

1. 1个不忘——不忘动作经济原则

动作经济原则又称"省工原则",是使作业(动作的组成)能以最少的"工"的投入,产生最有效率的效果,达成作业目的的原则。"动作经济原则"是由吉尔布雷斯(Gilbreth)开始提倡的,目的是减少工作疲劳与缩短操作时间,后经许多工业工程的专家学者研究整理而成。动作经济原则的基本内容及其应用,将在下一章动作分析中专题讲解。

2. 4个原则——"ECRS"四原则

在运用"ECRS"四原则时,首先考虑取消某工序,对于不能取消的工序再考虑合并、重排和简化。取消是IE改善的最高境界,如果某项活动能够取消,就不必进行下一步的分析了。

在实际工作中,采用"ECRS"四原则进行改善时,由于经验不足,可能不知道从哪里下手,这时可以参考表8-9来分析思考。

表 8-9　程序分析建议表

序号	思考要点	改善要点
1	基本原则	尽可能消除不必要的步骤 减少不必要的步骤 合并步骤 缩短步骤 安排最佳顺序 尽可能使每个步骤更经济、更合理
2	操作方面	取消不需要的操作 改变设备和利用新设备 改变工厂布置或重新编排设备 改变产品设计 发挥工人的技术特长
3	检验方面	取消检验工序 加工与检验同时执行 运用抽验检验和数理统计
4	流程方面	改变工作顺序 改变工厂布置 改进现有工作流程

3. 5 个方面——加工、搬运、等待、储存和检验

在实际工作中,根据分析目的的不同,这 5 个方面分析的重点也有所不同。

(1) 操作分析

操作分析是程序分析中最基本、也是最重要的分析,它涉及产品设计、工艺设计、产品制造等过程。在分析产品制造过程中的某些操作时,可以考虑采用先进的技术、先进的管理方法、进一步优化工艺等,达到缩短加工次数、减少加工时间、提高生产效率的目的。

(2) 搬运分析

虽然搬运有时候必不可少,但是搬运不会带来任何附加值的增加,只会消耗时间、人力、物力和财力。因此,在进行搬运问题的分析时,应重点分析物品的重量、搬运距离、所需时间、频次(频数)等,尽量使设施按照直线、直角、U 型、环型、S 型等布局,减少物流过程中交叉、往返、对流等现象,达到缩短运输距离、提高运输速度的目的。

(3) 检验分析

检验分析应重点考虑采用合适的检验方法和检验工具。同样的,检验也不直接产生价值增值,尽量考虑减少检验次数,或者减少检验时间,或者与加工合并等。需要说明的是,检验是必不可少的,检验分析只是寻找最优的一种检验方案。

(4) 等待分析

等待不会增加任何附加价值,只能增加成本,延长生产周期,占用空间,造成资金积压。因此,应将等待降低到最低限度,最好消除等待现象。

(5) 储存分析

过去曾认为库存是资本,是保障稳定生产和快速响应客户需求的"定心丸"。随着生产

组织水平的不断提升,库存现在被认为是一种浪费。对于储存的分析应该重点放在仓库管理策略、管理方法、订购批量、订购间隔时间等方面,追求 JIT(Just In Time),既能满足连续生产的需求,又能使库存最小化。

4."5W1H"技术

如前所述,"5W1H"技术能够通过对某一问题进行连续几次提问,寻找到造成该问题的根本深层次原因,获得最为经济、有效的解决方案。此处,以"5W1H"技术中的"Why"为例,展示通过"5Why"寻找到根本问题的技术方法。

程序分析的步骤见表8-10。在实际分析过程中,一般可先用"5W1H"技术发现问题,然后用"ECRS"四原则进行分析并提出改善方案。

表 8-10　程序分析的步骤

步骤	内容
选择	选择所需研究的工作
记录	针对不同的研究对象,确定属于哪种分析种类和使用何种分析工具(表10-3)
分析	用"5W1H"技术、"ECRS"四原则进行分析和改进
建立	建立最经济、最科学、最合理、最实用的新方法
实施	实施新方法
维持	对新方法经常性的进行检查,不断进行 IE 改善循环

第四节　流程程序分析

程序分析一般由工艺程序分析和流程程序分析两大部分构成,且应先进行工艺程序分析再进行流程程序分析。具体到服装加工制造行业,虽然加工的具体服装品种差别很大,但是服装制造的工艺流程程序是比较明确和一致的,基本上按照"产前准备→ 裁剪 → 黏合 → 缝制 → 熨烫与后整理 → 检验包装"的工艺流程进行,因此,本节仅讲解服装工业中的流程程序分析的相关内容。

一、流程程序分析概述

1. 流程程序分析的概念

流程程序分析是程序分析中最基本、最重要的分析技术。它以产品制造全过程为研究对象,把加工工艺划分为加工、检查、搬运、等待和储存五种状态进行记录。流程分析是对产品整个加工过程的详细分析,尤其适用于对搬运、储存、等待等隐性成本浪费的分析。

2. 流程程序分析的作用

(1) 让研究者了解产品制造全过程,为流程的进一步优化打下基础;

(2) 获得生产流程、设备、方法、时间等方面的资料,以利于制定基于客观事实和生产能力的生产计划；

（3）为设施的优化布置提供必要的基础数据；

（4）为制定改进方案提供必要的依据；

（5）它是进行作业分析、动作分析之前必须要经历的一个环节，是最基本、最普遍的一种分析方法。

二、流程程序图

流程程序分析一般采用流程程序图进行分析，它主要由表头、图形和统计三大部分组成，见图8-8。

统计表			
项别	现行方法	改良方法	节省
加工次数：○			
搬运次数：→			
检查次数：□			
等待次数：D			
储存次数：▽			
搬运距离/m：			
共需时间/min：			

工作部门：＿＿＿＿＿ 编号：＿＿＿＿＿

工作名称：＿＿＿＿＿ 编号：＿＿＿＿＿

开始：＿＿＿＿＿

结束：＿＿＿＿＿

研究者：＿＿＿＿＿ 日期：＿＿＿＿＿

审阅者：＿＿＿＿＿ 日期：＿＿＿＿＿

	现行方法											改良方法								
步骤	情况					工作说明	距离	需时	改善要点				步骤	情况					工作说明	距离	需时
	加工	搬运	检查	等待	储存				取消	合并	重排	简化		加工	搬运	检查	等待	储存			
1	○	→	□	D	▽								1	○	→	□	D	▽			
2	○	→	□	D	▽								2	○	→	□	D	▽			

图 8-8　流程程序图

三、流程程序分析应用案例

流程程序分析一般遵循7个步骤开展工作，即①现场调查（现场、现物、现况）；②绘制工序流程图；③测定并记录各工序中的必要项目；④整理分析结果；⑤制定改善方案；⑥改善方案的实施与评价；⑦改善方案标准化。

案例：某企业领料流程优化。

1. 现状描述

某服装厂仓库负责供应全厂十六个车间的模板制作材料。在模板制作中,需要一段铜管,长度为1~1.5 m之间,具体长度由款式的需求决定。现在发现,在换款制作模板的时候,领料需要等待较长时间。因为领料延迟会影响模板制作的进度,进而会影响换款的时间,所以选定该问题进行改善。

2. 绘制出流程程序图

仓库的平面布置图如图8-9所示,领料人从最右面的门进入至领料台处,在领料台内侧有两支1 m长的固定尺。在柜台两端各有一个小盒子用于储放完成的领料单。仓库内放置物料架,存放拉链、纽扣、五金件等各种辅料。在仓库的最里面(该材料不常用,所以放最里面)的货架B上堆放铜管。领料台后面货架A上有锯子,用于锯断铜管。图中①代表发料员,②为管理员,③为仓库主管。

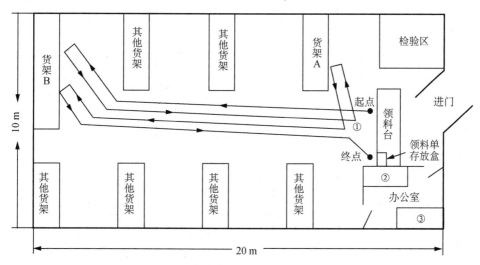

图8-9　改善前仓库平面布置及动线图

现行工作流程(见图8-9内的动线)为:

(1) 发料员审阅领料单(查看物料的名称、规格、数量及主管是否签字),此处以领取铜管长度为1.2 m为例;

(2) 审核合格后,发料员走至货架B(约15 m路程),选取比所需长度长的铜管,拿回领料台,在领料台固定尺上量取所需长度,以大拇指按住锯切点。用手握住铜管走到A处,拿到锯子后再回到领料台锯切所需长度的管子,完成后把锯子放在领料台上。

(3) 再次核对锯取的长度后给领料人,领料人在领料单上签字以示物料已发;发料员将领料单放入小盒子。

(4) 最后,发料员将锯下的余料送回到货架B处。

如实记录现行的仓库领料、发料工作,流程程序图如图8-10所示。

3. 制定改善方案

绘制出流程程序图后,可以避开具体场景的干扰,集中精力分析流程图中的各项活动。首先对操作提问。第一个操作是步骤3,针对其提问,如表8-11所示。

现行方法

步骤	情况					工作说明	距离/m	需时/min
	加工 ○	搬运 →	检查 □	等待 D	储存 ▽			
1			●			审阅领料单		0.5
2		●				至货架B	15	1
3	●		●			选取比所需稍长的铜管		1
4		●				回领料台	15	1
5	●		●			量取尺寸并按住锯切点		1.5
6		●				带铜管到货架A	2	0.1
7	●					取锯子		0
8		●				带铜管和锯子到领料台	2	0.1
9	●					锯切铜管		1.5
10	●					放锯子在领料台		0
11			●			量切割下来铜管的尺寸		0.5
12	●					发给领料人		0
13	●					领料人签字		1
14	●					放领料单于盒内		0
15		●				送余料回货架B处	15	1
16	●					放余料于货架上		0
17		●				回到领料台	15	1
合计	9	6	4				64	10.2

图 8-10　改善前流程程序图

表 8-11　针对步骤 3 的提问

序号	5W1H	提问内容	回答
1	What	做什么？操作动作是否必要？	必要，因为铜管长必须大于 1.2 m。
		有无更合适的方法？	可能有
2	Where	在什么地方锯？为何需要在此处做？	在领料台锯，因为锯子在附近，领料台有固定尺，台面可作为锯台使用。
		有无其他更合适的地方？	如能在 B 处锯，可节省来回的行走。
3	When	什么时候锯的铜管？	大概整个发料工作的中间时间，行走了约 35 m 的时候
		为何需要在此时锯？	因为既要取铜管，要有取锯子，还需要尺子和平台面才能锯。
		有无更合适的时间来锯？	有，在 B 处，或事先锯好最常用的各种尺寸的管子

序号	5W1H	提问内容	回答
4	Who	由什么人来锯？	由发料员来锯
		为何由发料员来锯？	仓库没有其他人
		有无更合适的人来锯？	有一个专门锯切的人最好
5	How	是如何锯切的？	左手握住管子,用拇指按住管子锯切的地方下锯
		为何要如此锯？	因为在锯切过程中,没有夹具可以夹住铜管
		有无更合适的办法锯？	如能有一个夹具夹住管子,可保持锯缝平整,又不会伤到手指

然后,针对第 5 步骤(检验)进行提问,如表 8-12 所示。

表 8-12　针对步骤 5 的提问

序号	5W1H	提问内容	回答
1	What	完成了什么？	锯切点已找出,并用拇指按住
		是否必要？为什么？	必要,这样可以保证锯出所需长度
		有无更好的办法？	如果仓库存储了所需长度的管子,此动作可取消
2	Where	何处做？	在领料台做
		为何要在此处做？	因为尺是固定在领料台边缘上的
		有无更合适的地方？	有,在货架 B 处
3	When	何时做？	在领料台和货架间行约 35 m 后,于锯前做
		为何在那时候做？	因为尺在领料台上,必须将管子拿到那里才能做
		有无更合适的时间做？	有,若选择管子的时候做,则无需走到领料台
4	Who	由谁做？	发料员
		为什么由他做？	他的工作就是发料
		有无其他更合适的人？	找有锯切经验的人来做更好
5	How	如何做？	将管子平放在尺上,使其一端位于尺的起点,再移动左手至所需尺寸,用拇指按住锯切处
		为什么要那样做？	因为一向如此
		有无其他更合适的方法？	如有专用夹具会更好

针对步骤 11 即第 4 个检查的提问见表 8-13。

表 8-13　针对步骤 11 的提问

序号	5W1H	提问内容	回答
1	What	完成了什么？	管子已锯好,再量取其尺寸
		是否必要？	不必要,因为锯前已量好

对以上提问和回答进行分析、归纳和整理,可以得出改进意见:①取消锯切,即仓库不需要锯切。要求仓库储备 1～1.5 m 长度的管子,由使用者根据需要自行锯切。但这样会出现材料浪费。②减少锯切,或让锯工来锯,或早一些锯。③安全而又容易的锯切。即在 B 处,锯切与选管同时进行,在 B 处配备夹具和尺子。

根据程序分析四大原则,进行取消、合并、重排、简化工作:① 对"仓库不需锯切"的意见:储存生产中所需长度的管子,如果产品不固定时很难做到,仓库专门配备锯工也不可能。② 将"减少锯切"与"安全而又较容易地锯切"合并起来考虑:在 B 处设置 1～1.5m 的固定尺,这样发料员就可以在 B 处量取长度,而不必走到领料台;在 B 处增加一个锯切工作台,配置一个夹具和锯切架,锯子挂在锯切架侧边。

4. 绘制出改善后的流程程序图

经过提问和"ECRS"分析,改善后的平面布置图和流程程序图分别如图 8-11、8-12 所示。

5. 改善效果分析

对比改善前后的效果,改善后的方案节省了 2 个操作、2 个检验、4 个运输,路程缩短了 34 m,时间节省了 3.5 min,效率提升 34%。

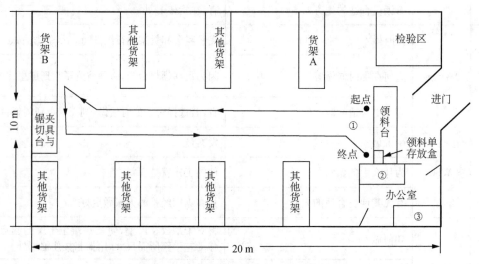

图 8-11　改善后的仓库平面布置和动线图

	改善后的方法							
步骤	情况					工作说明	距离/m	需时/min
	加工 ○	搬运 →	检查 □	等待 D	储存 ▽			
1			●			审阅领料单		0.5
2		●				至货架B	15	1
3	●		●			选取比所需稍长的铜管		1
4	●					自钩上取锯子		0.1
5	●					锯切所需长度		1.5
6	●					余料放回B处，锯挂钩上		0.5
7		●				带管至领料台	15	1
8	●					发给领料人		0.1
9	●					领料人签字		1
10	●					领料单放在盒内		0
合计	7	2	2				30	6.7

图 8-12 改善后的流程程序图

第五节 管理事务分析

在工业生产过程中,除了直接的生产、制造、加工等程序外,还涉及到各种信息交流活动和事务性工作,如人力资源管理、质量管理、现场控制、产品开发与销售等,这些活动经常涉及到生产组织内部部门间的协调关系,即事务管理。随着生产组织和社会组织的不断发展成熟,事务性管理的科学性对于生产组织的重要性与日俱增。因此,研究事务性工作,对于提高生产率、降低生产组织成本具有相当重要的作用。

一、管理事务分析概述

1. 管理事务分析的概念

管理事务分析,是指以业务处理、生产控制、信息管理、办公自动化等管理过程为研究对象,通过对现行管理业务流程的调查分析,改善不合理的流程,设计出科学、合理流程的一种分析方法。它以设置科学化的管理作业流程和提高办公效率为目的。

2. 管理事务分析的目的

(1) 使管理流程科学化:通过对现行管理业务流程的了解,发现其中不增值、不合理、不经济的环节和活动,提出改善方案,使管理流程科学化。

（2）使管理作业标准化：通过详细地调查了解和分析思考，明确作业人员的作业内容，制定相关的作业规程，是管理作业标准化。

二、管理事务分析工具

在管理事务程序分析图中，用表8-14所示的符号将管理事务所涉及到的内容记录下来，进行分析研究，以寻找改善点。

表8-14　管理事务分析符号

事务名称	符号	含义
开始、结束		管理事务流程的开始与结束
流程活动		人员或岗位处理工作的活动或活动顺序，如制定生产计划、设计人员的设计活动
判断		对活动结果的审核，如签字、审批等
文档		流程活动中产生的文档、数据和信息
传递	→	文档、票据和信息从一个岗位移向另一个岗位

管理事务流程图是进行管理事务分析的工具，多采用泳道图表示，如表8-15所示。

表8-15　管理事务流程图

×××生产管理流程				××-××-××（代码）	
部门/岗位（如研发部）	部门/岗位（如采购部）	部门/岗位（如生产部）	部门/岗位（如船务部）	部门/岗位（如销售部）	部门/岗位（如财务部）

三、管理事务流程分析

管理事务分析，从整体概念来说，也是采用从整体到局部的分析方法；一般经过6个步骤：①现场调查；②绘制管理事务流程图；③整理分析结果、查找现行方案存在的问题；④制定改善方案；⑤改善方案的实施与评价；⑥改善方案标准化。

案例：某企业生产调度事务流程的改善。

某企业生产调度事务涉及计调部计划员、车间计划员、调度员、操作工。目前出现问题，生产中有反映调度事务流程冗长、无效工作多，导致产品生产周期过长。现决定对生产调度流程进行调查和优化。

1. 调查流程现状

通过实地调查，发现该公司的生产调度作业流程如下（借鉴了公司的管理规程）：

（1）计调部负责各类计划的制订和调整，计调部的计划员分为两类：一类是编制月计划和周计划的计划员，此处统称为计调部计划员；另一类是驻扎车间的计划员，此处成为车间计划员。

（2）计调部计划员根据月生产计划编制周生产计划，并将之提前一周发给车间保管员，保管员根据周计划进行面料、纸样、辅料等的生产准备。

（3）计调部计划员检查生产准备工作是否可执行，如果可执行，车间计划员制定日滚动计划；如果不可执行，反馈给保管员重新进行生产准备。

（4）车间调度员接收日滚动计划并进行派工生产，车间操作工按照调度员的安排进行生产加工；在加工过程中，如果出现问题，由操作工反馈给调度员。

（5）调度员解决操作工反馈的问题，并将生产进度反馈给计调部的车间计划员，车间计划员将反馈意见提交计调部计划员，计调部计划员接收反馈并调整计划，流程结束。

文字性的管理规程或描述，往往会掩盖、"模糊掉"流程中的关键信息。因此，应考虑采用符号化、形象化语言揭示流程关系，泳道图就是很好的分析工具之一。

根据对流程现状的调查，可绘制出现行生产调度事务的流程图，如图 8-13 所示。

2. 现行方案问题分析

通过对所绘制的事务流程图进行分析，发现现行生产调度事务存在以下问题（此处为举例，各企业应根据实际情况进行客观的、基于事实的分析）：

（1）问题的主要表现是车间产能不足或者物料短缺问题，在实际开工后才发现，这是导致产品生产周期变长的主要原因。其原因是车间产能、物料准备是否充足的信息，未能及时共享，因此，制定周生产计划的时候，并不了解车间产能和仓储物料的实时信息。

（2）当出现计划变更或加急订单时，对原生产计划冲击很大，需要频繁调整生产计划，这造成了涉及到的部门、人员的不满和抵触情绪。

（3）调度层级过多，当产品加工出现问题时，反馈周期太长，不便于及时调整计划。

3. 制订改善方案

（1）改善建议

通过采用"5W1H"技术、"ECRS"四原则以及与企业相关人员座谈，提出改善建议：

① 采用信息化技术：充分利用现有的信息化技术，自行开发或者采购适用的 ERP 系统，实现生产计划、物料仓储、生产进度等各种信息的同步、及时、可视化共享。通过 ERP 系统，自动分解月生产计划。

② 车间计划员和计调部计划合并，按照设备的种类将车间划分为各个工段，计划员分别负责每个工段的计划制定及调整。

③ 计划员从 ERP 系统里调取本工段的生产计划并分解为三日滚动计划下达给调度员。

④ 调度员及时掌握产品加工信息，出现问题及时反馈给计划员，及时调整计划。

（2）改善后的生产调度流程

① 计调部计划员调取 ERP 系统自动生成的本工段生产计划，并将计划分解为三日滚动计划，同时将三日滚动计划下发给车间保管员，保管员根据三日滚动计划进行面料、纸样、辅料等的生产准备。

② 计调部计划员检查生产准备工作是否可以执行，如果可执行，车间调度员按照三日滚动计划进行派工生产；如果不可执行，反馈给保管员重新进行生产准备。

③ 车间操作工按照调度员的安排进行生产，调度员监控加工过程，如果在加工过程中出现问题，及时反馈给调度员。

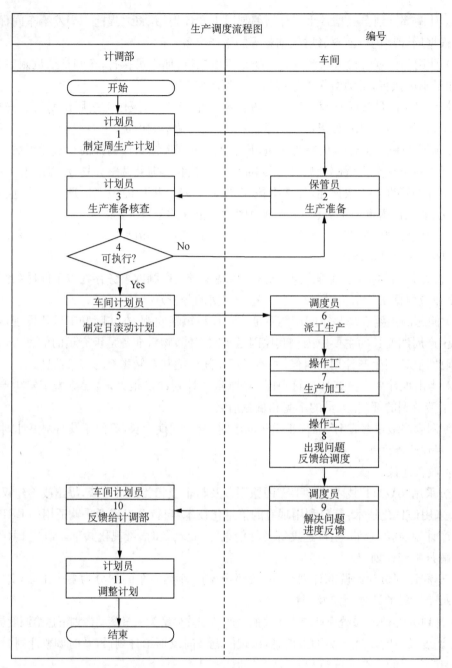

图 8-13　现行生产调度事务流程图

④ 调度员解决操作工反馈的问题,并将生产进度反馈给计调部计划员,计调部计划员接收反馈并调整计划,流程结束。

改善后的生产调度事务流程图如图 8-14 所示。

4. 改善效果

通过改善大大缩短了计划编制的时间,降低了由于生产计划变更带来的影响,减少了调度的层级,缓和了部门内部和部门之间的紧张关系,提高了生产线的运行效率。

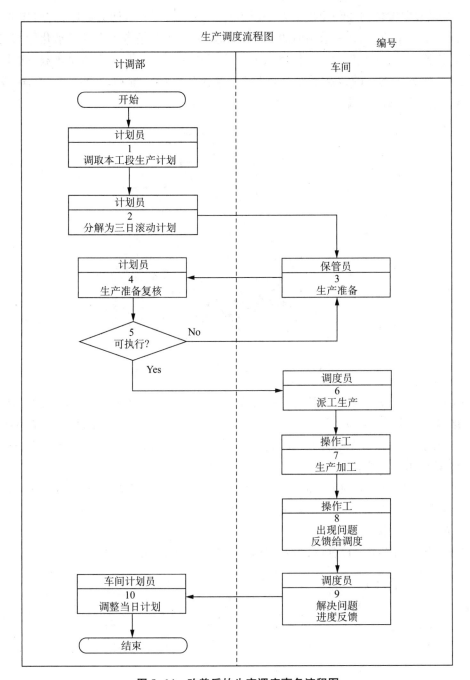

图 8-14 改善后的生产调度事务流程图

第六节 工作研究与优化综合应用案例

工业工程中的工作研究方法有一套思维和工作方法体系,如图 8-15 所示,该图展示了从问题构建层面(发现问题和识别浪费)开始,提出了"三即三现、四大原则、五项作业分析、六大提问和七大手法"的方法论层面的技术解决思路,以 JIT 精益生产和自动化两大支柱支撑动作经济原则,实现工业工程工作体系的价值,即降低成本、提升效率和效益;此外,在思维模式和工作方法体系的背后需要"PDCA"改善循环的持续推动,实现工业工程"发现问题、寻找方法、持续改善、提升效率"的哲学思维。

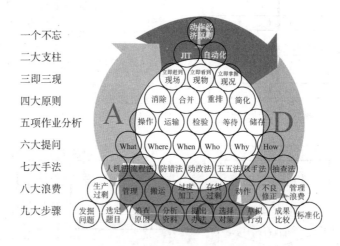

图 8-15　IE 思维金字塔和工作方法体系

在生产工作中,方法研究、程序分析、流程程序分析和事务分析等经常综合运用,围绕选定的问题进行思考和改善分析,各种技术手段和分析工具为寻找到根本性问题、提供改善思路和方法服务,下面裁剪车间为例,展示服装工业生产中进行工作研究与改善的方法。

案例1:裁剪车间改善

江苏常州某服装厂的裁剪车间存在较大问题,裁剪车间的产量一直达不到预期的理想状态(产量出不来),现在选定该车间进行分析和改进。

1. 调查生产现状

按照工作现场要素进行分析,采用因果分析图进行表达,主要问题如图 8-16 所示。

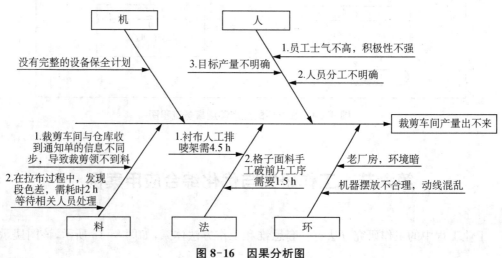

图 8-16　因果分析图

2. 绘制管理事务流程图

根据调查结果,绘制出改善前的管理事务流程图,如图 8-17 所示。

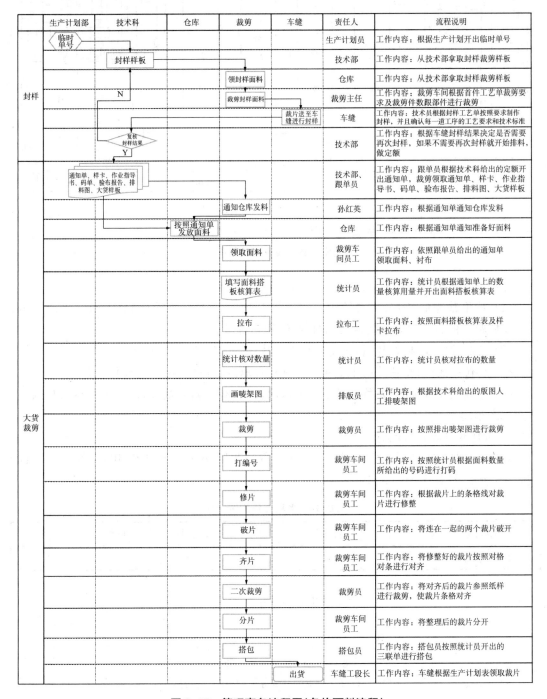

	生产计划部	技术科	仓库	裁剪	车缝	责任人	流程说明
封样	临时单号					生产计划员	工作内容:根据生产计划开出临时单号
		封样样板				技术部	工作内容:从技术部拿取封样裁剪样板
				领封样面料		仓库	工作内容:从技术部拿取封样裁剪样板
		N		裁剪封样面料		裁剪主任	工作内容:裁剪车间根据首件工艺单裁剪要求及裁剪件数跟部件进行裁剪
					裁片送至车缝进行封样	车缝	工作内容:技术员根据封样工艺单按照要求制作封样,并且确认每一道工序的工艺要求和技术标准
		复核封样结果				技术部	工作内容:根据车缝封样结果决定是否需要再次封样,如果不需要再次封样就开始排料,做定额
大货裁剪		通知单、样卡、作业指导书、码单、验布报告、排料图、大货样板				技术部、跟单员	工作内容:跟单员根据技术科给出的定额开出通知单,裁剪领取通知单、样卡、作业指导书、码单、验布报告、排料图、大货样板
			通知仓库发料			孙红英	工作内容:根据通知单通知仓库发料
			按照通知单发放面料			仓库	工作内容:根据通知单通知准备好面料
				领取面料		裁剪车间员工	工作内容:依照跟单员给出的通知单领取面料、衬布
				填写面料搭板核算表		统计员	工作内容:统计员根据通知单上的数量核算用量并开出面料搭板核算表
				拉布		拉布工	工作内容:按照面料搭板核算表及样卡拉布
				统计核对数量		统计员	工作内容:统计员核对拉布的数量
				画唛架图		排版员	工作内容:根据技术科给出的版图人工排唛架图
				裁剪		裁剪员	工作内容:按照排出唛架图进行裁剪
				打编号		裁剪车间员工	工作内容:按照统计员根据面料数量所给出的号码进行打码
				修片		裁剪车间员工	工作内容:根据裁片上的条格线对裁片进行修整
				破片		裁剪车间员工	工作内容:将连在一起的两个裁片破开
				齐片		裁剪车间员工	工作内容:将修整好的裁片按照对格对条进行对齐
				二次裁剪		裁剪员	工作内容:将对齐后的裁片参照纸样进行裁剪,使裁片条格对齐
				分片		裁剪车间员工	工作内容:将整理后的裁片分开
				搭包		搭包员	工作内容:搭包员按照统计员开出的三联单进行搭包
					出货	车缝工段长	工作内容:车缝根据生产计划表领取裁片

图 8-17 管理事务流程图(条格面料流程)

3. 绘制物流动线图

进行现场调查和观察记录,绘出改善前段改善前的动线图,如图 8-18 所示。

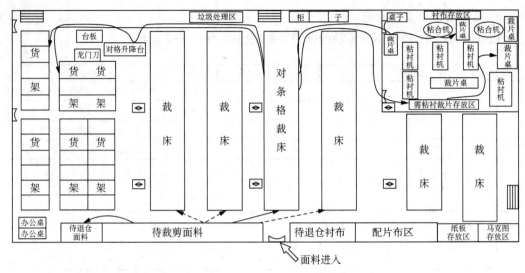

注：⊃⊂ 表示门　◉ 表示柱子　▤▤▤ 表示消防栓　→ 表示物流方向

图 8-18　改善前动线图

详细记录改善前的物流状况：

（1）裁手裁完后，写号人员写号；之后分三种情况：①需要验片的，传递给验片人员；②不需要验片的，直接绑包；③需要黏衬的，给到黏衬房。

（2）待验片完成、换好片后，再将一整件的裁片绑大包放在一起。

（3）绑包完成后，将裁片搬上推车推至裁片存放区，再将裁片一包包搬上货架。

（4）车间需要裁片时，发货员从货架上取出裁片；有黏衬的裁片，需要去黏衬房拿取，再送至生产车间。

4. 对现状流程进行测时

对拉布、排唛架、裁剪、整理、搭（分）包工序进行测试，统计各项工作用时总量，其结果如表 8-16 所示，柱状图如图 8-19 所示。

表 8-16　各项工作测试结果

工序名称	拉布	排唛架	裁剪	整理	搭包	合计
用时（小时）	5	4	2.5	11	2	24.5

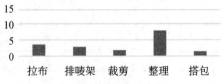

图 8-19　改善前测时结果

5. 开展分析，提出改善措施

（1）针对人的因素，主要采取了两项改善措施：

① 明确职责,制定岗位职责责任书:根据"责、权、利"相适应的原则,在调研和座谈的基础上,明确和调整了裁剪车间的组织架构及管理人员的岗位职责,并制定了职务说明图,明确了相应的组织从属关系、岗位职责、技能要求等岗位信息,如图8-20～图8-26分别展示了裁剪主任、技术员、调度员、辅料班、裁剪一组、裁剪二组和统计员的岗位职责。

图 8-20 裁剪主任岗位说明

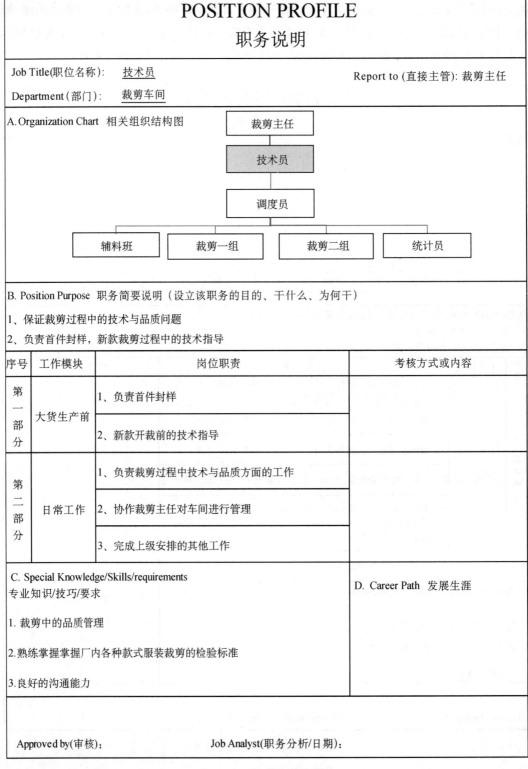

POSITION PROFILE
职务说明

Job Title(职位名称): <u>技术员</u>　　　　　　　　　　　Report to (直接主管): 裁剪主任

Department(部门): <u>裁剪车间</u>

A. Organization Chart　相关组织结构图

```
              裁剪主任
                |
              技术员
                |
              调度员
                |
    ┌───────┬───────┬───────┐
  辅料班   裁剪一组  裁剪二组  统计员
```

B. Position Purpose　职务简要说明（设立该职务的目的、干什么、为何干）

1、保证裁剪过程中的技术与品质问题

2、负责首件封样，新款裁剪过程中的技术指导

序号	工作模块	岗位职责	考核方式或内容
第一部分	大货生产前	1、负责首件封样	
		2、新款开裁前的技术指导	
第二部分	日常工作	1、负责裁剪过程中技术与品质方面的工作	
		2、协作裁剪主任对车间进行管理	
		3、完成上级安排的其他工作	

C. Special Knowledge/Skills/requirements
专业知识/技巧/要求

1. 裁剪中的品质管理

2.熟练掌握掌握厂内各种款式服装裁剪的检验标准

3.良好的沟通能力

D. Career Path　发展生涯

Approved by(审核):　　　　　　　Job Analyst(职务分析/日期):

图8-21　技术员岗位说明

POSITION PROFILE
职务说明

Job Title(职位名称)：　调度员　　　　　　　　　　　Report to (直接主管)：裁剪主任

Department(部门)：　裁剪车间

A. Organization Chart 相关组织结构图

裁剪主任 — 技术员 — 调度员 — (辅料班、裁剪一组、裁剪二组、统计员)

B. Position Purpose 职务简要说明（设立该职务的目的、干什么、为何干）

1、根据生产计划要求对裁剪车间的工作及人员进行调度

2、车间作业现场的日常管理，拉布过程中出现色段等品质问题时与相关部门进行沟通处理

序号	工作模块	岗位职责	考核方式或内容
第一部分	日常工作	1、按照通知单及生产计划对裁剪车间的生产进行调度	
		2、明确各组的目标产量	
		3、裁剪车间作业现场的日常管理	
		4、针对拉布过程中出现的品质问题与相关部门进行沟通处理	
		5、完成上级安排的其他工作	

C. Special Knowledge/Skills/requirements 专业知识/技巧/要求 1. 车间现场管理经验 2. 熟练掌握各种款式服装裁剪技能要求 3. 良好的沟通能力	D. Career Path 发展生涯

Approved by(审核)：　　　　　　　　Job Analyst(职务分析/日期)：

图 8-22　调度员岗位说明

POSITION PROFILE
职务说明

Job Title(职位名称):　**辅料班长**

Report to (直接主管): 调度员

Department(部门):　**裁剪车间**

A. Organization Chart 相关组织结构图

```
        裁剪主任
           │
         技术员
           │
         调度员
  ┌────┬────┼────────┬────────┐
辅料班  裁剪一组   裁剪二组    统计员
```

B. Position Purpose　职务简要说明（设立该职务的目的、干什么、为何干）

1、保证裁剪车间按照生产计划要求进行生产

2、提升全厂品质管理，提早进行预防并及时解决问题

序号	工作模块	岗位职责	考核方式或内容
第一部分	日常工作	1、按照调度员下发的计划进行衬布的裁剪	
		2、对本组的组员进行管理	
		3、完成上级安排的其他工作	

C. Special Knowledge/Skills/requirements
专业知识/技巧/要求

1. 衬布的裁剪技能

2.熟练掌握各种款式服装衬布的裁剪标准

3.良好的沟通能力

D.　Career Path　发展生涯

Approved by(审核)：　　　　　　　　Job Analyst(职务分析/日期)：

图 8-23　辅料班岗位说明

POSITION PROFILE
职务说明

Job Title(职位名称)：　裁剪组长

Department(部门)：　　裁剪车间

Report to (直接主管)：调度员

A. Organization Chart相关组织结构图

裁剪主任

技术员

调度员

| 辅料班 | 裁剪一组 | 裁剪二组 | 统计员 |

B. Position Purpose　职务简要说明（设立该职务的目的、干什么、为何干）

1、根据车间调度下达的生产计划安排组织本组成员进行生产达成目标产量

2、负责裁剪过程中的排唛架工作

序号	工作模块	岗位职责	考核方式或内容
第一部分	日常工作	1、负责用电脑排出面料的唛架图	
		2、组织本组的成员完成当天车间下达的目标产量	
		3、组织本组成员完成裁剪后整理工序的工作	
		4、完成上级安排的其他工作	

C. Special Knowledge/Skills/requirements
专业知识/技巧/要求

1. 唛架的排版经验

2.熟练掌握各种款式服装面料的裁剪标准

3.良好的沟通能力

D. Career Path　发展生涯

Approved by(审核)：　　　　　　　　Job Analyst(职务分析/日期)：

图 8-24　裁剪一组岗位说明

POSITION PROFILE

职务说明

Job Title(职位名称): 裁剪组长

Report to (直接主管):调度员

Department(部门): 裁剪车间

A. Organization Chart 相关组织结构图

裁剪主任

技术员

调度员

辅料班　　裁剪一组　　裁剪二组　　统计员

B. Position Purpose 职务简要说明（设立该职务的目的、干什么、为何干）

1、根据车间调度下达的生产计划安排组织本组成员进行生产达成目标产量

2、负责裁剪过程中的排唛架工作

序号	工作模块	岗位职责	考核方式或内容
第一部分	日常工作	1、负责用电脑排出面料的唛架图	
		2、组织本组的成员完成当天车间下达的目标产量	
		3、组织本组成员完成裁剪后整理工序的工作	
		4、完成上级安排的其他工作	

C. Special Knowledge/Skills/requirements

专业知识/技巧/要求

1. 唛架的排版经验

2.熟练掌握各种款式服装面料的裁剪标准

3.良好的沟通能力

D. Career Path 发展生涯

Approved by(审核):　　　　　　　　　Job Analyst(职务分析/日期):

图 8-25　裁剪二组岗位说明

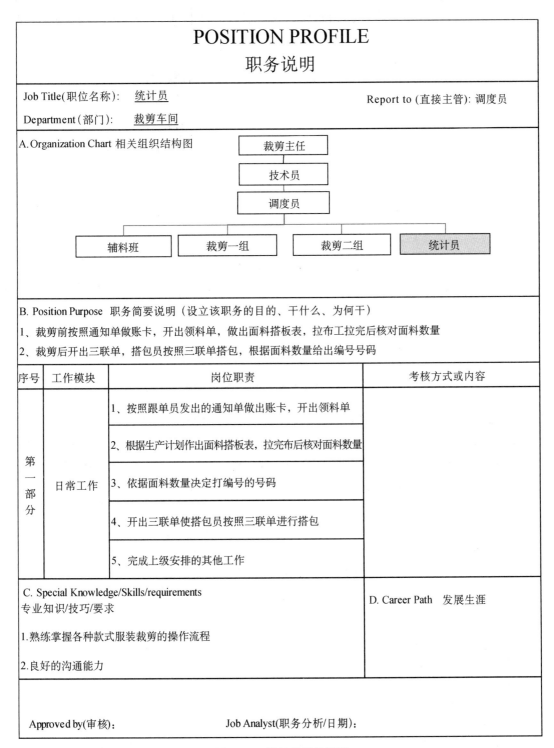

POSITION PROFILE
职务说明

Job Title(职位名称):　<u>统计员</u>　　　　　　Report to (直接主管): 调度员

Department(部门):　　<u>裁剪车间</u>

A.Organization Chart 相关组织结构图

```
        裁剪主任
          │
        技术员
          │
        调度员
    ┌─────┼─────┬─────┐
  辅料班  裁剪一组  裁剪二组  统计员
```

B. Position Purpose　职务简要说明（设立该职务的目的、干什么、为何干）

1、裁剪前按照通知单做账卡，开出领料单，做出面料搭板表，拉布工拉完后核对面料数量

2、裁剪后开出三联单，搭包员按照三联单搭包，根据面料数量给出编号号码

序号	工作模块	岗位职责	考核方式或内容
第一部分	日常工作	1、按照跟单员发出的通知单做出账卡，开出领料单	
		2、根据生产计划作出面料搭板表，拉完布后核对面料数量	
		3、依据面料数量决定打编号的号码	
		4、开出三联单使搭包员按照三联单进行搭包	
		5、完成上级安排的其他工作	

C. Special Knowledge/Skills/requirements 专业知识/技巧/要求 1.熟练掌握各种款式服装裁剪的操作流程 2.良好的沟通能力	D. Career Path　发展生涯

Approved by(审核):　　　　　　　　Job Analyst(职务分析/日期):

图 8-26　统计员岗位说明

② 对员工进行分组,建立竞争机制:对裁剪车间的员工进行分组,分成裁剪一组、裁剪二组两个团队,明确各组人员关系、组织从属关系、各自的目标和分工等,其组织结构关系如图 8-27 所示。

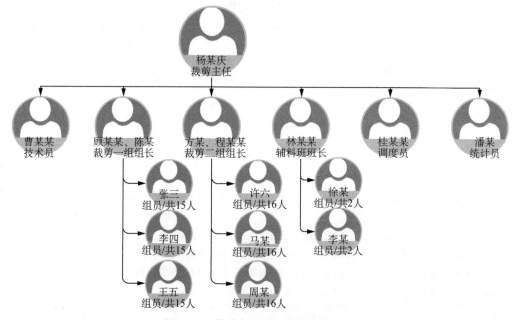

图 8-27 裁剪车间分组后组织关系图

(2) 针对"料"和"法"的因素,发现有明显的瓶颈工序和管理问题,可以考虑采用"ECRS"四原则和开发专用工具等方式进行改善。

① 瓶颈工序:手工排唛架的时间明显过长,前者可以采用"ECRS 四原则"中的简化原则进行思考,拟采用服装排料 CAD 软件取代人工排料,相关成本分析如下:

基本情况:某款衬衫使用的 025# 衬布,需要裁剪出 2554 件,每床拉 96 层,每层衬布的长度为 2.39 m。

(a) 采用人工排唛架:

衬布的总长度为:96×2.39=229.44(m)

工人用时:4(h)

(b) 采用电脑排唛架:

每层衬布的长度为 2.46m,

衬布的总长度为:96×2.46=236.16(m)

电脑排唛架用时:0.5(h)

(c) 成本分析:

电脑排唛架比人工排唛架多用衬布:236.16-229.44=6.72(m)

025# 衬布的单价为 2.08 元/m,多用衬布成本为:2.08 ×6.72=13.98(元)

该员工 7 月工资为 2900 元,本月上班时数为 289.5 h,则

每小时工资:2900÷289.5=10 元

采用电脑排唛架节省人工成本:4×10＝40元。

(d) 结论

采用电脑排唛架后,每床衬布节省约26元。

② 管理问题:针对"料"因素中的段色差处理时间过长问题,经分析属于管理授权问题,拉布工对色差判定的知识和能力不足,不敢也无权对色差进行评定与处理。

针对该问题,一方面加强对拉布工的培训,使其具备足够的色差判断、评级能力;另一方面,适当权力下放,授权班组长一定的裁决和处理的权力。

③ 专用工具问题:在"法"因素分析中,发现格子面料破前片工序用时过长,问题的核心在于用手工操作上。根据"ECRS"四原则和"5W1H"提问技术,可以考虑两种处理方法。

(a)能否重排? 格子面料如采用挂针铺料,则在铺料过程中对格较为严格,可以考虑在裁剪时将前片破开;(b)若上一方法达不到工艺要求,必须逐片破开的话,可以考虑开发专用工具,如模板、夹具、定规等,结合自动化切割工具,减少破开前片的时间。

(3) 针对"环"因素中的机器摆放不合理、动线混乱的问题,根据动作经济原则中的现场布置原理和就近原则,考虑对车间重新进行功能分区、工序与设备就近调整、U型或S型动线设计、"5S"现场管理。调整后的设备布局和动线图见图8-28。

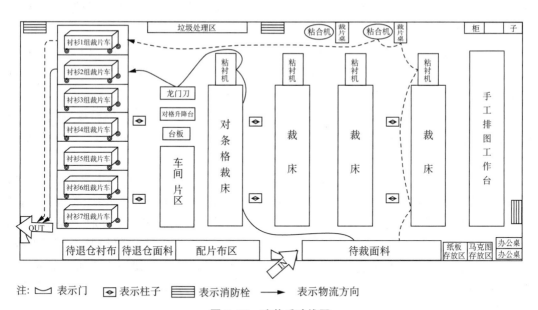

注: ⌒ 表示门　◈ 表示柱子　▨ 表示消防栓　→ 表示物流方向

图8-28　改善后动线图

7. 制定标准化操作规程

施行上述改善措施后,生产统计数字显示改善效果明显,如表8-17和图8-29所示。IE人员应该在生产稳定后,应及时调整和总结成功的经验和做法,并将其形成标准化的操作规程,在员工培训、技能比武等环节将操作规程贯彻实施下去。

表 8-17　改善实施后的日产量统计表

日期	第1天	第2天	第3天	第4天	第5天	第6天	第7天	第8天	第9天	第10天	第11天
产量	5225	5220	5000	5300	6000	5300	6100	6200	6500	6200	6300

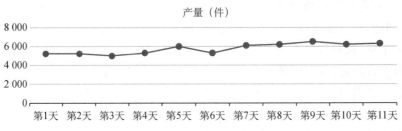

图 8-29　改善实施效果

案例 2: 缝制辅助工具的开发。

在各种各样品类服装的生产过程中,缝制工程占据了最多的生产时间,使用了最多的人力和设备,但同时也成为了质量问题的最大根源地。在服装工业生产中,缝制环节是最难组织、最容易出现质量问题、最容易"窝工"的环节。因此,针对缝制环节开展 IE 专项改善,就成为"提质增效"目标能否实现的关键举措。本案例将以缝制辅助工具的开发为主线,展示 IE 改善思维在此类工具开发中的应用形式和作用。

在工业化大批量生产中,生产制造需要考虑最终产品质量和生产效率的平衡,换言之,只要能够达到最终的产品效果和质量要求,应当采用最为经济、节省的工作方法。因此,现在服装企业的 IE 工程人员就专门开发制作了拉筒工具。

拉筒又称卷边器,北方叫嘴子,南方叫龙头,是各类服装、皮革、箱包缝制设备辅助工具的俗称。拉筒主要用于各种面料缝制过程中的滚领、滚边、埋夹、嵌线、包边、卷边等,使用拉筒辅助缝制可降低复杂工序的操作难度,提高缝制质量。

拉筒的开发与缝型密不可分。从服装裁片的组合共性规律来看,所有裁片的组合形式都可以用缝型来进行分类。缝型很好地表达了裁片缝头之间的搭接关系、卷绕关系、缝头与线迹的配合关系等,如图 8-30 所示。一款长袖衬衫缝制就采用了多种缝型形式,其中衫脚(下摆)缝制工艺属于"卷边缝"缝型,按照传统工艺流程,需要将筒脚进行三卷折、扣烫、绱缝操作,这样就需要配置辅工(烫工)、车工两个工种,需要使用烫斗和平车两类设备,还需要在不同工作地工作以及进行半成品传递、缝件再定位等操作,存在诸多浪费和无效劳动。

IE 工程人员开发的卷边拉筒,如图 8-31 所示,通过将缝型形式"轨道化",采用不锈钢板硬性约束缝头的折叠形式,使其能够省去扣烫等需要手工操作的工序,也可以显著降低"定宽缝制"(切线)等对缝纫技能的要求,不仅大大缩短了传统工艺的操作时间,同时也很好地提高了工艺的一致性和质量水平。

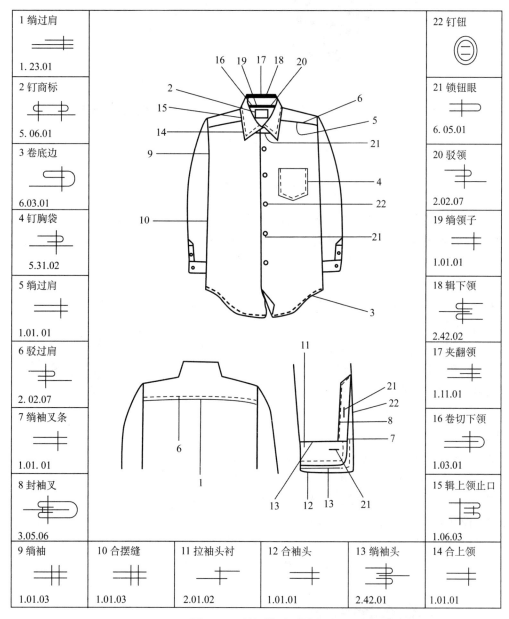

1 绱过肩 1.23.01					22 钉钮
2 钉商标 5.06.01					21 锁钮眼 6.05.01
3 卷底边 6.03.01					20 驳领 2.02.07
4 钉胸袋 5.31.02					19 绱领子 1.01.01
5 绱过肩 1.01.01					18 辑下领 2.42.02
6 驳过肩 2.02.07					17 夹翻领 1.11.01
7 绱袖叉条 1.01.01					16 卷切下领 1.03.01
8 封袖叉 3.05.06					15 辑上领止口 1.06.03
9 绱袖 1.01.03	10 合摆缝 1.01.03	11 拉袖头衬 2.01.02	12 合袖头 1.01.01	13 绱袖头 2.42.01	14 合上领 1.01.01

图 8-30　衬衫缝型配置图

213

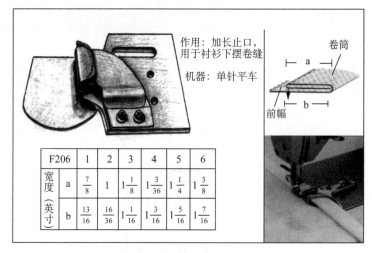

作用：加长止口，用于衬衫下摆卷缝

机器：单针平车

卷筒

前幅

F206	1	2	3	4	5	6
宽度（英寸） a	$\frac{7}{8}$	1	$1\frac{1}{8}$	$1\frac{3}{36}$	$1\frac{1}{4}$	$1\frac{3}{8}$
b	$\frac{13}{16}$	$\frac{16}{36}$	$1\frac{1}{16}$	$1\frac{3}{16}$	$1\frac{5}{16}$	$1\frac{7}{16}$

图 8-31　衬衫卷边拉筒示例

目前，在服装企业中，由于"低成本投入、高效益产出"的显著效果，拉筒的开发已经成为一种趋势，各种各样的专用拉筒层出不穷。但是，拉筒的开发尚未形成系统性理论，此处对拉筒开发的共性问题进行梳理和总结，供 IE 开发人员参考。

1. 拉筒的结构

拉筒通常用不锈钢制作，一般由本体、本体安装台、卷边器和卷边器安装台组成。

本体用于将未卷曲或折边的布条铺展开并送入卷边器；本体安装台用于将拉筒固定到缝纫机上；卷边器则可以将缝料按某种方式进行卷曲或折边，并在出口送出已卷曲折叠好的布条，为后续缝制操作做准备；卷边器安装台则用于将卷边器固定到拉筒本体上。图 8-32 显示的是一种平车双包拉筒。

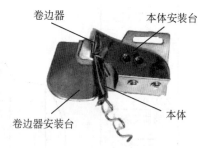

卷边器　　本体安装台

本体

卷边器安装台

图 8-32　平车双包拉筒结构

而有些拉筒本体和卷边器是一体的，这样的拉筒没有卷边器安装台，如衬衣上袖拉筒（图 8-33）。另外根据不同生产工艺的需要，还有其他特殊部件的设计，如需要安装芯线或橡筋的拉筒还有芯线导向器、橡筋导向器的设计，如自反猪肠型拉筒（图 8-34）采用特殊结构，可将一定规格的布条经过拉筒上的工具车车缝后，通过通心的暗线猪肠型筒直接变成布带出来，且布带表面无车缝痕迹，这种特殊的结构设计对提高工艺质量具有重要意义。

图 8-33　衬衣上袖拉筒

图 8-34　自反猪肠型拉筒

2. 拉筒设计要素

缝型参数主要有面料层间配合关系、面料厚度、面料摩擦性能、缝型宽度等,拉筒的参数设计是以缝型为根本依据,在满足缝型结构的基础上,再追求工人操作的便易性。

拉筒设计要素包括材质、本体、卷边器开口形状、通道的长度、安装台的固定槽和调解槽等,其中拉筒本体、卷边器的开口形状和通道长度参数等尤为重要。

(1) 材质

拉筒基本上采用不锈钢材质。不锈钢具有独特的强度、较高的耐磨性、良好的塑形性能、焊接性和不易生锈等特性,这些特性使得不锈钢材质容易被弯折为各种形状,并且相互之间容易焊接形成层次配合结构,光滑且耐磨的表面可以显著降低布料通过时的摩擦力,不会对缝纫设备的送布机构造成阻碍,同时最大限度保护面料的表面不受毛刺等伤害;不锈钢表面的钝化膜使得其较难与介质发生化学反应而被腐蚀受损,可适应多种不同 pH 值的面料缝制工作。

(2) 开口形状

拉筒的本体、卷边器开口形状的参数主要包括开口缝隙大小、宽度以及切面形状。其中缝隙大小取决于布料的厚度,缝隙太小则会因摩擦力太大造成送布困难,太大则又会造成布料松弛,影响缝制的精度;开口宽度主要由缝型的宽度决定;而切面形状主要取决于缝型中布料的层数、翻转扣合等配合情况。

(3) 通道长度

拉筒的本体、卷边器间的通道长度决定了布料进入拉筒后的长度,同时也影响面料和拉筒间的摩擦力。通道长度设计要适当,过长会导致缝制阻力过大,影响送布和缝纫的速度和质量;通道过短,面料在通道间的预留量就少,造成拉筒对面料控制力度不够,面料缝合易偏斜。

(4) 固定槽设计

固定槽是为了能将拉筒安装在相应的缝纫机上,一般设置在本体安装台上。在设计固定槽时要考虑拉筒的大小,开槽过小,会发生拉筒在使用中不稳定的情况,导致面料缝合出现问题;开槽过多拉筒的刚度不够,易使得拉筒发生损坏。

(5) 手动槽设计

手动槽位置的设计主要是辅助工人用手将面料送入拉筒本体和送出拉筒卷边器,手动槽的长度和宽度要根据工人手指特点来设定。

(6) 特殊设计

缝型特点千变万化,有时候仅仅通过上述结构参数设计仍无法满足拉筒的使用要求,因此需要对拉筒进行特殊部位的设计。

3. 拉筒设计流程

服装结构在一定程度上对服装设计工艺产生很大的影响,因此需要首先分析工艺的缝型参数,然后根据相应缝型的特点确定待设计拉筒的参数,接着根据已经确定的拉筒的设计参数以及设计要求等绘制出相应的拉筒样图;最后按照图纸制作拉筒实物并对实物拉筒进行检验优化,将其完善至可以投入生产线中使用。其开发流程可参考图 8-35。

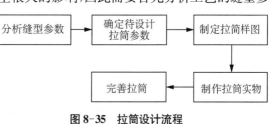

图 8-35　拉筒设计流程

（1）分析缝型参数

绘制出缝型的示意图，包括缝型宽度、长度和单层面料厚度、组合面料厚度等参数。

（2）确定拉筒参数

根据缝型参数确定拉筒的结构参数。一般拉筒本体、卷边器的开口形状与对应缝型的示意图形状相似；而卷边器开口缝隙大小多为缝合面料的厚度再加上一定的富余量，富余量的设定是因为如果开口缝隙刚好等于面料的厚度，那么布条和拉筒材料间会有较大的摩擦力，从而增大了将面料送入拉筒的难度；但富余量不可设置过大，否则会使得面料在拉筒中不易平展而引起起扭、起皱等质量问题。卷边器开口宽度多与缝型宽度一致。拉筒本体的开口缝隙大小和宽度一般会比卷边器的稍大，以便工人将面料送入拉筒中。

安装台上固定槽位置的设定要与缝纫机匹配，要方便拉筒的安装和拆卸。拉筒本体、卷边器上手动槽位置的作用是便于将面料送入和送出拉筒，因此手动槽的形状主要取决于工人食指的形状，即两头为半圆形，中间为矩形，槽宽略大于食指宽度的开槽形状。

（3）绘制拉筒样图

根据确定的拉筒结构参数，绘制拉筒的三视结构图，为后续拉筒的实物制作做准备。

（4）制作拉筒实物和调试完善

根据绘制的拉筒三视结构图，制作拉筒实物。制作好的拉筒要经过反复试用、调整，确定可用后，编制使用说明方可用于实际生产中。

4. 拉筒设计实例

以 A 工厂生产的标准松紧裤为例，其款式及缝型见图 8-36。该裤面料材质为棉/仪纶（聚酰胺酯）混纺面料，面料摩擦系数中等，面料厚度为 1 mm，腰长 102 cm，宽 4 cm。生产中出现的问题是：缂腰头工艺制作难度较大，易产生缝制疵病，质量问题较多。为解决这一问题，IE 工程人员拟设计一款腰头拉筒，以简化缂腰头难度，提高成品质量和台产量。

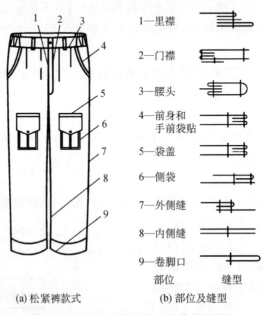

1—里襟	
2—门襟	
3—腰头	
4—前身和 手前袋贴	
5—袋盖	
6—侧袋	
7—外侧缝	
8—内侧缝	
9—卷脚口	
部位	缝型

(a) 松紧裤款式 　　　　(b) 部位及缝型

图 8-36　标准松紧裤款式与缝型配置图

（1）工艺缝型参数分析

绘制腰头缝型如图 8-37 所示，采用面料和款式参数：面料摩擦系数中等，面料厚度为 1 mm，腰头长 102 cm，宽 4 cm。

（2）拉筒参数分析

根据拉筒设计流程，该腰头拉筒的参数分析主要从拉筒材质、开口形状、通道长度、固定槽和手动槽设计等 5 个方面进行。

① 拉筒材质：腰头拉筒采用不锈钢制作。

② 拉筒开口形状：根据绱腰头缝型形状，同时考虑到拉筒进口难易程度、本体和卷边器通道的顺滑度，以及与出口形状的配合度，将卷边器开口设计为图 8-37 所示的形状，本体开口形状设计为弧线形，见图 8-38。此外，根据该裤的面料厚度、面料材质以及绱腰头工艺缝型的宽度，设置拉筒卷边器开口缝隙大小为 13.5 mm，开口宽度为 38 mm。

图 8-37　卷边器开口形状　　　图 8-38　本体开口形状

③ 拉筒通道长度：根据实验效果以及节约用料的原则，将拉筒的通道长度设计为 100 mm。

④ 拉筒固定槽设计：根据拉筒出入口方向、在缝纫机上安装的相对位置以及工人的操作习惯，把安装台设置在本体右方；为使拉筒稳定，在安装台上开 2 道固定槽。此外，为了使缝制过程中裤片的送入更加顺滑流畅和稳定，在拉筒侧边上增加一块外侧略微上翘、两边向下的辅助侧板。

⑤ 拉筒手动槽设计：根据工人手指特点，将拉筒手动槽设计为长度 50 mm，宽度 15 mm，宽度略大于食指宽度。根据工人右手操作的习惯将手动槽开在拉筒的通道右侧。

（3）绘制腰头拉筒样图

根据前述腰头拉筒的设计参数绘制腰头拉筒三视图，如图 8-39 所示。

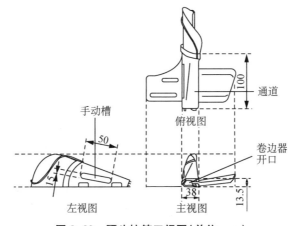

图 8-39　腰头拉筒三视图（单位：mm）

图 8-40　腰头拉筒安装实物图

（4）制作实物和调试

根据图 8-39 制作腰头拉筒实物图见图 8-40。反复测试调整拉筒细节尺寸后，投入生产线进行对比实验。绱腰头工序原来用时 75 s，使用拉筒后用时 18 s，效率提高 4.2 倍，并且缝合质量稳定性大为提高，车间产量和工人收入均大幅上升。

由以上两个案例可以看出，服装工业工程以持续改善为工作的追求目标，遵循的思路是"发现问题—分析问题—解决问题"，采用的技术工具包括管理类工具（如因果分析、"5W1H"提问法、"ECRS"四原则、绩效管理、组织行为学等），也包括自然科学知识和工程技术学知识（如物理、化学、工程学、力学等），发挥作用的范围很广，包括工具改良、设备改造、流程优化与再造、人机功效、生产组织与调度等直接相关度较高的工作，也包括事务管理、绩效管理、组织行为管理等更具综合性和宏观性的工作。因此，IE 技术在具体问题中的应用，应该也必须具有原则性与灵活性相结合的能力，达到一种既"循规蹈矩"（主要指 IE 思维），又不断打破常规、出奇制胜（主要指具体措施）的境界。

思考题：

1. 什么是工业工程？工业工程的作用是什么？
2. 工作研究的内容有哪些？这些内容之间的相互关系是什么？
3. 工作研究的分析技术有哪些？结合实例，说明其使用方法。
4. 什么是方法研究？方法研究的有哪些层次？试结合实例说明。
5. 什么是程序分析？程序分析的目的是什么？
6. 流程程序分析的对象是什么？结合实例，说明其使用方法。
7. 结合实例，说明什么是事务管理？事务管理的分析工具及其作用是什么？

第九章 作业测定

知识目标

(1) 了解作业测定的概念和内容；

(2) 了解工作抽样法的方法；

(3) 熟悉工序分析的方法，可以编排工序流程图；

(4) 掌握动作分析的顺序和具体方法，了解经济动作的原则；

(5) 了解秒表法、既定时间法和标准资料法的特点、工作步骤和用途。

能力目标

(1) 能计算浮余率；

(2) 根据样衣，可编排工序流程图；

(3) 能在实际生产中应用动作分析；

(4) 可以利用标准资料法制作工序资料库；

(5) 能够结合生产实际计算标准工作时间。

如前所述，工作研究包括方法研究和作业测定两大部分。本章将结合服装制造行业的特点，介绍作业测定在服装生产制造领域的应用。作业测定通过优化作业过程、改进操作方法、整顿现场秩序等方法，消除各种浪费，节约时间成本，从而提高产出效益。

第一节 作业测定

一、作业测定的概念、目的和特点

1. 作业测定的概念

作业测定是指运用各种技术来确定合格工人按规定的作业标准、完成某项工作所需的时间。它是在方法研究的基础上，对工作细节进行分析并制定标准时间的一种方法，见图 9-1。

概念里的"合格工人"指工人具备必要的生产技能和知识，接受过某项工作特定方法的完全训练，能独立完成所分配的工作，并在质量、数量和安全方面达到令人满意的水平。"按规定的作业标准"指工人按照经过方法研究后制定的标准的工艺方法和操作程序完成作业任务。"标准时间"是指操作熟练度和技能都达到平均水平的作业人员按照规定的作业条件和作业方法，用正常速度生产规定质量的一个单位产品所需要的时间。

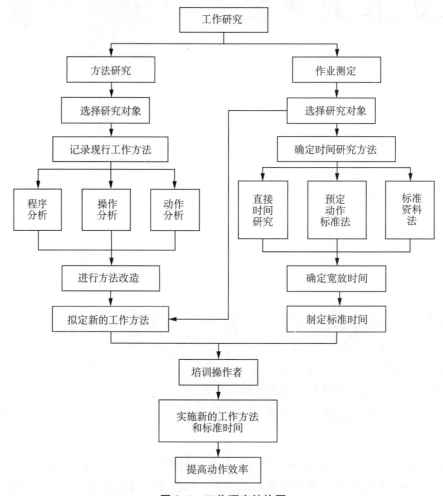

图 9-1　工作研究结构图

2. 作业测定的目的

作业测定的直接目的是指制定标准时间,长远目的是通过制定、实施作业标准时间,减少无效时间,最大限度地提高生产率。作业测定的目的包括:

(1) 用于作业系统的设计和最优系统的选择:完成某项工作往往有不同的方案,当其他条件基本相同时,通过作业测定来获得不同方案的标准时间,则可以对比、评价方案的优劣,从而选出最为适用的作业(系统)方案。

(2) 改善作业系统:作业测定技术遵循减少和消除无效时间的原则,通过测定实际工作的时间,与标准时间进行对比,可以明确作业改善的方法(如平衡不同工位的作业量、确定人机协同时操作机器的台数等)。

(3) 挖掘工时利用的潜力:通过作业测定工人的空闲时间、等待物料时间等非创造附加价值的时间与整个工作时间的百分比,不仅可以发现作业方法设计不良所引起的时间损失,也能帮助找出管理层面造成工时浪费的原因,从而采取综合措施减少或消除无效时间,充分利用工时。

3. 作业测定的特点

(1) 科学性:作业测定用四种方法(秒表法、工作抽样法、预定时间标准法、标准资料法)对生产时间、辅助时间进行研究并制定标准时间,有较为严格的前提条件和分析方法作保障,所以通过方法研究和作业测定确定标准时间的测定程序,具有科学性。

(2) 客观性:作业测定是在方法研究的基础上进行的,方法研究已经将操作进行了标准化,作业测定仅是对作业操作的标准时间进行测定,因为标准时间是排除了主观因素干扰的客观存在的一个量值,所以作业测定的结果具有客观性。

(3) 公平性:作业测定采用科学的方法对标准时间进行研究,而标准时间是适合大多数作业者的时间,不强调以过分先进或十分敏捷的动作完成某项操作的时间,有较为充分的技术依据,所指定的定额水平(如工时定额)比较合理,公平可信。

(4) 复杂性:作业测定过程比较复杂,工作量大,制定定额的周期比较长,这就导致作业测定后制定的定额缺乏及时性;另外,作业测定毕竟是涉及到操作者的事情,有时会引起工人的抵抗情绪;由此可见,作业测定具有一定的复杂性。

第二节　工作分析与浮余率的测定

一、工作分析

1. 作业时间的构成

服装产品消耗的总时间大致分为基本作业时间、多余时间及浪费无效时间三种,如图 9-2 所示。基本作业时间是指生产中必需的时间,现有条件下通过改进制造工艺、作业方法都不能再改进它,也就是不能减低的理想时间,唯有这项内容才视为真正"有效时间"。多余时间是由作业方法或作业动作不当造成多消耗的作业时间,其本质是"无效工作",但在目前条件下却是必需的。而浪费无效时间是指由于企业管理和组织上的各种缺点引起的中断时间,作业人员与机器设备不完全利用及其他时间浪费,其作业本质上也是"无效工作"。多余时间和无效时间又被称为浮余时间。

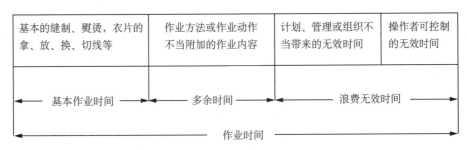

图 9-2　服装产品作业时间构成示意图

从生产一件服装的角度来考虑时间消耗,虽然容易理解,但是在现实操作中并不方便,为此我们还需要从生产过程消耗的角度来考查。按照作业性质,员工工作状态可以分为工作、作业浮余、车间浮余、个人生理浮余共 4 个方面,如表 9-1 所示。这种时间分类是以作业

性质为依据,它们客观反映了各类时间消耗的用途,因而成为提高生产效率的相应突破口。各类时间详细解释如下:

表 9-1　日本重机(JUKI)株式会社缝制车间作业状态及一般标准

作业分类		主要内容	一般标准(%)
工作 T_1	主要作业 T_{11}	缝制、熨烫	27～30
	附带作业 T_{12}	衣片的拿、放、换、切线等	46～49
作业浮余 T_2	整备条件 T_{21}	整备作业条件	1.9～2.9
	整理制品 T_{22}	准备材料、确认材料	4.6～6.3
	换线 T_{23}	换面线、底线等	0.9～2.5
	记录 T_{24}	记录事项	0.1～0.5
	判断 T_{25}	判断质量	0.3～2.3
	修改 T_{26}	拆线、重缝、重烫	1.7～2.6
	故障 T_{27}	断线、断针引起的穿线、换针等,机器故障	0.6～2.2
车间浮余 T_3	商量工作 T_{31}	指示、报告、教育、商量	2.2～2.5
	搬运移动 T_{32}	材料、成品、器具的搬运,工作地的移动	1.1～3.2
	等待工作 T_{33}	衔接不上而等待	0.2
个人生理浮余 T_4	疲劳间歇 T_{41}	休息时间外的休息,上厕所、喝水、擦汗等	1.3～1.7
	其他(怠工) T_{42}	讲废话、开小差、办私事等	0～1.5

工作时间 T_1 指正常作业过程中所花费的时间,它包括主要作业时间 T_{11} 和附带作业时间 T_{12} 两部分,是生产的主体,其他作业都是为其服务的。主要作业时间 T_{11} 包括缝制、熨烫、材料加工等工作,直接创造生产价值,是所有作业中唯一有效的作业时间。对制衣业来说这部分时间消耗量主要取决于加工设备的效率、工人的熟练程度及劳动积极性。附带作业时间 T_{12} 是指为保证基本生产过程的实现而进行各种辅助性操作所消耗的时间,包括衣片的拿、放、换、切线等,这部分时间与加工工艺、设备性质及裁片摆放位置有很大关系。

作业浮余 T_2 是生产中进行准备和事后结束工作所消耗的时间。又可以分解成整备条件时间 T_{21},包括确认指示单、准备作业条件、准备工作台、确认熨烫温度等。整理制品时间 T_{22} 包括准备裁片,改放地点,解开、绑扎裁片,确认裁片数量。换线时间 T_{23} 包括换面线、换底线时间。记录时间 T_{24} 为记录传票、加工数量、公告板等时间。判断时间 T_{25} 包括判断或注意加工质量的好坏,判断是否合格。修改时间 T_{26} 指因为自己或别人质量不合格造成返工,引起的拆线、重缝、重烫等。故障时间 T_{27} 指缝纫机、真空烫台、特种机等机器故障而引起的等待时间,断线、断针引起的穿线、换针时间等。

车间浮余 T_3 主要是指由于组织管理工作不完善或车间布局不合理,使生产活动发生中断而损失的时间,在生产中要尽量消除这部分时间。它包含商量工作时间 T_{31},指工人在正常生产中接受组长、指导工或其他员工的指示、报告、教育、商量等。搬运移动时间 T_{32},由材料、成品、缝纫机的搬运，工作地的移动等构成。等待工作时间 T_{33}，是由于裁片、辅助材料、零配件等衔接不上，前后工序衔接不上所导致的等待时间。

个人生理浮余时间 T_4 指工作一段时间后，员工产生疲劳，自动休息和生理调节所需要的时间。疲劳间歇时间 T_{41} 是指工人规定休息时间外的生理休息时间，例如上厕所、喝水、擦汗等，这类时间与工作性质、劳动强度、作业气候条件、休息时间长短、两次休息之间的间隔时间和个人因素等有关。其他时间（怠工）T_{42} 是指工人不遵守劳动纪律或工作积极性不高所损失的时间，例如，讲废话、开小差、离岗和办理私事等，这部分时间可通过加强人员管理来改善。

按照上述对生产时间的分析，可以清楚地知道作业过程中的时间花费及其比例情况。当然，并不能认为主要作业时间 T_{11} 中所有时间都是必要和有效的，其中仍存在很大浪费，通过改进机器设备和作业条件仍将有很大的改进空间。

2. 工作分析的考虑方法

工作分析就是依据以上的作业区分，将作业的详细程度设立为具体的调查项目。这样就能较为具体的把握什么样的作业，它的发生频率有多少。浮余率表示浮余动作的发生比率，用百分比表示，计算方法如下，浮余时间、工作时间和作业时间的关系见图 9-3。

$$浮余率 = \frac{浮余时间}{作业时间} \times 100\%$$

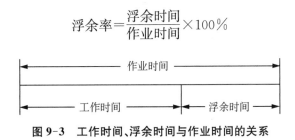

图 9-3 工作时间、浮余时间与作业时间的关系

国内服装厂浮余率一般在 $30\% \sim 50\%$ 之间，当然也有一些浮余率不到 30% 的管理比较优秀的工厂。浮余率较低的工厂，在提高生产率方面做得更细致彻底。

那么，工作状态是怎样在日产量中反映出来的呢？日产量和浮余率之间如同下面的关系式。

$$日产量 = \frac{1 天的作业时间 \times 操作人员数}{单件工时 \times (1 + 浮余率)}$$

注：1 天的作业时间 = 生产线 1 天除去休息时间以外的作业时间。（例：8 h）

单件工时 = 1 件产品必要工序所花的加工时间（例：1500 s）

上面公式中，如果分母缩小，分子变大，就能使最后的日产量增加，也就是说降低浮余率可以增加日产量。浮余率分析的目的就是对工厂的工作现状进行调查，为降低浮余率而的改善工作。

二、浮余率的测定与应用

为了了解工作的状态，首先要着手进行调查。调查就是要将操作工的动作尽量按照详细的项目区分，调查各种动作发生的比率。调查的方法有多种多样，因为与缝制部门有关的各个工序一个操作循环的时间比较短,所以比较适合选用工作抽样(又称"瞬时观察法")进行调查。工作抽样是指利用统计学中随机抽样的原理,按照等概率和随机性的独立原则,对现场操作者或机器设备进行瞬间观测和记录,调查各种作业事项的发生次数和发生率,以必需而最小的观测样本,来推定观测对象总体状况的一种现场观测的分析方法。这种方法的特点为:①不是连续性观测,而是间断性观测;②不是记时,而是按照预定的项目,记录瞬间观测所出现的次数;③不是取现场的完整资料进行分析,而是取祥本进行分析。瞬间观测的作用与工作日写实基本相同。由于测定时间的选择完全是随机的,无任何主观意图的影响,因此观测结果应具有充分的代表性,结果比较可靠。

1. 工作抽样的步骤

(1) 选择观测对象,在生产线上随机抽取若干名工人。

(2) 确定观测项目,即观测所选工人的瞬间作业状态。

(3) 确定观测时间,本着随机原则,在每天工作时间内抽取若干个时间点,在距离操作者 1.5 m 处从后面瞬间观察被测者在该时刻的动作内容,并记录在表中。

(4) 确定观测次数,观测次数的确定可利用数理统计的方法。

① 正态分布:正态分布是概率分布中的一种极为重要的分布,用途十分广泛,工作抽样法处理的现象接近于正态分布曲线。总体落点的情况是,在 $\pm\sigma$ 范围内的概率为 68.31%,在 $\pm2\sigma$ 范围内的概率为 95.45%;在 $\pm3\sigma$ 范围内的概率为 99.7%,正态分布的概率如图 9-4 所示。

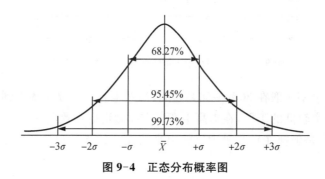

图 9-4　正态分布概率图

工作抽样一般取 $\pm2\sigma$ 的偏差范围,即确定 95%(实际 95.45%)的可信度,也就是说在抽取的 100 个子样中有 95 个是接近总体状态的;或者说事前预定抽样数据中有 95% 以上的落入 $\overline{X}\pm2\sigma$ 的范围,仅有 5% 的数据可能超出 $\overline{X}\pm2\sigma$ 范围。

② 可靠度与精度:假定某一作业项目的实际作业率为 P(或称工作率或称发生率),则空闲率为 $q=1-P$,则此作业的概率分布为二项分布。根据统计学中二项分布标准差 σ 为:

$$\sigma=\sqrt{\frac{P(1-P)}{n}}$$

式中,P 为观测事项的发生率(开始为估计值);n 为抽样观测次数(即样本数)。

统计学证明,若 P 不是很小(5% 以上),当 $nP\geqslant5$ 时,则二次分布非常接近正态分布。

可靠度是指观测结果的可信度,其含义是指子样符合母体(总体)状态的程度。工作抽样可靠度一般都是预先给定。通常可靠度定为95%。

精确度就是允许的误差,工作抽样的精确度分为绝对精度 E 和相对精度 S。当可靠度为95%时,

$$E=2\sigma=2\sqrt{\frac{P(1-P)}{n}} \tag{9-1}$$

$$S=\frac{E}{P}=2\sqrt{\frac{1-P}{nP}} \tag{9-2}$$

对一般的工作抽样来说,通常取绝对精度 E 为 2%~3%,相对精度 S 为 5%~10%。对于绝对精度依据经验规定,按工作抽样目的不同可在表 9-2 中查出允许的绝对精度值的大小。

表 9-2　不同抽样目的允许的绝对精度 E 值

目的	E 值
调查停工,等待时间等管理上的问题	±3.6%~4.5%
作业改善	±2.4%~3.5%
决定工作地布置等宽放率	±1.6%~2.4%
制订标准时间	±1.2%~1.4%

当可靠度设定为95%时,由公式 9-1、9-2 可推得观测次数,计算公式如下:

$$n=\frac{4P(1-P)}{E^2} \tag{9-3}$$

$$n=\frac{4P(1-P)}{S^2 P} \tag{9-4}$$

式中:n 为需要观测的次数;P 为观测某事件的发生率;E 为绝对精度;S 为相对精度。

这里事件发生率 P 是一个估计数。估计的方法:一是凭经验,可以取 $P=30\%$(服装缝制车间的一般浮余率)。二是事先进行 100~200 次的预备观测,在此基础上推算。如情况有变化,P 值还可以修正。

【例 1】　某车缝生产线有车工 53 人,主要生产男装针织开筒(Polo 筒)衫。实行流水化生产,生产线成课桌式排列,采用捆扎式的传递方式,日产量为 1000 件左右。若取绝对精度为 ±0.016,为计算该生产线浮余率,求观测次数?

[解]　在生产线上随机抽取 15 名工人,在每天工作时间内随机抽取 20 个时间点,按时间顺序对所选工人进行瞬间观测。

根据第一日采集的数据得见表 9-3,工作时间点 202 个,浮余时间点 98 个,样本总数 300 个。

故取 $P_1=98/300=0.327$。将 $P_1=0.327$、$E=0.05$ 代入公式 9-3,得:

$$n = \frac{4P(1-P)}{E^2} = \frac{4 \times 0.327 \times (1-0.327)}{0.016^2} = 3439(\text{次})$$

工作抽样结果的可信程度要根据抽样的次数来决定,抽样越多,信赖度就越高。但是观测次数多,相对而言花费的时间和精力就多,因此可以根据不同的精度需要,来决定观测次数。

不同目的时的观测次数:

① 大致了解工作实际情况　　　　　　　100 次

② 在存在问题的地方找出事实证据　　　600 次

③ 根据观测结果发现问题　　　　　　　2000 次

④ 作为设定标准时间的资料　　　　　　4000 次

⑤ 确定观测天数

$$观测天数 = \frac{观测总次数}{观测对象数 \times 每天每人巡回观察次数 \times 观测人数}$$

(5) 确定巡回路线:首先绘制被观测设备及操作者的平面位置图和巡回观测的路线图,并注明观测位置。研究人员按事先规定好的巡回路线在指定的观测点上作瞬间观测,判定操作者或机器设备的活动属于哪一类事项,并记录在调查表上。图 9-5 为某工厂绘制的观测路线和观测点示意图。图中圆圈为观测机器的位置,×为观测操作者的位置,带箭头的线表示巡回路线。

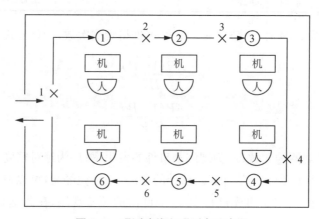

图 9-5　观测路线和观测点示意图

(6) 正式观测:随机决定每日的观测时刻,观测人员按照既定的观测时刻及预定的抽样调查项目,将观测到的活动状态准确地记录在调查表格上。在记录过程中切忌主观武断,以表面现象下结论,要求深入细致,深入现场,了解实质,尽可能准确。

(7) 整理数据做出结论:全部观测结束后,观测人员必须整理分析记录表,剔除异常值。可采用"三倍标准差法"确定管理界限,然后将超过管理界限的异常值去掉。

管理界限是根据观测事项发生率,采用下列公式算出:

表 9-3 第一日工作观测表样表

序号	1	2	3	4	5	6	7	8	9	10	11	12	13	14	15	16	17	18	19	20
数据采集时间	8:10	8:35	8:50	9:00	9:20	9:45	10:00	10:15	10:30	10:50	11:10	11:35	13:15	13:40	14:10	14:40	15:00	15:40	16:10	16:40

作业员	工作		作业宽格								车间宽格		个人生理宽格			合计
	主要作业	附带作业	装备条件	整理制品	换线	记录	故障	判断	修改	商量工作	搬运移动	等待	疲劳	同歇	其他	
A	7,9,15	2,4,5,6,8,10,14,16,19,20								13,18	3,17	11	1,12			20
B	1,5,9,10,13,18,19	2,3,4,6,7,8,14,16,20						15,17		12	11					20
C	2,16	1,3,4,6,8,9,10,12,13,14,17,19			5				15,20	11				7,18		20
D	8,19	1,2,3,4,5,6,7,9,10,11,13,14,15,17,18,20		12		16										20
E	6,13,16,19	1,2,3,4,9,11,15,18,20	17		5,8,14					7	10		12			20
F	7,8,12,13,14,19	1,2,4,6,10,16,20		15,18		3,9,17					5			11		20
G	7,11,16	1,3,8,9,10,12,13,15,17,19,20		6,18	4				2,5,14							20
H	6,8	1,4,5,7,9,10,12,14,18,19		15		11	2,3	20	13,16,17							20
I	1,5,6,9,12,14,17	2,3,10,13,16,18,19,20	7			15			11				8,4			20
J	2,7,12,16,19	5,9,15,18,20	1,3		10,14			6,8,13	4					11,17		20
K	4,6,8,20	2,3,5,7,9,11,13,14,16,18,19	1	10									12,15,17			20
L	1,2,6,7,8,9,12,13,16,20	3,5,10,11,14,19	15	18							4,17					20
M	3,4,5,9,10,11,14,15,17,19			7,12	2						16					20
N	1,4,8,13	2,6,11,12,15	9	5,20				14,17	16,19	7,18	3,10					20
O	19,20	1,3,4,5,12,15		16	8	2			12		11,13,14,17,18		9,10,2		6,7,8	20
合计	67	135	7	13	8	6	2	8	12	7	15	1	16		3	300

$$管理界限 = \overline{P} \pm \sigma = \overline{P} \pm 3\sqrt{\frac{\overline{P}(1-\overline{P})}{n}} \tag{9-5}$$

式中，$\overline{P}$ 为观测事项发生率的平均数；n 为平均每日观察次数。

对例 1 中的生产线进行了 3600 次观测后，得到 $\overline{P}=35.9\%$，则

$$\sigma = \sqrt{\frac{(1-\overline{P})\overline{P}}{n}} = \sqrt{\frac{(1-0.359) \times 0.359}{300}} = 0.0277$$

管理界限 $= \overline{P} \pm 3\sigma = 0.359 \pm 3 \times 0.0277$

管理上限 $UCL = 0.359 + 3 \times 0.0277 = 0.4421$

管理下限 $LCL = 0.359 - 3 \times 0.0277 = 0.2759$

如：第一日的观测值为 $P_1 = 0.327$，在界限内，予以保留；以此判断以后几日的观测值，如果发现超出界限的值应剔除（表 9-3）。

2. 工作分析的应用

调查后，对结果进行分析，这里所说的分析是把各个项目的比率计算出后，检查哪个项目的比率较高，可选择作为工作研究的对象。也可以在调查阶段把自认为较高的项目中的具体哪个作业详细的做一下记录，以便事后进行改善。还可以与一般标准值（见表 9-1）进行对比来发现问题。

在实施工作分析时，可主要从以下三个方面入手，工厂内的问题就更显而易见了。

（1）更换产品时和正常日时的工作分析

产品更换时，对于产品品质方面的判断、修改、商议工作等发生比较多。

（2）上午和下午的工作率分析

在上午，商议工作发生比较多，下午疲劳、等待工作较多。

（3）部件班组和组合班组的工作分析

在部件班组，整理成品、移动、搬运等发生比较多。

为提高生产率，对现有生产情况正确地把握，针对问题（浮余作业的发生）逐个进行改善是必要工作。

第三节　工序分析与优化

一、工序及工序分析

1. 工序及工序分析的概念

（1）工序可以解释为在进行分工操作时被划分的比较细的操作单位，它包含两个意思。一个是裁剪、缝制、熨烫等完成一连串操作全体的流水情况；另一个是上袖、缝侧缝、烫领等一连串操作的一个阶段，一个人所担当的分工作业中的最小单位。本章我们所说的工序分析，指的是后者分工作业中的最小单位。

（2）工序分析是指对原材料加工使之成为成品这一过程的所有作业进行分解，明确每个加工步骤的作业性质、先后顺序、使用的设备以及所消耗的时间等内容，以便有效地利用劳动力和设备，确保产品以最快的速度、最低的成本加工出来。

2. 工序的分类

各种工序在性质上是不完全相同的，一般可以分为以下四类。

（1）加工工序。直接改变加工对象的性质、形状、大小等的过程，是生产过程最基本的部分。如服装生产中的裁剪工序、缝制工序、熨烫工序等。

（2）检验工序。对加工的原材料、零部件、半成品、成品等进行检验的过程。

（3）搬运工序。车间与车间之间、车间内部各工艺工序之间或在工艺工序与检验工序之间搬运原材料、零部件、半成品和成品的过程。

（4）停滞工序。物品处于不加工、不检验、不搬运的状态，也即处于储存或暂停不动的状态。在服装生产中，由于面料、辅料或零件的供应与加工计划的不协调，加工与搬运能力的不平衡，工序与工序之间的生产生产量不平衡，以及生产事故、计划变动、设备调整等原因都会造成停滞的发生。

3. 工序分析的目的

（1）明确产品加工工序的内容、顺序、所用时间及需要的工具和设备，编制工序一览图，使生产有条不紊，便于生产指导和管理。

（2）作为工序编制、生产计划与安排等工作的基础资料，有利于生产线平衡。

（3）明确加工方法，能理解成品规格及质量特征。

（4）能为工序管理提供基础资料，体现工时计划、交货日期等情况。

（5）能使整个作业流程合理化、简单化及高效化。

二、工序分析的方法

1. 工序分析的分类

按用途可分类为产品工序分析、操作人员工序分析、事务用工序分析和搬运工序分析。服装厂进行作业研究时，通常采用产品工序分析。

2. 产品工序分析

服装产品工序分析通常用工序流程图来表达，它一般由三部分组成：一是用图形符号来表明该工序的操作性质和所使用的设备情况，二是用文字进一步说明该工序的名称、使用设备和标准作业时间等，三是用数字表示该工序的序号。把整个服装加工的过程，一目了然地表达了作业顺序及相互间的关系、使用的机器设备或工具、加工时间等。工序分析就是对照图表运用方法研究对各项技术提出问题或找出存在的问题，寻求改进的措施。

（1）表示符号

① 一般工序符号：如表 9-4 所示，将加工、检验、搬运、停滞四类工序分别用符号表示。

表9-4　一般工序符号

工序分类	表示符号	工序分类	表示符号
加工	○	检验	□
搬运	○	停滞	△（▽）

② 缝制用符号：缝制是服装生产中最主要、最复杂的部分，其工序多，使用设备广，用不同的符号表示不同的作业内容，如表9-5所示。

表9-5　缝制符号

符号	符号说明	符号	符号说明
○	平缝机	⊖	双针链缝
⊘	特种机械	⊘	双针包缝
◎	手工作业或手工熨烫	⊕	平头锁眼机
◉	机器整烫	⊕	小圆头锁眼机
⊡	双针针送式缝纫机	⊕	圆头锁眼机
⊞	双针针送式中间带刀式缝纫机	⊗	套结机
⊙	锯齿形缝纫机	□	数量检查
⦶	双针加固缝	◇	质量检查
⦷	三针加固缝	▽	裁片、半成品停滞
⊖	单针链缝	△	成品停滞

（2）图表表示方法

工序流程图采用图表式，一目了然地表达了作业顺序及相互间的关系、使用的机器设备或工具、加工时间等。如图9-6所示，图中符号应显示该工序工艺内容，符号中工序顺序号为工序先后顺序的标号，右边横线上、下分别标明该道工序的名称和设备名称，左边横线上标明该工序的标准作业时间。

（3）工序间的配置关系

工序间关系包括大物品与小物品的配置，同样大小物品配置以及主流和支流的配置，如图9-7所示。

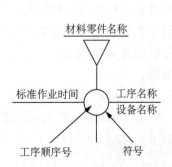

图9-6　工序的符号表示方法

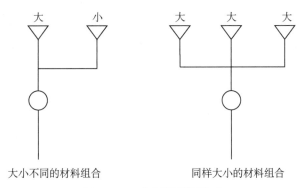

图 9-7　工序间的配置关系

（4）工序分析的编排方法

① 准备产品实样：产品实样有助于准确分析工序内容、加工方法以及使用设备等，在条件允许的情况下应积极准备，在没有实样的情况下凭借照片、款式图、结构图等可能会出现误差。

② 确定大身衣片组合数、组合次序及编排位置。如图 9-8，男式裤装工序表示方法。

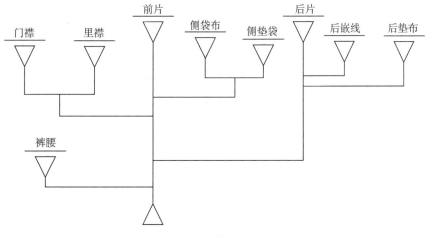

图 9-8　男式裤装工序表示方法

③ 由大身开始分析，按加工顺序依次进行分析编排。

a. 每个部件用"▽"表示面、辅料的进入状态，接着按工序流程绘制部件的加工工序符号，用"△"表示结束；b. 按照图 9-6 工序流程图的表示方法编排绘制出各工序，其中，标准加工时间单位为秒，用 s 表示；c. 不使用机器设备的工序，如扣印、点位、划线等手工操作也作为工序记入在内。

④ 在主要部件（领、袖、衣身）上装配小部件工序时，可引出一个枝权。在枝权顶端用"▽"表示小部件的进入。

⑤ 填写综合表：在工序分析表的空栏处，以综合表的形式填写按机器及作业性能分类的各种工序记号、使用设备、工序数、标准加工时间以及构成比例等内容，产品名称、生产日期、制表人等也要填写。

（5）工序分析方法举例

男式针织开筒衫,POLO 领,两粒扣,有脚叉。款式图见图 9-9,相应的工序流程图见图 9-10,作业工序时间统计表见表 9-6。

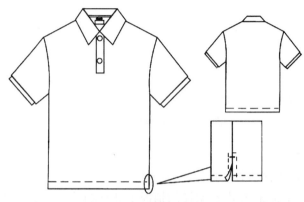

图 9-9　针织开筒衫款式图

表 9-6　作业工序时间统计表

编制日期：　　　　　　　　　　　编制者：

工序号	工序名称	机器设备	标准作业时间(s)
1	车成分、洗水商标	DDL-5550 N-3	11
2、4	缩前、后下摆	EX3244-03	29
3、5	包前、后下摆	W562-01CB	44
6	粘筒衬	HP-220 J	20
7	烫筒贴	蒸汽烫斗	56
8	开筒	DDL-5550 N-3	152
9	检查、修剪筒	查台	32
10	筒底缩边	EX3244-03	12
11	封筒底缩边线	DDL-5550 N-3	12
12	合肩缝(有捆条)	DDL-5550 N-3	26
13	间肩缝	DDL-5550 N-3	20
14	查肩缝捆条	查台	12
15	切扁机袖口	DLM-5200 N	24

工序号	工序名称	机器设备	标准作业时间(s)
16	裁扁机袖口	DLM-5200 N	14
17	绱扁机袖口	EX3244-03	29
18	查扁机袖口	查台	20
19	绱袖	EX3244-03	42
20	钉袖口	DDL-5550 N-3	22
21	合侧缝和袖	EX3244-03	46
22	封袖口缩边线	DDL-5550 N-3	24
23	切扁机领	DDL-5550 N-3	12
24	点领位	NS-91	10
25	绱领	DDL-5550 N-3	45
26	查绱领	查台	26
27	拉领捆条	DDL-5550 N-3	27
28	盖领(有吊祥)	DDL-5550 N-3	64
29	查盖领	查台	21
30	钉摆叉、修剪	DDL-5550 N-3	30
31	车摆叉	DDL-5550 N-3	95
32	查摆叉	查台	33
33	车商标	DDL-5550 N-3	29
34	套结	LK3-B430	17
35	锁扣眼	LH4-B814-2	19
36	钉扣	MB-377	23
37	撕贴纸、翻衫	手工台	17
合计			1115

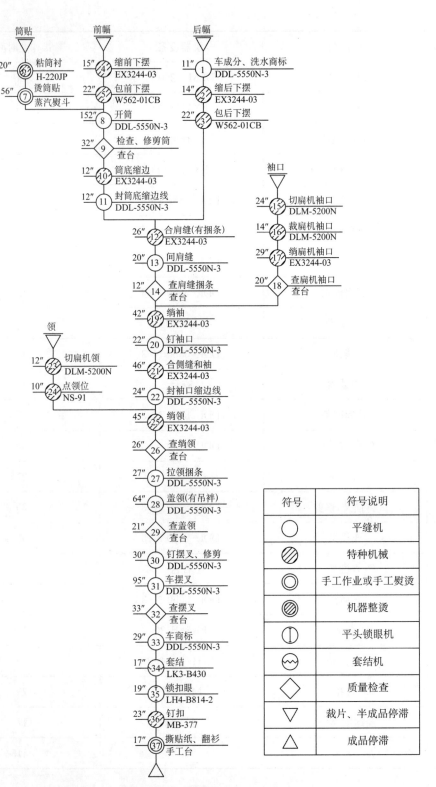

图 9-10　针织开筒衫工序流程图

三、工序改进

工序改进是指参照工序流程图,利用省略工序、变更顺序、组合、简化工序等方法,使工序编排合理,降低生产成本,提高工作效率。

一般来讲,服装厂应在接订单后开始工序分析,生产前决定加工方法,预估标准作业时间比较好。但是随着多品种少批量的订单日益增加,时间紧张的情况下,成品上线后再改善也有效果。

服装厂技术部、IE 部和生产部应坚持开展工序分析和工序改进活动,如某服装厂在分析活动中,开发了领子、袖克夫、口袋、袋盖等多个缝制加工辅助模具,使得这些质量要求高,加工速度慢的工序生产效率得到了极大提高。通过现场调查研究,有效地改变了一些传统的制作工艺,如做袖衩。在调研中发现,有一个工人做袖衩的方法与其他工人不同,但速度快而且质量也好,经过技术人员与操作员工的验证,形成公司做袖衩的新方法。有时会改变某些工序的加工次序,例如制作双波缎的真丝睡裤,裤腰需要系带子,刚开始的工艺设计是车好穿带子的位置后,再把带子穿进去。由于面料比较薄,又有提花,摩擦力大,很容易出现破洞和稀疏,产生不合格品,而且速度也非常慢。后经组长、技术人员共同研究决定,在车缝带位时就直接将带子放入,结果速度和质量都得到了彻底改善。

尽管缝制工序是多种多样的,但加以分析后不难发现,许多工序的加工方法、次序、形状和材料上都有类似或共同的地方,各种品种的服装也是类似工序的组合。因此,把各种加工对象按其半成品或部位加以分析,形成"积木式"数据库(见表 9-7),需要时拿出合适的模块进行组合,就可以编制成整件产品的工序分析表。这是常用的、获得较为精准的工序方法和标准时间的方法,也是实行科学管理的基础。

表 9-7　工序分类表

品号	1300531	142032	150006
图型			
工序分析	袖滚边布 24″ 袖口滚边 32″ 缝袖 12″ 袖口止缝 11″ 翻袖	袖 26″ 缝袖 23″ 袖口包缝 11″ 翻袖 52″ 袖口压明线	袖 26″ 缝袖 29″ 拉袖口 11″ 翻袖

第四节　动　作　分　析

工序分析是从大处着眼，根据工序图分析生产过程的种种浪费，从合理安排程序中去寻求提高工作效率的方法。而动作研究则是在程序决定后，研究人体各种操作动作之浪费，以寻求省力、省时、安全、经济的方法。

动作分析作为方法研究的另外一个内容，主要研究分析人在进行各种操作时，手、脚、眼及身体其他部位的动作，以消除多余的动作，减轻劳动强度，从而制定出最佳的动作程序，以达到操作简便、高效省力的目的。分析结果也能作为研究、考虑使用设备以及时间安排的基础。

一、动作分析的意义

生产活动实际上是由人和机械设备对材料或零部件进行加工或检验组成的，而所有的加工或检验又都是由一系列的动作所组成，这些动作的快慢、多少、有效与否，直接影响了生产效率的高低。

服装生产中效率的提高一般视作业者的动作熟练程度而定，随着动作的逐渐熟练，作业者对作业动作习以为常，完全在无意识中进行操作。实际上，这样的做法潜藏着极大的效率损失。

许多人们认为理所当然的动作组合，其实都存在不合理的现象，如停滞、无效动作、次序不合理、不均衡（如太忙碌、太清闲等）、浪费等。这些动作对产品的性能和结构没有任何改变，自然也不可能创造附加价值，生产效率因之降低。动作分析就是对作业动作进行细致的分解研究，消除上述不合理现象，使动作更为简化，更为合理，从而提升生产效率的方法。

二、动素的分类

吉尔布雷斯（Gilbreth）是动作研究的创始者，他在动作研究方面的重要贡献之一，就是给组成一个动作的各个因素规定了定义，从而使人们能够更有效地研究和处理个别的动作。人完成工作的动作可由 17 个基本动作构成，又称为 17 个动素，可分为以下三类：

第一类：包括伸手、抓取、负荷移动、定位、装配、使用、分解、放手等 8 个动作要素，这些都是完成作业所必需的动作要素。对这类动作改进的重点是取消不必要的动作，同时对工件的摆放、方向、距离、使用条件等进行研究改进。

第二类：包括寻找、选择、预对、检验、思考等 5 个动作要素，这一类动作要素有延迟第一类动作要素的倾向。这类动作要素通常是必需的，但可通过改进工作地的安排来减少或消除。

第三类：包括保持、放置、延迟和休息等 4 个动作要素，这些动作要素通常与工作无关或无益，它们是动作分析的重点。这些动作要素的减少或消除，将使动作分析带来明显的效果。通过使用简单的夹持器具、合理布置工作地、调整动作的顺序等都可以消除或减少该类动作要素。

　　动作分析的基本任务就在于通过分析研究,尽可能地排除第二、三类动素,减少第一类中的不必要的动素,将保留下来的第一类动素,组合成合理的系列,并配以适当的工具和劳动设施,使操作活动更为经济有效。

三、动作分析的方法

　　服装厂内动作分析的主要方法有目视动作观察法和影像动作观察法。

　　1. 目视动作观察法

　　观测人员用肉眼对操作者的左、右手动作进行观察,并按照动作顺序如实记录观察情况,然后对记录资料做详尽的分析。分析每一动作要素取消、合并或简化的可能性,同时用动作经济原则来加以衡量,最后提出切实可行的改进操作方法的意见。由于操作工人的动作速度很快,有时仅靠肉眼很难将动作形象记录下来,因此准确度不高,目视分析一般适用于比较简单的操作。

　　2. 影像动作观察法

　　通过录像和摄影,记录作业的实施过程,再通过放影、放像的方法观察和分析作业动作的方法。根据需要可以按高速、常速或慢速回放,然后进行分析,提出改进意见。这种方法可随时再现操作者的动作,供分析研究,准确度较高,因而得到广泛的应用。

四、动作优化

　　动作优化是分析改进作业方法的一种手段,利用它可以在不改变整个作业程序,不改变设备和生产进度等条件下,使工作效率提高,使工人感到工作轻松自然。动作优化的基本思想是以尽可能减少工人的疲劳、能发挥工人最高效率为准则制定操作方法,再配备有效的加工工具、机械设备和合理的工作地布置。主要分成三类:人体的应用、工作场所的环境及布局、工具设备的设计。

　　1. 关于人体的动作

　　(1) 双手应同时开始并同时完成其动作。

　　(2) 除规定休息时间外,双手不应同时空闲。

　　(3) 双臂的动作应对称,反向并同时为之。

　　(4) 手的动作应以最低等级而能使工作者满意为妥。

　　(5) 物体的运动量,应该尽可能利用之,但如需要肌肉制止时,则应将其减至最少。

　　(6) 连续的曲线运动比含有突变之直线运动为佳。

　　(7) 弹道式的运动比受限制或受控制的运动更轻快、容易和精确。

　　(8) 节奏能使动作流利自发,故工作应当保持着轻松自然的节奏。

　　2. 关于工作场所的布局

　　(1) 工具物料应置放于固定场所,使操作者形成习惯,以较短的时间自动拿到作业位置。

　　(2) 工具物料及仪器应置放于工作者眼前的近处。

　　(3) 运用各种方法使零件、物料自动达到工作者的手边。

　　(4) 工具物料应依照最佳的工作顺序排列。

（5）应用适当的照明设备，使视觉满意舒服。

（6）工作台及椅子的高度，应使操作者坐立适宜。

（7）工作椅的式样和高度，应可使工作者保持良好的姿势。

3. 工具设备的设计

（1）尽量解除手的工作，而以夹具或足踏工具代之。

（2）尽可能将两种以上的工具合并为一。

（3）机器上的标杆及手柄位置，应使工作者极少变动其姿势，便可以利用机械的最大能力。

（4）在长期实践中，人们总结经验形成了四项基本原则：

① 减少动作数量：进行动作要素分析，减少不必要的动作是动作改善最重要且最有效果的方法。

② 追求动作平衡：动作平衡能使作业人员的疲劳度降低，动作速度提高。比如双手动作能比单手大大提高效率，但必须注意双手动作的协调程度。

③ 缩短动作移动距离：无论进行什么操作，"空手"、"搬运"总是必不可少的，而且会占用相当一部分动作时间。"空手"和"搬运"其实就是"空手移动"和"负荷移动"，而影响移动时间的最大因素就是移动距离，因此，缩短移动距离也就成为动作改善的基本手段之一。

④ 使动作保持轻松自然的节奏：前面三项原则是通过减少、结合动作进行的改善。而进一步的改善就是使动作变得轻松、简单，也就是使移动路线顺畅，使用易把握的工具、改善操作环境，以便能以更舒适的姿势进行工作。

五、作业标准化

在企业，所谓"制造"就是以规定的成本、规定的工时、生产出品质均匀、符合规格的产品。如果制造现场的作业如工序的前后次序随意变更，或作业方法或作业条件随人而异有所改变，那么就无法生产出符合上述目的的产品。作业标准化就是对在作业系统调查分析的基础上，将现行作业方法的每一操作程序和每一动作进行分解，以科学技术、规章制度和实践经验为依据，以安全、质量效益为目标，对作业过程进行改善，从而形成一种优化作业程序，逐步达到安全、准确、高效、省力的作业效果。

1. 作业标准化的目的和作用

标准化有以下四大目的：技术储备、提高效率、防止再发、教育训练。标准化的作用主要是把企业内成员所积累的技术、经验，通过文件的方式来加以保存，而不会因为人员流动，整个技术、经验跟着流失，达到个人知道多少，企业就知道多少，也就是将个人的经验（财富）转化为企业的财富；更因为有了标准化，每一项工作即使换了不同的人来操作，也不会因为人员不同，在效率与品质上出现太大差异。

2. 作业程序标准化

作业程序标准化是指在生产过程中，应考虑生产整体过程，按操作程序进行作业。在服装生产中，所进行的每个步骤，都应清楚先做什么，后做什么，中间如何连接、配合（协作），都应按技术规范执行。如表9-8所示为裁床拉布工序的标准化作业。

表 9-8　拉布工序标准化作业

工序：拉布
a) 工序程序 　　1. 松布(适用于针织布和弹力布)； 　　2. 清理裁床； 　　3. 将唛架纸铺在裁床上； 　　4. 检查唛架纸上的资料和制单、样版及拉布单是否相符； 　　5. 定出拉布长度和驳布位置； 　　6. 取走唛架纸； 　　7. 铺拉布底纸； 　　8. 上布(将布放于拉布机并分清布料的底面)； 　　9. 拉布并记录数据； 　　10. 铺唛架纸在布面上； 　　11. 交拉布单给办公室。
b) 品质注意 　　1. 把布折平铺伏； 　　2. 床面无尘、杂物； 　　3. 比唛架长约 2～4 cm； 　　4. 拉布要做到"三齐一准"； 　　5. 布面要平伏； 　　6. 唛架纸要平伏。
c) 机器及工具维护 　　1. 割布机型号：SU LEE； 　　2. 定期对机器进行清扫,保持清洁； 　　3. 懂基本的操作常识,不进行有可能损坏机器的操作； 　　4. 能发现问题,并能及时向上级和机电部反映情况； 　　5. 能进行简单的机器故障处理与修理。

2. 作业动作标准化

作业动作标准化就是要求员工,了解裁片的绑扎要求,采用正确的车缝动作,可以达到一定车缝速度,生产质量符合标准的产品。服装厂可以通过图 9-11 所示制定标准的车缝方法,方便培训员工,统一车缝动作,增加产量,提升效率。表 9-9 为见袖口明线的标准车缝方法。

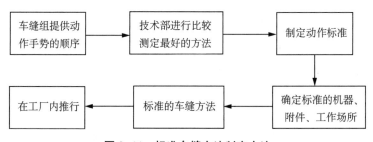

图 9-11　标准车缝方法制定方法

表 9-9　见袖口明线的标准车缝方法

工序：见袖口明线
a) 工序过程 　　1. 单手取袖口裁片； 　　2. 叠紧袖口止口； 　　3. 将裁片对准压脚位； 　　4. 固定止口； 　　5. 回针； 　　6. 车缝； 　　7. 拐角处转动裁片； 　　8. 压上折痕； 　　9. 车缝； 　　10. 拐角转动裁片； 　　11. 车缝； 　　12. 回针； 　　13. 自动断线； 　　14. 将裁片放于一边。 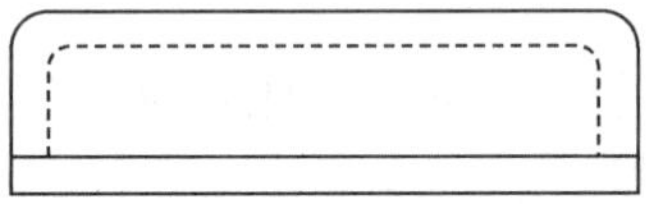
b) 品质注意 　　1. 是否按制单要求之指示或样板车缝； 　　2. 确认新单是否用对线； 　　3. 避免出现以下疵点：见线不均，圆位不圆，左右袖口不对称，起线圈，藏止口，反光，针数疏/密等； 　　4. 车缝第一件需由 QC 确认。
c) 机器及工具维护 　　1. 机器型号：平缝机 DDL-5550N-3； 　　2. 断针后，工人必须找齐断针到组长处登记换领新针； 　　3. 每天早上开工之前用布清洁机器； 　　4. 车缝白色裁片时，要特别清洁机器和工作台； 　　5. 当机器出现故障找组长或机修工解除故障； 　　6. 工具类型：2 号剪刀，锥子，铅笔； 　　7. 每天下班前收拾工具。

　　3．工作现场布局标准化

　　服装生产企业属于劳动密集型企业，在服装生产管理过程中，最大的管理难点是车间现场管理部分。由于裁片、半成品、缝纫线、剪刀等物料的堆积造成工作现场混乱，影响到产品的质量，同时也不利于形成顺畅的流水线。为此需要将工作现场布局标准化，统一车位的布局，工具物料置放于固定场所，按最佳操作顺序排列。表 9-10 为标准化的缝纫车位现场布局。

表 9-10 标准化的缝纫车位现场布局

工作现场布局
1. Operator Lap(E—操作者腿部)
2. Machine(M—设备机头)
3. LHS of the Machine Table(C—左侧堆物平台)
4. RHS of the Machine Table(D—机头右侧堆物平台)
5. RHS Side Table(B—右手侧堆物小台车)
6. LHS Side Table(A—左手侧堆物小台车)
7. Working Area(WA—操作者手部调整活动区域)
8. Front Area of M/C(F—机头前侧堆物平台)

第五节 时 间 研 究

一、时间研究

1. 时间研究的概念

时间研究是指以设计最佳工作方法为目的,对作业动作和时间进行的测定和研究。时间研究的创始人是美国人泰勒(Frederick Winslow Taylor),他测定了各种工作所需要的时间并训练工人用规定的速度工作。

2. 时间研究的目的

时间研究的目的主要是透过时间的研究来改善工作,提高生产率;并对已较完善的作业进行标准时间制订。

(1) 进行流水作业编制中的作业分配

分工进行流水作业时,最重要的一点是向操作者分配均等时间的工作量。流水操作就似流水一样,如果所有工序所需时间相同,流水操作就不会停滞,这样就能顺畅地进行下去,确保稳定的生产量。相反,如果途中流水线停滞,那么各个工序的产量就会出现不平衡。

如果某个工序工作量过多,产品就会滞留在那个工序,造成流水线停滞,使后面的工序无法进行。相反,如果工作量太少,就会造成等待。因此,这两种情况生产效率都会受到影响。

在作业分配阶段,各个工序所需要的时间是不一样的,而且不同工人的操作时间也不相同。因此,时间研究用于流水作业中,把加工时间作为目标对各个工序进行平均分配而对作业进行改善是非常必要的,仅凭管理者的感觉和经验来实施作业分配达不到最佳的分配效果。

在制作样品时,要明确工序顺序和加工时间,制作工序分析表。利用已完成的工序分析表,计算一件产品的加工时间,再除以操作工人的人数,计算出一个人平均所应当被分配的时间(也就是流水线的节拍)。以这个加工时间为标准,管理者可根据操作者的适应性和经验再来分配工作。

一个人平均所应当被分配的时间的计算方法:

$$一个人平均所应当被分配的时间 = \frac{总加工时间(一件产品的加工时间)}{操作人员} \qquad (9-6)$$

(2) 决定操作者的工资基准

操作人员的工资体系,如果是计件工资,一般是以加工时间为标准来决定工序单价,它的问题点在于,操作内容与其支付的工序单价的决定方法是很含糊的。

难度较高的工序,如果设定了较低的工价,操作者就会厌烦接受这样的工作。相反,如果是难度较低的工序设定了较高的工价,操作者就会很期望接受这样的工作。因此,工序单价设定含糊,在接受工序时就会出现供求不平衡。工资相对较少的操作者持有不平衡的心态进行操作时,就比较容易产生品质不良等质量问题。

如何设定平衡的工序单价是影响生产性能的重要因素,设定的依据是科学合理的工序时间。以加工时间为标准设定工序单价的方法如下:

① 工序单价比率的决定:

$$工序单价比率 = 工序纯粹加工时间 \div 产品纯粹总加工时间 \qquad (9-7)$$

② 工价的决定:

$$某一工序的工价 = 一件衣服支付给工人的加工费 \times 工序单价比率 \qquad (9-8)$$

(3) 作为动作研究的资料

即使是进行同一工序的操作,不同操作者的加工时间也是不同的,这是因为操作者的操作方法不同而影响了加工时间所致。在时间值方面,如果个人差异大,那么要分别测定拿、缝、放等要素的作业时间,设定标准动作。特别是新员工,由于操作中含有一些多余的动作,可分析其动作,尽量减少其多余的动作,能让其在最短的时间内接近熟练工的操作。通过时间值的比较,将工序单位和要素作业单位划分开来研究,就可以尽早发现动作中的多余操作。

(4) 预测生产数量,制定生产计划

生产中如果订单数量少,批量大,即使无法制定周密的计划,流水线也不会停滞,照样可以进行生产。但如果订单数量增加,不详细计算出每一个订单的出货时间,那么要遵守交货期就比较困难。

生产计划一般是根据过去裁剪、缝制、后整理等各个部门的标准时间数据进行推测,然后制作从接受订单到出货所需时间的估算表。制衣厂则根据这个数据,来确定交货期。在这个数据的基础上决定交货期,可以防止接受超过自己能力范围的订单以及交货延误的发生。

二、时间测定

时间测定的方法很多,一般可分为作业直接测定法和利用已有资料进行推断的合成法两大类。制衣厂常用测定方法包括：秒表时间研究、预定时间标准法、标准资料法。

1. 秒表记时法

秒表计时法是作业测定技术中的一种常用方法，也称直接时间研究—密集抽样（Direct Time Study-Intensive Samplings 简称 DTSIS），是在一段时间内运用秒表或电子计时器对操作者的作业执行情况进行直接、连续地观测，把工作时间和有关工作的其他参数，以及与标准概念相比较的执行情况等数据，一起记录下来，并结合所制定的宽放时间，来确定操作者完成某项工作所需的标准时间的方法。

秒表记时法主要用于对重复进行的操作寻求标准时间，有个别时间观测法和连续时间观测法两种。个别时间观测法是在样品试制时一般使用的时间测定方法，在每个操作要素开始操作时计数，到达操作终点时读秒。连续时间观测法是测定生产现场员工操作时间时一般使用的方法，不停止秒表进行观测，在到达要素作业的区分点时记录读秒，结束后，计算各个作业时间，然后计算出要素作业所要花费的时间。

重复作业是指具有重复循环型式的作业，重复循环期间持续的时间，大大超过抽样或观察所需的时间，服装生产中的很多作业都是重复作业。针对该方法的时间测定如下：

（1）秒表记时法的测定准备

时间测定之前应掌握操作者的有关资料和工艺制作方法，测时人员预先做好准备。具体包括：

① 确定标准的工艺制作方法：工艺制作方法不同，时间消耗必然有所差异，在测定之前，应了解各工序的制作方法是否是符合本企业特点的科学合理的工艺方法。

② 划分作业单元，确定测时的起点和终点：技术人员应在充分讨论研究的基础上，将每道工序分解为若干个作业单元。作业单元的时间长短要合适，在不影响精确观测的基础上，每一单元的时间延续越短越好，但须在视力精确观测的最小极限数值以上。同时明确确定各作业单元的测时始点和终点。

③ 选择测时工人：一般认为，为了使测得的结果合理和有代表性，应选择中等（平均）熟练程度的工人进行操作。在西方国家，不强调中等熟练程度的人，因为其一，这种人不容易选到；其二，将来测时后，还要进行效率评定。所以，往往就选工序的原来操作者。不论选谁，作为操作测时对象，都要做好思想工作，取得他的配合，并按标准操作方法训练。

④ 准备观测工具：秒表法的观测工具主要有十进分钟秒表、时间观测板、测时记录单等。

（2）确定观测次数

作业测定是抽样过程，必须有足够多的测时次数，以期从统计总体中得到合适的样本。测的次数越多，结果就越合理（即精度越高），但观测次数太多会失去抽样的意义。观测次数要根据生产类型、作业性质（机动、手动或机手并动）、工序和作业单元延续时间长短等情况而定。

（3）剔除异常值

现场记录之后，应对数据进行处理和计算。计算各单元的平均值，检查分析并剔除观测数值内的异常值。异常值是指某单元的时间由于外来因素的影响而使其超出正常范围的数值，异常值的剔除可采用三倍标准差法。

（4）秒表法的注意事项

测时通常在工作班开始 1～2 h,工作节奏稳定后进行。在进行正式观测记录之前,应先作 2～3 次试测,以证实标准的测时起点和终点是否正确无误。

进行测定时,测量者应将观测位置选择在操作人员的侧后方,以既能清楚地观测操作、便于记录时间,又不干扰操作者工作为原则。研究人员要与操作人员通力协作,态度上平易近人,不要造成操作人员反感或产生紧张心情。观测时应采取立姿,以示对操作者的尊重,测时期间不要与操作者谈话,以免影响操作。

2. 预定时间标准法(简称 PTS)

该方法是将构成工作单元的动作依据动作分析的方法分解成若干个基本动作,再对这些基本动作进行详细观测,然后做成基本动作的标准时间表。当要确定实际工作时间时,只要把工作任务分解成这些基本动作,从基本动作的标准时间表上查出各基本动作的标准时间,将其加合就可以得到工作的正常时间,然后再加上宽放时间,就可以得到标准工作时间(表 9-11)。

表 9-11 接后担干工序动作分解表

工序名称:接后中担干(10 cm 拼缝)					
机器:电脑平车 3000 转/min				图例	
针距:6 针/cm		捆绑时间:3 s/件			
人工浮余率:7.5%		机器浮余率:12.5%			
订单系数:0		面料系数:0			
序号	代码	动作描述	频率	机器时间(s)	手工时间(s)
1	PDTS	同时取左右两块担干配对	1		2.66
2	YZYJ	将担干移到压脚下	1		1.36
3	HZZD	自动回针	1		0.32
4	TZ2P	调整及对准两块担干	1		2.20
5	S10LB	车缝 10 cm 暗直线准确停车	1	2.27	
6	HZZD	自动断线	1		0.32
7	BF1S	单手摆放担干于右边车台上	1		0.82
合计				2.27	7.69
净作业时间=2.27+7.69=9.96 s					
标准时间=2.27 * (1+0.125+0.075)+7.69 * (1+0.075)+3=13.99 s					

3. 标准资料法

标准资料是将直接由作业测定(秒表记时法、PTS 等)所获得的大量测定值或经验值,经分析整理、编制而成的某种结构的作业要素(基本操作单元)正常时间值的数据库。利用标准资料来综合制定各种作业的标准时间的方法,叫做标准资料法。

服装生产中,大多数款式的服装都包含一些相同的工序,例如车缝肩缝、车缝下摆、钉纽扣等;不同工序也存在若干相同的作业要素,如裁片的拿取、对位、车缝、放置等。如果掌握了一套公共要素标准时间的数据,就不需要一次又一次地对同一要素进行测时。假如能给工厂中重复发生的工序建立资料库,而且它所包含的工序很多、范围很广,那么对新款式服装就不必进行直接的时间研究了。只需按照工序流程图的划分,从资料库中找出相同工序的操作时间,便可以灵活运用这些数据,如表 9-12、9-13 所示。

表 9-12　工序资料库数据 1

工序 No. 305		工序名:后省缝(s)		
内容　　　机种		平缝	自动切线机	省缝自动机
无增强布	一个省	28″	23″	20″
	双省	42″	32″	26″
有增强布	一个省	44″	23″	20″
	双省	64″	52″	30″

表 9-13　工序资料库数据 2

工序 No. 306		工序名:后省倒熨整烫(s)	
内容　　　机种		熨斗整烫	烫衣机
无增强布	一个省	20″	16″
	双省	24″	18″
有增强布	一个省	30″	26″
	双省	38″	30″

与其他作业测定的方法相比,标准资料法具有以下几个特点:

(1) 标准资料是以其他作业测定方法为基础,因此,它和预定时间标准相似,但是两者涉及的作业阶次不同。标准资料所积累的是作业要素的时间数据,而预定时间标准所积累的是最基本动作(动素)的时间数据。同样,秒表时间研究所涉及的阶次也与标准资料不同,而且它们都属于直接测定法。

(2) 标准资料是利用现成的时间资料,对同类工序不需重新测定,只要查出相应数据加以合成即可,能较快地制定出一项新款式服装的标准时间,并且成本较低。

(3) 标准资料是对多次研究的资料分析整理而成,衡量标准较统一,得出的数据有较高的一致性。

(4) 建立标准资料所依据的资料数据多、范围广,可排除数据的偶然误差,故比较可靠,可信度较高。

(5) 标准资料法合成时间不需再评比,可减少主观判断的误差。

（6）标准资料是利用其他作业测定方法制定的，所以标准资料法并不能从根本上取代其他测定方法。

思考题：

1. 简述工作研究的内容。
2. 浮余率如何计算？其常用的测定方法是什么？
3. 取一件服装，试编排其工序流程。
4. 缝制生产中，如何运用经济动作原则？
5. 阐述秒表法、既定时间法和标准资料法的优缺点。
6. 实例说明缝制工序标准工作时间的计算。

第十章　服装生产组织及流水线编排

设计研发是 0—1 的过程，而服装生产场地是实施产品 1—N 的场所，前期的各种技术资料和管理相关内容的准备是为了以更好的质量、更低的成本、更快的时间产出，而生产组织及流水线编排以及流水线运行，就是达成目标的最终体现。

第一节　生产场地布局及设计

服装生产过程是按照服装的生产工艺排列工作地，从面辅料进仓、服装的零部件半成品按照一定的速度，连续有节奏地经过各个工作地依次加工，直至生产出成品。生产场地的设计就需要依据服装生产流程和特点，对场地的设备、物流和人流进行规划和布置。其中缝制环节是服装加工的瓶颈环节，也是生产场地设计与布局的重点。

一、概念及标准

服装生产场地布局及设计是指，依据企业产品特点和生产规模，开展合理的服装厂综合规划及设计，或根据现有场地情况，进行设备、附属器具规划及排放的过程，以设计图形式表达。如图 10-1 所示。

服装生产场地要依据 GB 50705—2012《服装工厂设计规范》的要求，开展相关设计。其中涉及的标准还有 GB 50016—《建筑设计防火规范》、GB 50425—《纺织工业企业环境保护设计规范》、GB 50052—《供配电系统设计规范》和 GB 50019—《采暖通风与空气调节设计规范》等。

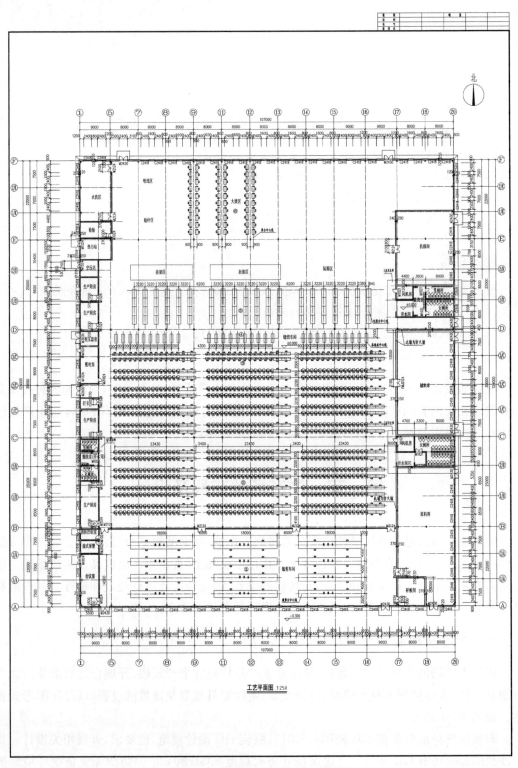

图 10-1 服装生产场地平面布局图

《服装工厂设计规范》分为 9 章和 5 个附录,主要内容包含总则、术语、工艺、总平面设计、建筑、结构、给水、排水、采暖、通风、空调与动力、电气、职业安全与卫生等。

二、服装生产场地布局类型

服装生产场地的布局一般有如下两类:

1. 工艺专业化

按照工艺特征建立生产单元,服装厂采用工艺专业化的基本车间组织形式,全厂是一个大工艺流程生产线。如将车间分为裁剪车间、缝纫车间、熨烫车间等,并按照工艺顺序安排物流。

工艺专业化的优势较多,各个车间分工明确,对产品的品种变化适应快,生产系统的可靠性高,工艺及设备管理方便,这是目前很多批量较大的订单企业采取的布局形式。

不足之处也很明显:半成品裁片在加工过程中运输次数多,运输路线长;车间之间协作关系复杂,协调任务重;只能使用同类设备,生产效率低;在制品量大,生产周期长等,这种被称为"离岛式"的布局不符合目前精益生产的要求。

2. 对象专业化

按照产品品类建立的生产单元,按对象专业化的原则,将加工某种产品所需要的设备、工艺装备和工人放到一个厂房或工作区域内。如西服车间、西裤车间、裙车间、衬衫车间等,在该车间内,拥有完备的裁剪、缝制和后道流程,产品在一个车间内就能够全部完成。

和工艺专业化相比,对象专业化的优势在于:可减少运输次数,缩短运输路线;协调关系简单,管理工作简化;可使用专用高效设备和工艺设备;在制品少,生产周期短。这种被称为"集结式"布局符合精益生产的要求。

同样对象专业化也存在一定的不足:一般这种生产系统品种较为固定,对品种变化的适应性稍差;生产系统可靠性较低;工艺及设备管理较复杂,对生产管理人员要求高等。

三、设计表达

在服装厂建设初期,要采用规范化的设计表达方式,以方便在场地建设或者更新时就能够考虑设备或者物流对建筑中承重、水、电、汽以及电梯等的要求。

1. 设计图纸

设计图目前多用 AUTOCAD 软件绘制,直接在建筑图的基础上,进行场地规划和设备等添加。在绘制图纸时,要熟悉各类设备的外形和实际规格,以及设备等对水、电、汽的具体要求,在实际设计时,除了如图 10-1 的平面布局图,还需要有动力设计图,标明强电弱电分布;服装加工涉及用电负荷、电路布局等方面,这部分施工时需要辅助相关管线,缝纫机一般用空中桥架或流水槽方式送电。配合图 10-1 平面布局图的动力图如图 10-2 所示。

2. 设计表达

为了简化绘图工作量,并统一规范,我们在设计表达时候,会用一些特别符号来表示常规的设备或者设施等,一般的符号及表达方式如表 10-1 所示。

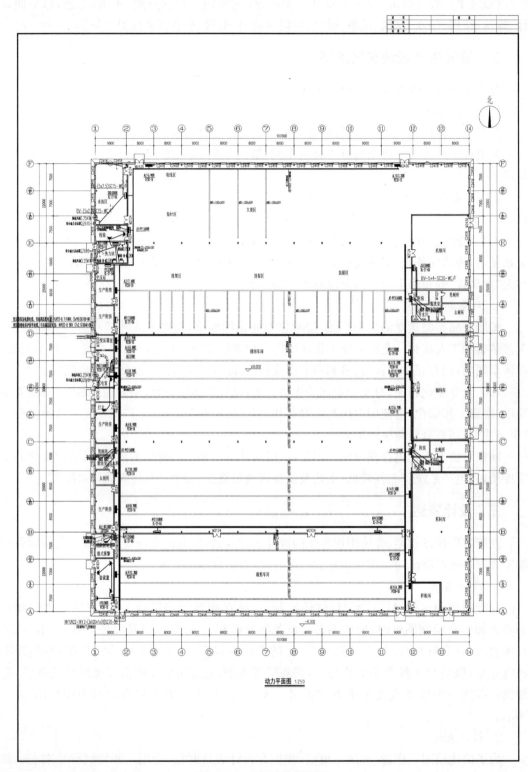

图 10-2　服装场地动力图

表 10-1　流水线设备表达

项目	名称	记号	规格尺寸(厘米)
1	平缝机	□	60×120
2	特种机	▨	按照不同设备规格
3	手工烫台	▭	按照实际规格
4	大烫台	▨	按照实际规格
5	流水台	◿	按照实际规格
6	堆放台	⊠	按照实际规格
7	作业员	⌓	
8	兼职作业员	⌓	
9	物流主流	←	
10	物流支流	⇠	

3. 布局设计原则

场地布局及流水线设计,事关生产中人流、物流和信息流的科学性,我们要从精益生产的价值流角度,考虑场地设计和设备布局。在实际生产中,裁剪、缝制、整烫包装是增值活动,而其他围绕增值活动开展的搬运、移动、等待等是非增值活动,应尽量降低非增值活动在全部活动中的占比。一般依据以下原则开展场地设计与布局:

(1) 建筑面积合适

建筑面积太小,会使生产空间不够,限制员工的操作动作;太大既浪费空间也会增加搬运距离,因而要根据生产规模和服装品类,使生产作业空间得到最大限度的有效使用,为操作人员提供安全、方便、舒适的工作环境。

(2) 整体布局合理

从物流的流动要求考虑,原辅材料仓库要卸料方便,成品仓库要出货便捷,最好与运货车无缝连接,南方等阴雨天气多的地方还要考虑装卸货的雨篷等;服装生产的大型设备,如预缩机等,不方便运输上楼,应放置在一楼;自动裁床与铺布裁床的配合等。

(3) 人流、物流顺畅

根据人员工作生活状态,考虑整体厂区人流状况,尤其是上下班时通道、楼梯的人流情况,避免发生安全事故;模拟物流在厂区和各个车间内的实际流向和大小;车间内工艺顺序明晰,分清主流与支流,要做到物流距离最短、不交叉、不倒流,最大程度减少搬运浪费。

（4）信息控制面积小

管理者要掌握生产状况可以通过信息流来判断,最有效信息即流水线产成品数和实时的半成品数,流水线不同设计获得信息的方便性也不同,能够使管理者获得信息的位置称为"控制面积"。对于管理者来说,控制面积小意味着信息获取容易。如表 10-2 所示,第三种设计为流水线 U 型流,因而管理人员只要在左侧阴影的控制面积区域就可以了解半成品投入数和合格成品出货数,有效判断流水线生产状态,是信息控制面积最小的设计。

表 10-2　流水线控制面积

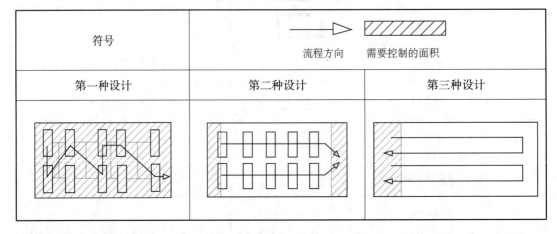

4. 设计细则

（1）人、物的移动距离、生产状态及管理信息的传递交流距离最短,避免倒流水及交叉传递现象。

（2）按照服装加工顺序,将主流线与支流线明确区分开,如图 10-3 所示。组装工序的流动为主流,其余后片工序等均为支流工序,方向都流向主流相关位置。

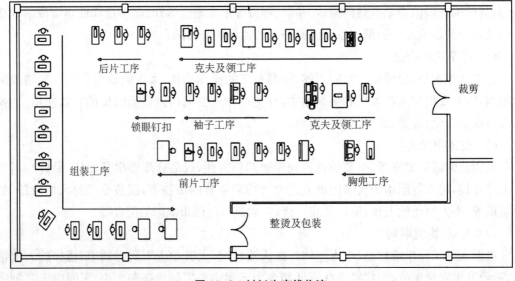

图 10-3　衬衫生产线物流

（3）生产编排要保持较好的通融性，一个品类产品的款式发生变化，保持设备布局的基本形不发生变化，具有较好弹性布置。

（4）车间整体布局设计，能够使人明确了解生产运行状态。

（5）工位之间的在制品传送装置（传送带、堆放台及吊挂系统）有节奏地顺畅传动。

（6）作业的空间适应性原则：

标准操作空间＝标准面积×高度（垂直于地面），标准面积与产品品类相关，产品小如T恤，设备之间距离考虑到人员操作空间面积就可以，而对于体积大的产品则要适当加大，还要考虑不同身高的坐姿和站立作业适应高度。

物料传送一般应按照"左拿前送"的原则，传送高度应在与肘关节的同一平面上或略低的位置；堆放与储藏的高度等也要进行研究。

（7）消防设施、出入口、通道不可有障碍物，保障安全。

（8）注意采光和照明设计，以保证工作面的采光均匀；为了节约用电又有足够的照明，一般工作台面上方通过桥架上灯管提供照明，灯管距离地面1.9 m左右。

（9）车间布局要与工厂平面布置密切结合，在保证工艺线路顺畅的情况下，原料进入车间的入口要尽量靠近原料仓库，成品出口要尽量靠近成品库。

（10）车间布置时要考虑水、电、汽等能源的使用方便程度。

四、人员及设备数量的计算

一条流水线人数和设备的数量与流水线加工规模批量相关，也与加工产品品种相关。在充分考虑接受订货的批量、产品的工序数、制作周期、技能水平等诸多因素基础上，生产线人数需要进行科学配备。特别是在多品种小批量生产的情况下，为了减小新款起步效率损失，注意配备适当的人数。

1. 人员数量配置参考因素

（1）接受订货的数量：批量大，则一条线人数就需要多些；

（2）可以接受的加工时间：即货期长短，如果订单的货期较短，生产线人数也需要多些；

（3）产品的工序数：工序数越多，产品越复杂，人数就要多些；

（4）员工的技能水平：一个产品的工序数是确定的，流水线人多，每个人完成的工序数就少，技能宽度底；反之技能宽度要求高。

2. 人员数量配备方法

缝制是服装生产的瓶颈，根据交货期限要求，通过缝制加工的生产周期，先确定缝纫生产人数，再反推其他裁剪、后道人数，可以进行人员概算。如将缝纫生产期限设为3~6天，则缝纫人数依据以下公式计算，其中每人日产量可以根据业内一般标准确定。

$$人数＝\frac{平均接受订货批量大小}{每人的日产是×（3~6）}$$

以西装上衣为例，既有20人左右的小线，用于进行量身定制或者样品的生产；也有60人左右的中线，进行中批量订单的生产，还有120人左右的大线，用于订货批量较大的生产。与西服类标准加工时间在6500~8500 s左右产品相比，对于女裤标准加工时间在

1500 s 左右产品的生产线就要短得多,一般在 15~22 人之间。

整个服装加工工厂的人员和设备数量与该厂的年目标生产能力有关,以缝纫加工时间为依据计算出缝纫人员数,然后根据生产品种,按照一定比例配备裁剪车间和后整理车间的设备台套数和人员数。当然,如果是牛仔裤类型需要大量后整理处理的,还需要依据后整理加工工序和时间再次进行核算。企业中合适的人数配备如表 10-3 所示。

表 10-3　按照各品种选择适当人数

品种	标准总加工时间(s)	浮余率(%)	适合一条生产线的分工人员			直接工作人员每人日产数量(件)
			裁剪(人)	缝制(人)	整烫(人)	
男西装上衣	7900~9500	25	11~15	105~115	14~18	2.8~3.4
男装内衣	2000~2400	25	6~7	48~52	5~6	11.3~13.5
裙子	750~1500	25	2~3	15~17	1~2	18~36
连衣裙	3400~3900	25	2	15~17	1~2	6.9~7.9
运动衣	700~900	25	4~5	30~33	3~4	30~38.6
运动裤	500~650	25	3~4	22~24	2~4	41.5~49.0
牛仔裤	1000~1150	25	2~3	29~32	2~3	23.5~27.0
衬衫	950~1100	25	8~10	75~85	15~20	24.5~28.4

3. 设备台数核算

通过核算流水线上直接人员数,再推算设备台数,是设备计算的常规做法。对于每种特定的设备的数量,计算公式如下:

$$机台数量 = \frac{该工序(机种)加工时间}{平均节拍} + 1$$

即流水线上产品某一种设备所需数量等于该产品同种设备工序的总加工时间除以平均节拍,最小取整后(小数点后数字全部去掉)再加一台即可。

如某款式经过统计,总标准加工时间 2003 s,其中平缝工序 1177 s,特种加工 397 s,小烫 429 s;如果用 10 人完成该款式,则:

平均节拍 SPT = 2003÷10≈200 s/人

平缝机数 = [1177÷200]+1=6(台)

在特种加工中,其中切商标工序,尽管仅仅有 3 s 加工时间:

切商标机数 = [3÷200]+1=1(台)

其他工序的计算方法也是如此,通过这样的计算,就能够核算出所需设备的类型和台套数。事实上,流水线上设备数总是多于直接操作人员数的,流水线上一人多机的情况也很普遍。尤其是推行精益生产的企业,每个车间都有一个暂存设备堆放栈,一旦正在使用设备发生故障或换产需要其他机种,设备得以马上替换,不影响生产进行,因而设备要方便移动。

五、半成品的传递方式

大多数服装生产线属于操作员不移动,而服装衣片部件移动的方式,在流水线上的衣片或者部件称为半成品或者在制品。传递对生产造成很大影响,因而在流水线设计之前要研究生产服装的种类、批量,采用合适的传递方式。

服装半成品传递按照传递批量分为大批量传递、小批量传递和单件传递,从传递的工具来看,既有吊挂系统传递,又有传统捆扎式手工传递,还有捆扎式传送带传递,推框式传递等。

1. 传递批量

流水线各个工位之间以成捆及 3 件以上都是批量传递,从数量上说,以 10 件、一打12 件甚至更多的为大批量传递,多以捆成一包的方式,适合传统大批量订单生产;以 3 件、5 件为一扎为小批量传递,俗称"小包流",适合目前一般品牌内销女装、女裤生产;以 3 件以下甚至 1 件为单位进行传递,且严格控制传递节拍,为单件流生产方式,多在推行精益生产的服装企业进行,此种方式对生产系统要求最高。

目前在一些企业流行的单件流和棋盘流的内容和要求见本章第四节。

2. 传递工具

传递工具根据企业流水线设计以及传递批量不同而有所不同。常用的有以下几种方式:

(1)流水槽手工传动:流水线采用传统的前后配置方式,以批量为单位传递,在操作员旁边配备统一流水槽,半成品以一捆的形式,方向从后向前,操作员通过手工传递,将半成品沿流水槽传递到下一个工位,如果中间有间隔,则抱送传递。

(2)推框传递:单件流生产线上可以看到推框式传递,设备呈横向排列或纵向排列,一件或几件服装的衣片全部放在一个框中,操作员完成操作就将框推向下一个工位。

(3)手动单件传递:在一些工序较少、半成品衣片较小的服装生产中,如 T 恤衫等,采用横向排列设备、手工单件传递的方法,这样的方法反而速度快、效率高。

(4)吊挂式传递:吊挂线在国内服装行业使用日渐广泛,如西服、衬衫、裤子等,该系统除了减少了人工搬运移动,其驱动软件还可以实现数据统计、分析、调度等工作,不但具有传送功能,还是辅助管理的工具,在目前混合流水的要求下,还可以实现两条线之间的传递,是一种适合智能化生产的传递模式。

3. 传递方向

传递方向可以分为直线式传递、Z 型传递、U 型传递等,如图 10-4 所示。

考虑到左拿前放的经济动作,直线型传递一般采用从后向前纵向或者从左向右横向的方法;Z 型多用于流水槽设计两边来回传递的方法;U 型传递在精益生产中经常使用。

4. 传递节拍

节拍(Pitch Time):流水线上两件产品之间的时间间隔或者半成品从一个工作地到另外一个工作地的时间间隔。

传递节拍指流水线前后工位传递间隔时间,这个时间与传递批量有关,在大批量传递中,一般采用粗略型节拍,即没有严格的传递时间要求,但易造成半成品堆积;而小包流,尤

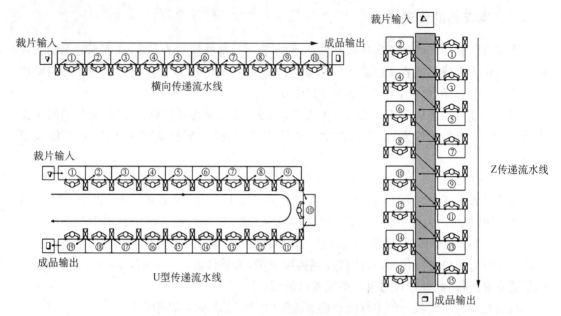

图 10-4 不同传递方向流水线

其是单件流,则要采取强制性节拍的方式,即要求线内员工在规定时间内完成自己工序,进行传递。

强制性节拍对管理的要求比较高,对员工压力也会比较大,但是流水线出成品的时间准确、订单批量可以大大降低。

六、半成品信息控制

流水线中大量堆积的半成品是现场管理问题的重点,控制好半成品数量也是现场管理要解决的关键问题。如果仅仅在每日生产结束时统计合格产成品数量和投入半成品数量,虽然能够计算出流水线半成品数,但是具体哪个工位有积压或者延迟不够准确,就无法为实时管理决策提供依据,这就需要能够有方法实时监控半成品的流向和每个工位的生产状况,目前企业中普遍采用的有 RFID 系统和配合吊挂生产线的吊架扫描系统。通过系统后台,能够清晰反映半成品在各道工序加工状况以及完成比例等。如果没有相关系统,就要采用控制裁片进入流水线的节奏和频繁的流水线观察来实现。

第二节 流水线编排及人员分配

在确定服装生产场地的规划及订单与人员、设备关系之后、将不同订单分配至不同车间和班组、核算具体的货期等,一般由生产供应链的计划部门完成;对于一个具体的车间或者班组,主要工作是根据特定的订单,进行流程编排、将任务合理分配给操作员,并制定日计划产量,称为流水线编排。

一、基本概念及计算

1. 日产量及计算

日产量是指缝制流水线一天的产能,作为服装加工中的瓶颈工序,缝制产能的多少直接影响缝制流水线的直接作业人员数,其公式为:

$$日产量 = \frac{一天的作业时间 \times 作业人员人数}{纯粹总加工时间 \times (1 + 浮余率)} \times 编成(制)效率$$

公式中,一天作业时间是指流水线工人一天工作时间;作业人员数是指参与缝纫、半成品熨烫、手工等服装价值流程图中所包含的时间的员工,不包含质量检验以及不参与作业的班组长,也称为直接作业员;产品纯粹加工时间就是完成这件服装的时间,不包含浮余。浮余和浮余率概念在本书第 9 章作业研究中有介绍,这里要重点介绍流水线的编制效率,也称编成(制)效率。

2. 流水线编成(制)效率

节拍的概念在上节中有描述,这里要介绍一下平均节拍(SPT),平均节拍的计算如下:

$$平均节拍 = \frac{产品标准总加工时间}{作业人员数} = \frac{一天作业时间}{目标日产量}$$

如果企业用纯粹加工时间完成价值流程图,则:

$$平均节拍(BPT) = 产品纯粹总加工时间 / 线内实际作业人员数$$

平均节拍值可以衡量流水线员工平均工作量的大小,我们要根据平均节拍的数值进行流水线编排。

编成(制)效率是衡量流水线编排效果的重要指标,其公式为:

$$编成(制)效率 = \frac{平均节拍}{瓶颈工序时间} \times 100\%$$

以裤装生产为例,每个操作员被分配的任务量如图 10-5 所示,可以看到 11 名操作工人的任务存在不均衡现象,其中上唛头加订耳仔工序加工时间最长,为 302 s,成为该流水线瓶颈工序时间。

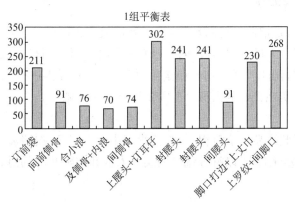

图 10-5　流水线均衡图

平均节拍也可简写为 S. T. P,其实是流水线上人均承担工作量的概念。仍以图 10-5 为例,裤装产品由 11 名操作员完成:

标准加工时间＝211＋91＋76＋70＋74＋302＋241＋241＋91＋230＋268＝1895 s

平均节拍＝1895÷11＝172.2 s

流水线的编成(制)效率＝172÷302＝57%

由日产量公式可知,编成效率与日产量成正比关系,理论上如果编成效率达到 100%,意味着操作员工之间作业分配没有任何不均衡现象,每个员工工作的全部时间都能转化成有效劳动。因而如何提升流水线的编成效率,是流水线上 IE 人员、班组长的主要职责之一。

3. 学习曲线

学习曲线是指在一定时间内获得的技能或知识的速率,表现为随着生产数量的增加,单件完成时间呈下降趋势,前期下降快而后续下降趋缓。单个人和流水线班组都具备这种特征,对于缝制生产线来说,表现出来的就是换产初期效率较低,随着件数增加效率逐步提升。图 10-6 所示为不同生产线换产的产量状况,由于订单量不大,流水线还未达到学习曲线中的高效率就可能开始换产。图中第一组换产第一天产量很低,除了学习曲线因素,可能还存在生产准备不够充分的情况。

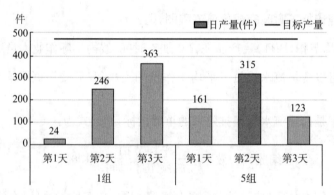

图 10-6　不同班组流水线换产状况

二、流水线人员分配

流水线人员分配,是指针对缝制环节,将产品价值流程图中的工序经过组合编排,分配给适合的员工的过程。人员分配是缝纫开线前必须做的工作,一般是班组长或者现场 IE 根据产品和人员情况进行分配,开线初步稳定后,根据生产实际再进行工序调整,使流水线人员达到更好的平衡。实现较好的人员分配需要以下四个步骤。

1. 工序组合

依据要生产的服装产品价值流程图,将流程图中所有工序,按照流水线实际人数和一定的规则,将所有工序进行组合,以符合流水线实际人数和实际状况的过程。工序组合需遵循以下三个原则:

（1）工作量均等

工作量均等是指组合后的工序时间大致相等，达到开线后工序同步化的要求；这就要求计算平均节拍，组合后的工序时间在平均节拍附近，组合工序后的编制效率期望达到 85％ 左右，对于大批量生产而言，经过开线后的调整，实际编制效率期望达到 90％ 左右。

如果工序组合后成为图 10-5 所示案例情况，编制效率仅为 57％，则会出现有人工作量很低，有人工作量太高的状况。工作量低的员工为了保持有活做，就会不断增大半成品裁片投入以维持其生产，生产现场就会出现大量的半成品堆积且不整洁，进而可能会引发由于配错包、配错片而产生的质量问题；也会由于员工间计件工资差异较大，引发员工工作情绪等状况。

为了达到 85％ 的编制效率要求，在工序组合的时候，要计算出组合工序时间的上限和下限值，计算方法如下：

① 上限＝平均节拍 SPT（BPT）÷目标编成效率（目标编成效率可以按照 85％ 计算）

② 下限＝2×平均节拍 SPT（BPT）－上限

以西裤为案例，其标准加工时间为 2339 s，流水线有 26 个直接作业人员，则工序组合的时间上下限计算：平均节拍 SPT＝2339÷26≈90；上限＝90÷85％＝105.8（s）；下限＝2×90－105.8＝74.2（s）

也就是说，组合后的工序按照 26 个人进行分配，上限不要超过 105.8 s，下限不低于 74.2 s。当然，由于组合时间的上限可能成为瓶颈工序，与编制效率直接相关，因而在组合时更要密切关注。

（2）半成品物流顺畅

指在组合工序时就要考虑组合后可能产生的物流流向，避免交叉、倒流。在价值流程图中，要注意支流和主流，哪些是前后工序，哪些是平行工序，组合时要注意工序前后顺序，如果将有前后顺序且相隔很远的工序组合在一起，尽管达到了工作量均衡的要求，但是会导致物流的倒流，也是不符合要求的。

（3）一人一个工作地

在满足前两个原则的前提下，还要考虑尽量一人一个工作地，如流水线烫工与缝纫工的工作不相混合。不同缝纫设备的工序如果组合在一起，即一个员工要操作不同设备，不仅设备数量增大，而且增加设备投入和场地面积、传递距离增加，会产生员工在不同工作地移动的问题。

仍以上述所计算的西裤为例，在标准加工时间 2339 s、26 个流水线一线人员、平均节拍 90 s 的情况下，初步工序组合结果如表 10-4 所示。

在这个案例中，前后紧挨工序可以三个工序两人做，编号 68、69、70 的三道工序 187.2 s，其中 2 道手工工序、1 道车缝工序。两人分担，手工工序一人一道，车缝工序可以各做 50％，平均每人承担 93.6 s 工作量；编号 16、17 总共 45 s，编号 51、82 打枣工序共 44.8 s，各分给一个员工，仅为平均节拍的 50％ 工作量，是两名新员工；编号 57、62、66、71、80 和 81 六道工序是凤眼机和烫台工序，总共 92.9 s，超过一个工作地，分给一个员工，要考虑物流和员工移动的距离。

表 10-4　西裤工序组合表

No	工序代码	工序名称	工序SAM	工序分量	委派时间	累计SAM	预计效率	估计发生时间	目标产量	人员
9	××××	三线拷边车后裤片三边（直/116＋27＋93 cm）后袋唇两边（直/18＋18 cm）边袋贴大袋贴三边（直/24＋10＋23 cm）边袋小袋贴（直/27 cm）1 条＊2 及里襟（直/25 cm）1 条＊1	80.5	100%	80.5	80.5	100%	80.5	353	1
8	××××	三线拷边车拷边前裤片四边（直/28＋91＋25＋97 cm）1 条＊2（春夏）	47.5	100%	47.5		100%	47.5	353	
10	××××	手工拉开门档缝及门襟贴型纱（长/111 cm）1 个＊1	2.3	100%	2.3		100%	2.3	353	
11	××××	三线拷边车加拉筒后档缝定型纱（弧/39 cm）1 条＊2 及门襟贴定型纱（弧/29 cm）1 条＊1	22.7	100%	22.7	104.3	100%	22.7	353	
12	××××	电脑平车收后片直单省（直/9 cm）连手工画省位 1 次＊2	31.8	100%	31.8		100%	31.8	353	1
16	××××	手工点后裤片开袋位 2 点连修剪后袋唇两边拷边线头 1 条＊2	20.0	100%	20.0	45.0	100%	20.0	353	1
17	××××	开袋机开后袋（直/15 cm）1 条＊2	25.3	100%	25.3		100%	25.3	353	
15	××××	人字车车后袋布商标四边（直/3＋7＋3＋7 cm）1 条＊1	16.3	100%	16.3		100%	16.3	353	
33	××××	电脑平车车贴大袋贴"L"形（直/11＋24 cm）连手工修剪边袋大袋贴 2 边拷边线头连点大连点边点袋袋口位 1 条＊2	40.0	100%	40.0	83.5	100%	40.0	353	1
34	××××	电脑平车车袋品质标四边（直/8＋6＋8＋6 cm）1 条＊1	27.1	100%	27.1		100%	27.1	353	
35	××××	电脑平车车右边袋零线袋三边（直/9＋9＋9 cm）及车零线袋口环拆折叠 1 cm（直/11 cm）1 条＊1	29.1	100%	29.1	89.0	100%	29.1	353	1
36	××××	电脑平车车左边袋手机袋三边（直/13＋13＋13 cm）及车手机袋口（直/10 cm）1 条＊1	37.0	100%	37.0		100%	37.0	353	
37	××××	手工画袋小袋贴长度（直/20＋1 cm）及点前裤腰尺寸 1 条＊2	22.9	100%	22.9		100%	22.9	353	
38	××××	电脑平车车边袋暗线连修剪缝位及压袋唇止口线（直/20 cm）1 条＊2	59.1	100%	59.1	102.6	100%	59.1	353	1
39	××××	电脑平车压袋唇 0.55 cm 明线（直/20 cm）1 条＊2	24.8	100%	24.8		100%	24.8	353	
40	××××	电脑平车车贴小袋贴"J"形（直/27 cm）1 条＊2	18.7	100%	18.7		100%	18.7	353	

续表

No	工序代码	工序名称	工序SAM	工序分量	委派时间	累计SAM	预计效率	估计发生时间	目标产量	人员
41	×××	带刀平车跑修边袋布（直/22 cm）1条＊2	31.5	100%	31.5		100%	31.5	353	
54	×××	带刀平车跑修后袋布两边（直/17＋17 cm）1条＊2	46.3	100%	46.3	77.8	100%	46.3	353	1
42	×××	电脑平车压边袋布面线0.5 cm（直/22 cm）1条＊2	32.7	100%	32.7		100%	32.7	353	
43	×××	电脑平车定边袋上端连边袋布上端（直/12＋2 cm）及下端枣位连刀口定位线（直/5 cm）1条＊2	59.6	100%	59.6	92.3	100%	59.6	353	1
48	×××	电脑平车单唇袋后袋角两边（直/1.5 cm）连手工修剪缝位2次连打后袋角刀口4个连修剪后袋唇两边（直/5 cm）1条＊2	80.6	100%	80.6	104.3	100%	80.6	353	1
49	×××	电脑平车定后袋布折叠两边（直/5 cm）2条＊2	23.7	100%	23.7		100%	23.7	353	
52	×××	电脑平车暗钩后袋布上端两边暗线（直/11＋11）2条＊2	36.0	100%	36.0		100%	36.0	353	
53	×××	电脑平车车后袋贴一遍（直/20 cm）及车后袋贴与后袋布固定线（直/7 cm）及车后袋贴二道线（直/19 cm）1条＊2	63.5	100%	63.5	99.5	100%	63.5	353	1
55	×××	电脑平车压后袋布面线三边（直/26＋17＋26 cm）连定后袋贴加固线两边（直/3＋3 cm）1条＊2	80.3	100%	80.3		100%	80.3	353	
56	×××	电脑平车定后袋布上端暗线（直/18 cm）及定后袋凤眼位连手工点位一个1条＊2	32.2	100%	32.2	112.6	100%	32.2	353	1
60	×××	双针双链高速平车合内外侧缝单针（直/91＋113 cm）1条＊2	113.6	100%	113.6	113.6	100%	113.6	353	1
61	×××	电脑平车外侧缝上端加固线（直/40 cm）1条＊2	21.5	100%	21.5		100%	21.5	353	
32	×××	手工画门襟贴三边位连点1位及修剪门襟贴三边（直/2＋20＋6 cm）1条＊1	14.9	100%	14.9	92.5	100%	14.9	353	1
65	×××	电脑平车上门襟贴暗线及压门襟贴0.1 cm边线前后片下档缝双道线（直/16＋16 cm）1条＊1	56.0	100%	56.0		100%	56.0	353	

续表

No	工序代码	工序名称	工序SAM	工序分量	委派时间	累计SAM	预计效率	估计发生时间	目标产量	人员
63	×××	电脑平车包左右侧缝袋布 0.3 cm线(直/29 cm)连车包边固定线(直/5 cm)1条*2	72.9	100%	72.9	92.8	100%	72.9	353	1
64	×××	三线拷边车拷裤腰上端线(直/48 cm)1条*2	19.9	100%	19.9		100%	19.9	353	
30	×××	电脑平车车里襟(直/15 cm)连手工画里襟位(直/2+22+3 cm)及修剪里襟两边(直/16+3 cm)及打刀口1次(直/1 cm)1条*1	25.0	100%	25.0	73.8	100%	25.0	353	1
67	×××	电脑平车上里襟拉链三道线(直/21+18+18 cm)1条*1	48.8	100%	48.8		100%	48.8	353	
68	×××	手工画后袋位(直/15 cm)1条*2	11.5	100%	11.5		100%	11.5	353	
69	×××	电脑平车上裤腰两边同时放裤样8个(直/46+56 cm)2条*1连车水洗唛1个(直/6 cm)1个连定腰里吊带2条*1(11秋冬)	158.9	100%	158.9	187.2	100%	158.9	353	2
70	×××	手工修剪裤样8个*1(11秋冬)	16.8	100%	16.8		100%	16.8	353	
72	×××	电脑平车定裤样8个(1+1+1 cm)8个*1	77.2	100%	77.2	77.2	100%	77.2	353	1
73	×××	电脑平车暗缝钩裤剑角(直/5+5+1+9+2+3 cm)连手工修剪剑角1次(直/4+7+3+4 cm)连压线两边(直/4+3 cm)连翻裤剑角1次1条*1	106.0	100%	106.0	106.0	100%	106.0	353	1
74	×××	电脑平车合后档缝及裤头双道线(直/32+11+11 cm)1条*1	74.0	100%	74.0	93.5	100%	74.0	353	
79	×××	双针双链车合裆车后裆缝加固线(直/40 cm)1条*1	19.4	100%	19.4		100%	19.4	353	1
75	×××	电脑平车暗缝里分开缝定点4点*1及定前样边袋唇上端定点(直/21+21 cm)1条*1	58.6	100%	58.6		100%	58.6	353	
5	×××	电脑平车合叉底布拼接片三角(弧/15 cm)连车叉底布三角(直/4+4+4 cm)1条*1	26.3	100%	26.3	92.8	100%	26.3	353	1
6	×××	翻领机翻叉底布三角3个*1	7.9	100%	7.9		100%	7.9	353	

续表

No	工序代码	工序名称	工序SAM	工序分量	委派时间	累计SAM	预计效率	估计发生时间	目标产量	人员
76	××××	电脑平车压门襟"J"形面线(直/15+弧/6 cm)连暗钩里襟上端暗线(直/9 cm)连修剪缝位1条*1	62.0	100%	62.0	62.0	100%	62.0	353	2
77	××××	电脑平车暗钩里襟角连翻暗襟角及压里襟面线(直/7+4 cm)连修剪缝缝(直/17 cm)1条*1连定门襟枣位2个(双掩斜纱)	62.6	100%	62.6	62.6	100%	62.6	353	
78	××××	电脑平车上叉底布(直/3 cm)连定后档缝两边定型纱多余缝份(直/3+3 cm)1条*1	54.5	100%	54.5	54.5	100%	54.5	353	
31	××××	烫台烫定里襟(弧/27 cm)及烫平门襟贴拉筒(直/25 cm)1条*1	15.7	100%	15.7		100%	15.7	353	
13	××××	烫台烫倒后片直单省位(直/9 cm)及烫平后档缝(弧/41 cm)1条*2	16.7	100%	16.7		100%	16.7	353	
47	××××	烫台烫平边袋布及边袋唇(直/20+25 cm)1条*2	17.2	100%	17.2		100%	17.2	353	1
50	××××	压烫机烫定后袋唇1条*2	18.1	100%	18.1	101.2	100%	18.1	353	
58	××××	烫台烫定前片锁边线(直/84+23+89 cm)及后片锁边线(直/116+27+93 cm)1条*2	8.0	100%	8.0		100%	8.0	353	
7	××××	烫台烫倒叉底布拼接缝(弧/14 cm)连烫定三角1条*1	25.5	100%	25.5		100%	25.5	353	
57	××××	凤眼机打后袋凤眼1个*1	22.6	100%	22.6		100%	22.6	353	
62	××××	烫台烫开外侧缝上端分开缝(直/40 cm)1条*2	15.7	100%	15.7		100%	15.7	353	
66	××××	烫台烫平门襟贴1条*1	4.6	100%	4.6		100%	4.6	353	
71	××××	烫台烫开连烫定裤腰分开缝两边(直/46+56 cm)1条*2	16.9	100%	16.9	92.9	100%	16.9	353	1
80	××××	烫台烫开连烫定里襟分开缝及烫定裤腰剑角及烫定后档缝裤腰处1条*1	12.7	100%	12.7		100%	12.7	353	
81	××××	凤眼机打成品裤双凤眼及剑角凤眼2位*1	20.5	100%	20.5		100%	20.5	353	
51	××××	打枣机打后袋1字枣1 cm²位*2(JH—198)	17.1	100%	17.1	44.8	100%	17.1	353	1
82	××××	打枣机打成品裤边袋0.6 cm枣边4个及门襟底枣门襟底门里襟加固枣及下档缝固定枣1 cm 3个*1	27.7	100%	27.7		100%	27.7	353	
合计			2339.0							

2. 相关核算

仍以前述西裤加工为例,该产品标准加工时间 2339 s,流水线 2 名组长,2 名烫工,24 名缝纫工,目标编制效率 85%,每日工作时间 9 h,订单量 2400 件,平均节拍及分配上下限前面计算过,其他相关核算如下:

$$日产量=日作业时间×流水线作业人数/产品标准加工时间×编制效率$$
$$=9×3600×26÷2339×85\%=306(件),$$

其中,2 名组长不是直接作业人员。

$$小时产量=日产量÷日工作小时数=306÷9=34(件)$$
$$预计生产天数=订货量÷日产量=2400÷306=7.8(天)$$

西裤案例经过前面的工序组合,最大的组合时间为 113.6 s,则经过此次工序分配后,理论编制效率=平均节拍÷瓶颈加工时间=90÷113.4=79.3%,并未达到 85%要求。那么是否需要推翻分配方案再重新组合分配呢?

3. 人员分配

理论上编制效率低于 85%,达不到预算日产量 306 件的要求,但是工序组合后的编制效率是按照标准加工时间计算出来的,并非产品上线后真正的编制效率,即便理论编制效率达到 85%,也可能因为员工实际完成时间与标准加工时间差异较大而与 85%有很大不同,因而,可以采用"先上线再调整"的思路进行。

人员分配的结果只需将表 10-4 的"人员"一栏中的"1"改成一名员工姓名或者,栏中的"2"改为两名员工姓名就完成。

4. 开线后调整

前三个步骤是产品上线前完成的,其中人员分配表和机器排列图需要在上线前通过公示或者产前会的方法公布,以使员工知道新的订单自己要承担的工序。

开线后调整是按照人员分配的结果开线,产品上线生产一定时间后,再根据实际员工完成时间进行操作改善或者工序调整的过程。这时班组长或者现场 IE 人员需要通过实地测试、RFID 系统、吊挂系统数据分析的情况,得到生产实际状况与分配预期的差异,通过个别人员工序作业的调整降低瓶颈时间。上述西裤案例上线后实际完成情况与分配时间结果如图 10-7 所示。

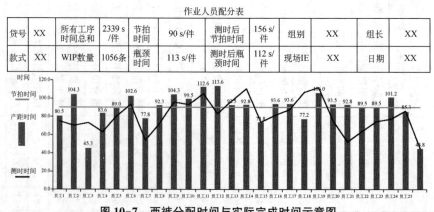

图 10-7 西裤分配时间与实际完成时间示意图

图中,柱状图是原本分配给每个员工的标准加工时间组合,折线为上线稳定后的实际完成时间,由于员工技能状况的差异,某些分配时间和实际完成时间差异较大。如原来分配给员工 12 的分配时间 113.6 s 已经不是瓶颈工序,新的瓶颈工序为员工 19 的 112 s,而员工 7 和员工 21 显然分配任务过少,此时就要进行人员工序调整,使实际完成的时间折线尽量保持平缓状态,因而上线调整就是根据生产实际逐步消灭瓶颈的过程。

(1) 现场平衡度的判断

现场不平衡可由多方面原因造成,一是出现临时的人员缺岗,二是工序设备故障;三是分配不合理或者员工有情绪等;可以通过投入半成品与产成品数量差异,即流水线中在制品数量是否合理判断,也可以通过现场观察在制品堆积情况来判断,如果出现在制品数量过多,那就是现场平衡度不够。

(2) 调整的方法

针对数据分析的结果,一是要在物流不乱的情况下,尽量进行前后工序的分拼调整,使员工实际作业时间均衡同步;二是拆分瓶颈工序,将其中部分作业向前道或者后道调整;如果不能拆分,则利用动作研究的思路,通过模板、小工具或者动作改善等方法降低时间;三是要在班组内形成互帮互助的氛围,能够做到前后工序员工相互帮助,想达到这个目标,则需要流水线"多能工"数量达到一定比例,如 30%。

(3) 提升调整的准确性

开线后再进行工序调整平衡生产线,涉及员工工序变化,取决于员工是否配合,如员工要放弃已经做熟的工序或者去接新工序等,可能会影响员工的情绪和薪资。这就要求提升人员分配的准确性或者开线调整的精准性,结果依赖于班组长或者现场 IE 对专业知识的掌握程度,对流水线员工技能情况的了解程度,以及他们在平时管理中的公平和权威性。

有些订单的量很小,开线可能还没有达到稳定状态就要下线,没有给班组长调线的时间,在这种情况下,首次人员分配的准确性就更为重要。

三、员工技能评价及管理

为了更加精准开展人员分配工作,并应对由于员工缺勤造成的被迫调整工序要求,需要对流水线员工技能有深入的了解和评价,这里的员工技能主要指缝纫员工的技能。

1. 技能评价的意义

(1) 为流水线的编排、生产计划的制定等提供科学的理论依据。服装生产企业员工的流动率较高,合理进行员工技能评价,可以为流水线的编排、生产计划的制定等提供量化依据,提升编制效率。

(2) 针对性开展员工技能培训:企业可以通过对员工技能的评价,发现每个员工所擅长的工序、技能状态等,针对性开展员工技能培训,并培养"多能工"缓解流水线的瓶颈。

(3) 方便一线员工管理:管理人员如果不了解员工的技能状况不但影响流水线产能,还会因为没有为员工分配合适工序而影响员工的工作积极性。开展员工技能评价便于员工的管理、调度,使员工发挥最大价值。

(4) 为企业进行员工与工序的最优化分配、制定生产计划、招募新员工、调整薪资结构等提供科学、合理的依据。

2. 技能评价的维度

（1）技能宽度

技能宽度是指员工能够完成产品不同缝制工序的数量，针对针织和机织面料服装来说，技能宽度的衡量方法有所不同，针织服装中，可以通过员工对不同设备的掌握程度来衡量技能宽度，员工可操作设备种类越多，技能宽度越大；机织服装，尤其是基础产品，产品品类较为固定的生产线，可以根据产品不同零部件或者组合工序类型进行分级。以牛仔裤为例，表10-5所示一个级别包含要求完成的部位及工序，级别越高，员工掌握的产品部位和工序越多，技能宽度越大。

表10-5　牛仔裤技能宽度级别

级别	序号	工序	工序名称	备注	级别	序号	工序	工序名称	备注
1级	1-1	前片1	拷门里襟	控后袋	3级	3-13	挖后袋	暗车后袋布	后袋工序部分，根据在做款可以任选订后袋和挖后袋
	1-2		拷前小浪			3-14		反后袋布	
	1-3		车前袋布底暗线（割前袋布）			3-15		压后袋布0.6止口线	
	1-4		压前袋布底0.6明线			3-16		车后袋上口止口线	
	1-5		订表袋			3-17		后袋布定位	
	1-6		车门中拉链基布		4级	4-1	拼缝	埋夹下档缝	
	1-7		车里襟连反			4-2		压底浪明线	
	1-8		修门襟缝份			4-3		压保险线	
2级	2-1	前片2	车前袋口暗线（割前袋口）			4-4		拷底浪三线	
	2-2		压前袋口双线（单针）			4-5		拷栋缝五线	
	2-3		定前袋口			4-6		平车拼底浪	
	2-4		上门襟		5级	5-1	拉筒装腰	拉筒装腰	上腰工序部分可根据在制款任选机拉腰或手上腰
	2-5		压门襟止口线			5-2		修门襟腰头缝份	
	2-6		压门襟线（双线＊单针）			5-3		修里中腰头缝份	
	2-7		上里襟			5-4		拆门襟/里中腰头上口线	
	2-8		合里襟			5-5		拆门巾/里中腰头下口线	
	2-9		压前小浪（单针）			5-6		封门襟腰头下止口线	
3级	3-1	订后袋	烫后袋	后袋工序部分，根据在做款可以任选订后袋和挖后袋		5-7		封里中腰头下止口线	
	3-2		车后袋口（双线＊单针）			5-8	手上腰	装腰夹缝	
	3-3		订后袋止口线			5-9		封门襟腰头连压腰上止口线	
	3-4		订后袋里线		6级	6-1	套结/脚口	打套结装饰	
	3-5		埋夹后担干连剪线头			6-2		打套结耳仔	
	3-6		埋夹后浪连剪线头			6-3		车脚口	
	3-7	挖后袋	车后袋唇						
	3-8		车后袋贴		注：考过六级里面的任何一个基本工序，即可升为1级工，考过任何两个基本工序，即可升为2级工，依次类推到6级。				
	3-9		手工剪后袋						
	3-10		反后袋唇						
	3-11		车后袋下口止口线						
	3-12		后袋三角封口						

表中,一个级别的工序都是该部件前后道工序,在同一级别内员工作业可以相互顶替,级别越高,表示该员工掌握工序越多,6级意味着可以完成全部工序,即一个人完成产前样的制作。

（2）技能难度

技能难度是指员工能否承担难度工序操作。对于任何一类型服装来说,都有简单工序,如直线缝合等,也有难度工序,如上领子、上腰等,因而一般企业都会将工序按照 A、B、C、D 四个等级来划分相应难度。西裤案例中,部分工序技能难度值如表 10-6 所示。在流水线中要有一定比例难度工序员工,否则整件服装难以完成。

表 10-6　西裤部分工序缝制难度级别表

工段	编号	工序代码	工序描述	工序等级	SAM
缝制	32	×××	手工画门襟贴三边位连点 1 位及修剪门襟贴三边(直/2＋20＋6 cm)1 条 * 1	D	0.249
	34	×××	电脑平车车左边袋品质标四边(直/8＋6＋8＋6 cm)1 条 * 1	C	0.452
	35	×××	电脑平车车右边袋零钱袋三边(直/9＋9＋9 cm)及车零钱袋口环抚折叠 1 cm(直/11 cm)1 条 * 1	C	0.485
	36	×××	电脑平车车左边装手机袋三边(直/13＋13＋13 cm)及车手机袋口(直/10 cm)	C	0.617
	37	×××	手工画边袋小袋贴长度位(直/20＋1 cm)及点前裤腰尺寸 1 条 * 2	D	0.382
	38	×××	电脑平车车边袋后暗线连修剪缝位及压边袋唇止口线(直/20 cm)1 条 * 2	C	0.985
	59	×××	手工配前后幅 4 片及裤腰 1 条、里襟 1 条、翻头贴 1 片、门襟贴 1 片、拉链 1 条、裤袢 8 条、规格标 1 个上架	D	0.396
	60	×××	双针双链高速平缝车合内外侧缝单针(直/91＋113 cm)1 条 * 2	A	1.894
	61	×××	电脑平车车外侧缝上端加固线(直/40 cm)1 条 * 2	C	0.359
	62	×××	烫台烫开外侧缝上端分开缝(直/40 cm)1 条 * 2	C	0.261
	63	×××	电脑平车包左右侧缝袋布 0.3 cm 线(直/29 cm)连车包边固定线(直/5 cm)1 条 * 2	B	1.215
	64	×××	三线拷边车拷裤腰上端线(直/48 cm)1 条 * 2	C	0.331
	65	×××	电脑平车上门襟贴暗线及压门襟贴 0.1 cm 边线(直/20 cm)连合前后片下档缝双道线(直/16＋16 cm)1 条 * 1	B	0.933
	66	×××	烫台烫平门襟贴 1 条 * 1	D	0.077
	67	×××	电脑平车上里襟拉链三道线(直/21＋18＋18 cm)1 条 * 1	A	0.814
	68	×××	手工画后袋位(直/15 cm)1 条 * 2	D	0.191

（3）技能熟练度

技能熟练度也可以理解为员工单工序效率。

技能熟练度＝该工序纯粹加工时间÷员工实际完成平均时间×100％

如某工序纯粹加工时间为 120 s，而某员工实际平均完成时间为 100 s，则此员工该工序的熟练度为 120％。熟练度反映不同员工完成某工序的快慢程度。

对于新员工来说，能够达到单工序质量要求，培训中熟练度超过 60％即算合格，在编排时可以按照 50％熟练度计算，就可以满足编排要求。

（4）作业一致性

作业一致性反映一名员工完成同个工序时间的一致性状况。一致性高，说明该员工操作稳定，这种类型员工比较适合类似单件流这种对节拍要求比较高的流水线。

3. 员工技能管理

员工技能的评价结果要通过目视管理的方法在生产现场展示出来，便于班组长和 IE 对员工增加了解，在有员工缺勤时方便快速进行人员工序调整。

为了鼓励员工拓展技能宽度、提升熟练度和技能难度，企业应制定培训制度及相应政策，鼓励员工的技能提升。图 10-8 表现出未经过培训和经过培训的员工学习曲线不同状态。

以拓展技能宽度为例，当流水线"多能工"数量达到 30％时，班组长或者现场 IE 在面对人员缺勤等状况进行人员间工序调整时就会比较顺利。一件服装总有难度工序，员工技能难度也同样重要，没

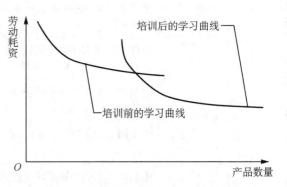

图 10-8　员工培训前后学习曲线对比

有一定数量难度工序员工，则流水线很难实现生产，顺畅运行更无从谈起。

为增加员工主动提升技能的积极性，企业可以根据员工技能宽度等级确定相应薪资，并制定员工技能考级时间周期；对于难度工序，如 A 类工序，也可以在计件工资中增加难度系数以提高员工完成难度工序积极性；熟练度高的员工完成任务快，多出时间应安排其他工序以提升此类员工计件工资水平；根据生产需求和员工自身特长，企业可以通过各种政策组合鼓励员工的技能发展。

4. 员工技能与计算机编排的关系

智能吊挂系统的数据采集，可以得到员工完成工序的历史数据，通过一定算法确定每个员工的技能宽度、各工序熟练度和技能难度和一致性水平，形成员工的技能数据，在新生产任务流水线编排及人员分配时，作为依据使用。人员分配的过程其实就是工序要求与人员技能匹配过程，要确定相关分配规则，如果多人都可以做某工序而仅需一人时，可以考虑效率高的人优先；在某工序时间远远高于平均节拍时，可以安排多人分等。在智能编排中，智能吊挂可以通过不断的数据积累，对员工技能开展实时评价，使分配工序与员工实际情况相匹配，最大限度保障技能水平高的员工的利益。

第三节　流水线设备排列

本节涉及的设备排列,是指在场地布局方式确定后,针对缝制车间的设备排列。设备进行排列工作,一般在两个阶段开展,一是流水线建设之初的规划及设备排列,二是流水线换产时的设备调整。设备排列图能够直观反映机器排列状况,针对具体生产品种,明确前后工序所需要设备的位置、传递路线等状况,需要在开线前完成。

一、排列前准备

各个企业缝制车间的软硬件条件不同、加工的产品不同,在缝制车间内所要完成的工序不同,因而,在设备排列前要考虑如下因素。

1. 区域划分

服装产品不同,加工流程、加工设备都有很大不同,所以在生产线设计之初对生产产品的品类定位越清晰,排列好的流水线针对产品适应性就越强。在排列前,先要根据产品类型思考如何依据加工流程划分车间的功能区域。

(1) 预处理区:很多类型服装会在缝制前进行裁片定位、画线等作业,因而要考虑留下相应空间或者工位。

(2) 缝制区:对产品价值流程图分析可见,每个产品的流程可以划分为支流工序流程和主流工序流程,要根据人员分配表确定各个流程的工位数和相互之间的传递关系进行安排。主流和支流排列和管理重点有所不同如表 10-7 所示。

表 10-7　主流和支流排列管理重点

工序类型	管理重点	排列原则
支流工序	数量管理	单位时间内数量产出匹配
主流工序	流程管理	按照流程顺序排列

(3) 中间处理区:产品品种是否有需要中间处理的工序区域,如羽绒服等部分衣片在绗缝后要进行充绒或者充棉作业,要考虑封闭的充绒房等场地。

(4) 熨烫和手工区:顺畅的生产线是将熨烫和所需手工作业编排在流水之中,因而在设计管线时,尽量要多预留蒸汽出口,以方便生产时根据需要调整熨烫台位置。有的车间受蒸汽管线的限制,会将熨烫固定在管线能够到达区域,这将会加大生产中的搬运作业。

每条线最后要有检验位置,以方便组检针对产线每件产品进行检验。

2. 确定传递方向

在设计流水线时,要根据场地状况、产品品类、批量等确定传递的工具和方向,流水线是呈前后传递方式还是采用左右、或者 U 型流等,不同工具和方式流水线排列完全不同。

二、设备排列图设计

1. 设备排列图设计的步骤

（1）结合价值流程图与人员分配，完成相应信息录入。

（2）确定各个支流汇入主流的位置，尤其是上衣面与里、裤子前片、后片这种多工序支流的汇合。

（3）依照工艺流程进行不同传递类型机器排位。

（4）标示出半成品传递路线，应遵循物料搬运与人员走动距离最小化原则，并避免交叉倒流。

2. 排列图信息

排列图中，应明确该工位承担的工序名称、所使用设备名称、该工位的标准加工时间或者纯粹加工时间、作业员姓名或者编码、物流传递路线以及人员移动路线等信息，以方便员工明确领取自己的生产任务。

3. 排列图案例

尽管前面介绍了设备排列中表达符号，在企业实际应用中，会沿袭企业习惯和排列人员自己的爱好，使用的软件或工具不同，因而在不同企业看到的排列图不尽相同。采用前述西裤案例，该企业采用 EXCEL 完成设备排列图，如图 10-9 所示。

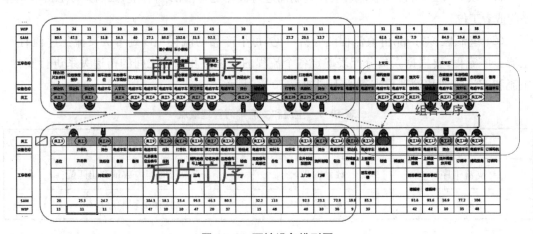

图 10-9　西裤设备排列图

在该排列图中，物流采用 U 型传递法，采用手工传递，为了减少前裤片和后裤片组合前的移动距离，前后裤片同时从左侧进片，员工 16 位置前进行前道检验，就开始组合工序。图中，站立员工表示其工作地不止一个，如员工 24、25，是烫工，但是烫台是依据流程需要排位的，人员少工位多，确保物流不乱。

对于吊挂流水线而言，要以就近原则排位，根据工序类型，一个站位最多放置两种不同类型设备，一些特种设备尽量合并同一站位，减少特种设备的占用率，避免造成特种设备不够用的局面。传统吊挂布局为 U 形排列，如图 10-10 所示。

企业将服装价值流程图、人员分配表和机器排列图称为"IE 三票"，也是新款开线前的必备工作，其中人员分配表和机位排列图是要同时制作的，只是在机位排列的时候同时要考

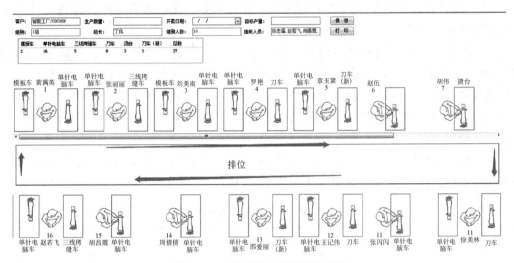

图 10-10　吊挂流水线设备排列图

虑车间的流水设备和实际状态。企业只有将 IE 三票在开线前完成,管理者和员工才能明确任务,开展产前培训等工作,开线中才能够根据实际状况进行调整,以使流水线更加顺畅运行,达到预定效率指标。

第四节　单件流与棋盘流

消费市场的日趋多样性,消费者对产品上市的速度要求越来越高,这就造成一对矛盾,一方面,品牌商要求生产订单灵活多变,生产到上市时间越来越短;另一方面,生产方则希望订单量大、生产周期足够长,以减少换产损失、追单能够快速响应。生产作为前道工序,是为后面营销服务的,因此服装企业需要探索生产方式的变革,以适应这种日益明显的"多品种、小批量、短周期"的生产需求,其中单件流或是棋盘流是服装生产企业探索解决产需矛盾的有效形式。

一、单件流

单件流起源于精益生产方式,是把人员、工序与设备有机组合,每个生产单元以最小的数量为单位进行生产和传递,特征为衣片连续的流动和各工序间恰好的衔接。使产品在线周期短,便于管控生产进度、稳定生产、减少在制品数量并实现及时交货。

1. 单件流生产方式

快速反应力和柔性应对力是服装生产型企业生存的法宝,品牌企业对准时生产和准时交货要求越来越高。服装单件流是实现精益生产的工具之一。

(1) 单件流定义:单件流(One Piece Flow)起源于精益生产方式,简称 OPF,是指每次生产和移动一个(或一个小的、固定批量的)半成品,使得半成品尽可能连续地通过一系列的加工步骤,并且每一步都刚刚在下一步需要的时候完成。服装"单件流"又称单元同步流,是把

271

人员、工序与设备有机组合,每个生产单元以最小的数量为单位进行生产和传递,前后工序间无停滞的生产方式。

(2)单件流特征:单件流实行前推后拉式的生产方式,特点是工序产能目标化、时间定量化、成品出产快,质量问题暴露迅速。其特征是连续的流动和各工序间恰好的衔接,是以不断减少资源浪费为目的,排除任何在材料、人力、时间、空间、程序、搬运或其他资源方面的浪费,将生产过程中那些不能创造价值的工序或动作尽可能减少,将生产诸要素在生产过程中进行优化组合。

(3)单件流的传递方式:由于传递数量的变化,使单件流对传递的要求更高,通过实际企业调研发现,目前单件流传递的方式如表10-8所示。

表10-8 单件流传递要点

传递方式种类	简介	要点分析
吊挂系统	服装吊挂流水线生产系统是一套悬空的物件传输系统,是服装智能生产的基础	① 柔性吊挂系统是一种新兴的传输方式,在单位时间的产量、工序的标准作业时间、节拍、编制效率方面都具备很大的优势; ② 对服装企业小批量、多品种、短周期的市场需求具备快速反应能力,吊架将裁片按照设定的指令直接输送到指定工位。使生产过程数字化、科学化,因此前景广阔
传送带或推筐传送系统	在裤企中,多采用推筐式、传送带式生产线,且广泛应用在其他组装行业	① 工位按照工艺顺序排列; ② 流水线严格按照节拍传递,每个操作工可处理1~5个筐,采用传送带作为工位间的连接工具; ③ 每位工人负责一段固定工作
手工传递	手工传递,能够适应小批量、多品种的苛刻要求	① 按照设备类型分为不同车间; ② 车间与车间之间存在大量搬运作业,一般有专门的搬运工人与搬运工具; ③ 每位作业员负责一台固定的机器设备; ④ 清除物流、信息流障碍

2. 单件流生产组织要求

单件流对推广企业的软硬件要求很高,需要很好的管理基础,尤其是薪酬制度作为保障。单件流实施的要求:

(1)确定合理纯粹加工时间:通过测量或者GSD系统,确定产品的纯粹加工时间,并在产品上线时根据实际情况进行修正。并进行部件工序拆分,确定出标准工序模块,以便后期变款的需要。

(2)降低浮余率:首先进行浮余率测定,日产量与工作时间成正比,与浮余率成反比,因而要通过一系列措施降低浮余率,并核算出流水线上产品标准加工时间。

(3)提升编制效率:实施单件流理论上编成(制)效率要超过85%,甚至达到90%以上,但是实际生产中窝工甚至断流现象很严重。此时要逐一分析原因,对员工的技能水平有充分的了解,对瓶颈工序除了分配给最佳的作业员外,还要采用连续观察或摄影录像的方法,研究在半成品堆放、操作动作、设备附件等各方面的改进措施,以达到平衡。

(4)完善缝纫附件和模具:研究产品所需要用的缝纫附件、车缝模具,尽量使工序操作简单化和标准化。

(5)优化设备排列以及传递方式:设备要求简易化、柔性化、小型化、标准化、滑轮化、专用化,水电气应设快速接头、插座,物品在加工时的出入口要一致化。单件流对设备的柔性化要求较高,需要有一定的备用设备作为替换。

(6)合理搭配人员:以裤装加工为例,一般单件流水线上熟练工人7~8人,中等熟练工人9~10人,手工1人,定位工人1人,小烫1人。员工数量为20~25个左右。操作工为"多能工",实行一人多岗制,作业标准化,有辅助人员做非标准的工作,团队协作,荣辱与共。

3. 单件流生产组织实现

(1)单件流生产的适用条件

单件流比较适合品种单一、订单量大的产品和企业,硬件设施配备高,前期准备工作充足,"5S"工作到位,并具有快速解决问题的团队。5S源自日本现场管理,是5个以S开头词语缩写,指整理(SEIRI)、整顿(SEITON)、清扫(SEISO)、清洁(SEIKETSU)、素养(SHITSUKE),后来又逐渐扩充有人又添加了"安全(Safety)、节约(Save)、学习(Study)"等内容,分别称为6S、7S和8S。

在工艺排位方面,要求工位平衡、传递路线短;在物料供应方面,要求准时供应,并摆放规范、符合动作经济原则;在工夹具方面,要求结构简便、方便调试;在流水线传递中,对不合格品要求做到不接收、不制造、不传递;在请假制度方面,做到提前请假、并配备一定机动人员;在管理能力方面,要求管理者提高组织力、指挥力、判断力、决策力、协调力;在设备方面,要求设备小型化、滑轮化、专用化、可动率达到100%。

(2)单件流的实施

① 适合单件流的企业:单件流从电子产品生产组装起始,应用于服装时间较短,一线管理人员相关知识欠缺,设备、工具和管理若不到位,可能使生产更加混乱,若盲目推行单件流会面临生产车间重新规划、人员重新配置、出现抵制情绪,生产设备改变等问题,因此并不是每个服装企业都适合推行单件流。

企业必须具有实施单件流所必需的硬件条件和易于接受新型的管理技术;班组长对分配工序十分熟练,果断解决现场问题;各级员工必须具有一定技能且是多能工,具有很强的团队协作意识;作业研究与动作标准化、随时进行生产线平衡、按节拍准时生产、持续改进的意识,愿意打破生产线原有固定模式。

② 适合单件流的生产类型:单件流适合从产品品种较为稳定,工序相对不太复杂、裁片尺寸小的品种开始推行,裁片小,工位间传递快,出现问题更加容易解决。也有的企业将其作为试生产的方法,在新款式大批量生产之前,作为小量试产的方式运行,为大批量生产积累经验。

③ 适合单件流的产品类型:单件流多适合裁片尺寸不大,一次只需加工一个区域,并且尽量避免翻面,轻而小或者长而窄的且长度在1.5 m内的产品,当产品尺寸增大后,就不能顺利的将物件传送到操作工面前,流水线就无法展开。

（3）提升理念

单件流的实施，首先要做好人才准备。相关工作人员首先要具备单件流生产相关的专业知识，同时能够处理单件流推行过程中暴露出来的各种问题。单件流的思想对管理者和员工要求高，因而改善必须先从意识改革开始。

对管理人员，要熟悉前道到车缝加工的各个环节，准确的工序和流程分析和对员工操作技能的把握，指导员工进行标准化作业，对于操作人员，要明确质量要求，按照标准操作进行作业。推行单件流可以先从一个组开始，有了效益再全面实施。

（4）前期准备

① 提前做好流水线启动的前期准备工作，精准测量前道准备工序时间和进度，把控物料分配环节，缩短准备时间，把需要停机才能处理的问题变成在生产过程中就能解决的问题。把生产中硬件、软件中的不确定因素考虑周全，尽可能找到规律和方法使其稳定。

② 现场调研并根据生产线实际情况制作工序分析表，确定纯粹加工时间，找出现场瓶颈工序，算出编成效率，找出问题点后，研究改善提案。做好生产前准备、生产中调整、生产后总结的工作。

（5）选取合适的机械设备、附件和传递工具

单件流对设备的要求很高，为满足换款的需求，需提升现有的设备机动性，使用小型专用的有滚轮机架的设备，达到一机多能。员工站立操作时设备的高度以操作员肚脐高度为准，半成品位置以人手腕前后的伸缩范围为准。

缝纫附件能够有效提升缝纫质量，降低员工操作难度，在许多缝纫工序中使用合适的附件，能够使操作实践更加稳定，因而要增加使用范围和使用量。调研很多企业中，采用鼓励现场员工根据生产情况，自行设计制作相关模具等小附件，得到了很好的效果。

企业可在生产组前方安装电子看板和各类警示灯等工具，看板是用来控制生产现场的生产排程工具，以使全员及时了解生产情况。

4．单件流实施效果分析

单件流实施前推后拉的生产模式，大大提升了首件成品的出产时间，减少了在制品数量，质量反馈信息及时，能快速发现并解决相关问题；流水线占地面积小，库存少，提高空间利用率，减少了搬运、打捆、存储带来的资源浪费，便于操作管理；按节拍生产，日产量明确，能够科学安排生产，控制生产进度。单件流从衣料投入、上线作业到出成品的周期最短，生产过程中无半成品积压，再复杂的款式都能做到当天投入当天有产出，使顾客分批及时交货的要求得到满足。优化企业资金流，实现企业、员工双赢，增强企业竞争力。

通过不断改善而提高劳动生产率。企业实施单件流后，能够暴露出前期生产环节和管理中许多问题，进而促使企业生产管理水平的提升。在服装企业推广单件流，员工工资也大幅提升，品质问题会得到及时有效的发现和改善，单件流是提高品牌竞争力的有力武器。

（1）有助于提升企业效益

采用单件流的生产线对小批量订单具有很强的适应性，据生产现场观察，目击一条生产线一天完成4批订单过程中的3次换产且每次换产的工时损失小于1 h。单件流在服装企

业的科学运用,可使供货周期缩短约 70%,产量提升 30%左右,产值提升 20%左右,利润提高 10%左右。

通过管理中的人人参与质检,使产品质量得到提升。实行单件流的服装企业可达到产能目标化,时间定量化,降低资源消耗,节能减排,使服装企业的生产更加绿色化且能大幅度提高市场竞争力。

(2) 有助于减少工人劳动强度并扩大就业

单件流生产方式对各岗位的操作员工技能要求比较单一,易上线。通过效率的提升,能够有效稳定职工队伍,减少一线工人加班时间,降低劳动强度,增强工作效率,缓和劳资关系,降低生产成本。同时生产时间和强度的降低,也能够吸引企业劳动力乐于投入企业工作,促进社会稳定,规范化的管理,使职工受益的同时,企业的利润也有很大的提高。

(3) 市场应用前景好

单件流能精确预判缝制产出时间,更好针对快速反应的市场,有较好前景。

① 单件流是对整个生产流程协作关系的变革,使得配件产量相当,前后工序衔接恰到好处,将质检贯穿于整条生产线。而传统的批量生产模式经常出现前后工序衔接不上,成品检验具有滞后性。实行单件流作业方式,是服装企业不断学习、采纳精益生产观念和方法的结果。

② 同样的人数,技能水平相当,设备、场地条件相同的情况下,采用单件流方式的生产效率更高。经企业实践,按规范方式运作的单件流作业系统,与原捆包作业同比,产量可提高 30%左右,第一件成品出产时间大大缩短,质量问题及时发现,库存得以减低。据某服装厂数据统计,在七个月内,对捆包作业与单件流作业的人均产量做了对比,发现后期比前期提高了 28%,将传统生产方式的出产时间减少 70%~80%,因而发展潜力巨大。

二、棋盘流

传统生产为固定生产线,生产班组组织架构清晰、边界分明,班组长管理方便,但在实际生产中也有很多问题,如班组之间人员技能差异大、当一个班组加工一款工艺要求较高的产品时,组内能够承担难度工序人员不足;当加工一款难度较低产品时,组内技能难度高的员工计件工资低要企业进行补贴等,打通班组之间人员壁垒成为主要改善思路。

智能吊挂在企业的普遍使用,使这些智能生产企业率先考虑通过桥架让班组之间相互连接,对于一些难度高的产品,流水线编排考虑利用两个甚至更多班组人员的思路,不断优化智能调度的算法,充分发挥每个员工技能潜力,跨越不同生产线人员进行产品工序分配,此种半成品流动方法,跨越了"楚河汉界"的限制,可以称之为"棋盘流"。

"棋盘流"的实现根植于智能制造,是 MES(Manufacturing Execution System)制造执行系统与服装吊挂流水线深度融合的系统,完全实现数据驱动,集成工艺自动分解、在制品智能调度、生产动态平衡、机位能力评估、设备在线检测等诸多智能制造技术为一体的结果。

1. 棋盘流的主要特征

(1) MES 与吊挂深度融合:吊挂仅是传输工具,只有软硬件的融合才能使整个车间成为统一的调度单元,传统制造中的生产平衡、现场调度等难题只有通过智能软件的开发才能实现;

（2）工序自动拼合：在最细化工序的基础上，按照现场实际能力动态拼合、分配并驱动现场制造过程，解决传统制造中的员工请假、组内单元人员不足等问题；

（3）跨线调度：抛弃传统管理仅在组内调度的限制，车间作为统一的在线调度单元；

（4）全数据驱动：所有管理都由数据驱动，这得益于 MES 内置的 CPS 系统（Cyber Physical Systems 信息物理系统），该系统时刻监视车间现状；

（5）设备联网实现全数字化模型：吊挂、缝制设备等所有产线设备联网，数据精确到车缝的针数，自动进行工艺校验，提升在制品生产品质；

（6）进度及风险预测：通过历史大数据分析，按照实际订单进度实现交期预测，风险管控。

2. 棋盘流实施案例

从订单到裁剪，从生产到出货，动态数据实时监测。智能裁剪系统实时更新 ERP 通知任务，根据实际需求制定每日裁剪计划，避免货期紧张的订单未裁，不急的订单过量裁。裁剪完成后打印电子工票卡。

（1）电子工票卡

通过 MES 系统裁剪信息发放电子工票卡，根据床次、尺码等信息将卡片捆绑固定在对应裁片包上，电子工票卡内部芯片和卡表面上记录有线计划、款号、颜色、尺码等信息。挂片发料时通过刷卡就获取到了对应的人员分配及机器排列流程，衣架打出就会按照卡片里的线路图流转。

（2）生产模式

① 订单流：对于简单款，将一个款的裁片都挂在一只衣架上进行流转，从第一个站位到最后完成，每个衣架都要走过分配好的站位，流程行程较短。

② 部件流：对于复杂款，将流程拆分成多个部件进行模块化生产，一个部件绑定一个衣架，并设置好主次衣架，如主衣架为前片要走完所有流程，而次衣架后片、袖子经过部件组合站加工后，返回挂片原点。

流转过程中每个部件都有自己独立的流程，分别按顺序去匹配各自的加工站位。如图 10-11 所示，前片、后片和袖片的半成品衣片分别用一个衣架，一件衣服上的三个衣架编号相同，相同编号前片、后片衣架任务完成后回到筛选站通过筛选配对，共同进入组合工序 1 站位，完成后合并衣架再次进入筛选站，待相同编号袖片衣架也完成后回到原点筛选匹配后共同进入组合工序 2 站位，继续完成后续的所有工序。部件流比订单流要求更高，它的每一次精准配对都离不开 MES 后台精密的算法做支撑。

③ 线外作业：适合零碎裁片部件过多的款式，裁片小易丢失，不易分清裁片形状的先进行线外作业，利用模板和特殊设备操作的工序也要线外作业，完成后再转入线内。

（3）标准作业操作视频

传统生产中开款前或者开款中由技术人员对员工逐个进行培训，这种培训会增加货期时间，实际上很多工序员工并不需要培训，只要了解新产品工艺和质量要求就可以操作，只有特别工序操作才需要实地培训，此时标准作业操作视频就可以完成大多数员工的线上操作指导。

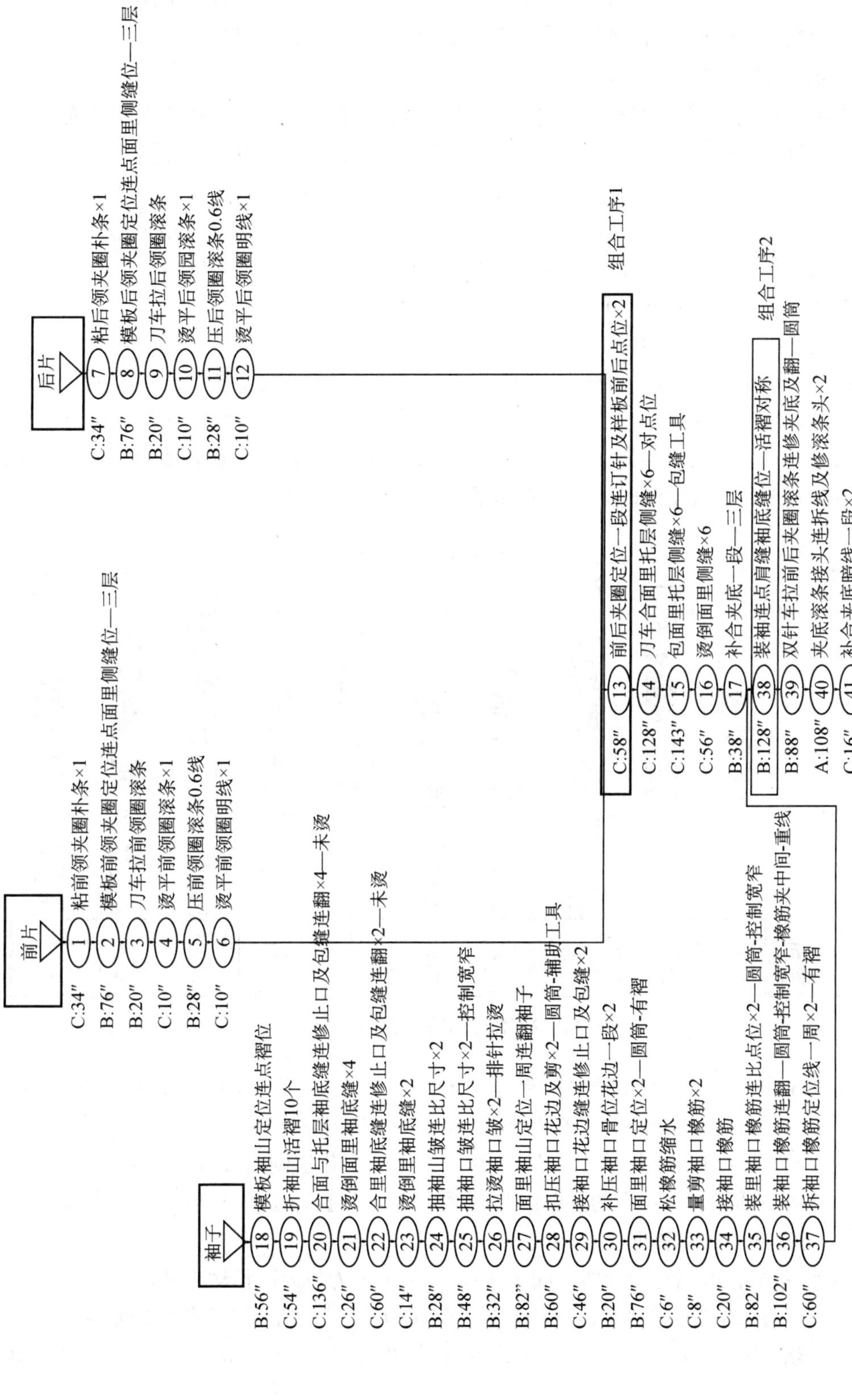

前片

C:34″　①　粘前领夹圈朴条×1
B:76″　②　模板前领夹圈定位连点面里侧缝位—三层
B:20″　③　刀车拉前领圈滚条
C:10″　④　烫平前领圈滚条×1
B:28″　⑤　压前领圈滚条0.6线
C:10″　⑥　烫平前领圈明线×1

后片

C:34″　⑦　粘后领夹圈朴条×1
B:76″　⑧　模板后领夹圈定位连点面里侧缝位—三层
B:20″　⑨　刀车拉后领圈滚条
C:10″　⑩　烫平后领园滚条×1
B:28″　⑪　压后领圈滚条0.6线
C:10″　⑫　烫平后领圈明线×1

袖子

B:56″　⑱　模板袖山定位连点褶位
C:54″　⑲　折袖山活褶10个
C:136″　⑳　合面与托层袖底缝连修止口及包缝连翻×4—未烫
C:26″　㉑　烫倒面里袖底缝×4
C:60″　㉒　合里袖底缝连修止口及包缝连翻×2—未烫
C:14″　㉓　烫倒里袖底缝×2
B:28″　㉔　抽袖山皱连比尺寸×2
B:48″　㉕　抽袖口皱连比尺寸×2—控制宽窄
B:32″　㉖　拉烫袖口皱×2—排针拉烫
B:82″　㉗　面里袖山定位一周连翻袖子
B:60″　㉘　扣压袖口花边及剪×2—圆筒-辅助工具
C:46″　㉙　接袖口花边缝连修止口及包缝×2
B:20″　㉚　补压袖口骨位花边一段×2
B:76″　㉛　面里袖口定位×2—圆筒-有褶
C:6″　㉜　松橡筋缩水
C:8″　㉝　量剪袖口橡筋×2
C:20″　㉞　接袖口橡筋
B:82″　㉟　装里袖口橡筋连比点位×2—圆筒-控制宽窄
B:102″　㊱　装袖口橡筋连缝—圆筒-控制宽窄-橡筋夹中间-重线
C:60″　㊲　拆袖口橡筋定位线一周×2—有褶

C:58″　⑬　前后夹圈定位一段连订针及样板前后点位×2　组合工序1
C:128″　⑭　刀车合面里托层侧缝×6—对点位
C:143″　⑮　包面里托层侧缝×6—包缝工具
C:56″　⑯　烫倒面里侧缝×6
B:38″　⑰　补合夹底一段—三层
B:128″　㊳　装袖连点肩缝袖底缝位—活褶对称　组合工序2
B:88″　㊴　双针车拉前后夹圈滚条连修夹底及翻—圆筒
A:108″　㊵　夹底滚条接头连拆线及修滚条头×2
C:16″　㊶　补合夹底暗线一段×2

图 10-11　部件流产品价值流程图案例

通过标准作业操作视频实现无人指导,将工序的操作说明,品质标准要求,以视频的方式传输到每个工位的平板上,员工在上线前就可以查看学习自己所做的工序视频教程。在开款时技术员只需要跟踪、指导核心工序员工,大大提升了开款的速度。

(4)快速插款

快速插款是"棋盘流"的优势,小单急单是目前生产的一个特点,棋盘流能够充分利用EMS后台实时数据的优势,在不影响原单的基础上,利用员工余力工时,进行快速插单,同时提升员工收入。

首先根据当前新款所需的设备、员工技能、用线颜色等条件去筛选出整个车间哪些站位具备生产条件。通过系统计算筛选出站点工人的静态、动态达成率。其中:

静态达成率=个人分配时间÷节拍时间

动态达成率=实际平均用时÷节拍时间

以图10-12为案例,通过筛选条件确定有10个站位符合插款条件,这10个站点已经在生产两个款。以8站的273 s为节拍时间,从1站到10站动态达成率分别为68%、79%、83%、75%、69%、86%、71%、100%、78%和72%,系统推算出空闲时间,图中柱状图最上虚框部分就是每个站位的空闲时间,A+B款平均达成率为78.1%。

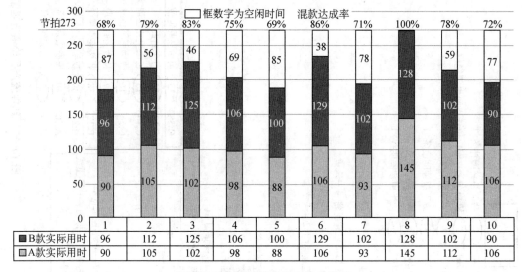

图10-12　插款筛选站位达成状况

这里要说明一下,这10个站位尽管每人已经要完成两款产品的相应工序,却分配得不够平衡。实际上,在人员分配中要求"时间均衡、工序前后顺序和尽量一人一个工作地"这三个条件的要求下,尤其是专业设备工序的影响,仅靠一个款达到高的编制效率并不容易,此时依托吊挂进行插款进行更多的混款作业,大数据算法根据动态平均达成率,计算站位空闲时间,成为达成平衡的解决办法。

通过此案例可知,以每天开线时间8 h为例,站位8为最大产量输出站点,A+B款一共日产量为105件(28800÷273≈105件),其中A款为56件,B款为49件(A款145×105=15225 s,B款128×105=13440 s,A款占比15225÷28800=53%,B款占比13440÷

28800＝47%,A 款产量 105×0.53≈56 件,B 款产量 105×0.47≈49 件）。

通过上图可知在各个站位空闲时间,插入新款工序,系统根据员工的技能特长,会推荐将合适的工序排到对应的员工站位,让其做多款相似工序,大大减少了适应新工序的过程,促使员工发挥特长,提高时间利用率。若新款为加急款,那么可调高新款目标数量,MES 系统会根据工人的实时动态效率智能控制衣架的调度来达成预设的目标产量。

（5）工序调整

插入新款后,要跟踪流水线实际情况是否有对老款生产有较大影响,若影响较大要及时调整工序和人员。通过 MES 衣架流转逻辑的改进,工序的前后调整会使衣架进行回流,但不会造成错乱或堵塞。使生产线更加平衡,提高编制效率。

（6）检验与返修

检验中无论前道检验还是后道检验都涉及是直接返回操作员手中返修还是先送到临时存放站位,等该操作站有空闲时间再返修的情况。一般来说,刚上的新款,如 2 天内要直接返修,以教育操作员对新款工艺质量要求更加理解,如果操作员没有空闲则需要在下班前处理自己的返修产品,做到日结日清。

（7）智能分拣

成衣智能分拣,与人工分拣相比优势巨大。员工可在分拣工位平板上设置进衣条件,系统会自动进行分款、分色、分码等,将不同类型的成衣分配到不同的分拣轨上。若订单数量少,则只需按码数分类进入分拣杆储存,替代了传统人工筛选成衣,分拣区平板清楚显示每个分拣轨上存储的衣架属性,可根据出货需求进行选择下货包装,降低了人工筛选失误的风险。

（8）数据采集

从订单到裁剪,从生产到出货,所有数据动态实时显示并进行监测,便于及时解决问题。通过计算每日时段产量、实时效率、依据相应系数自动计算出工资、个人历史效率以及返工回修率、下线日期等关键数据的变化情况,通过数据变化,管理者就可准确判断生产状态并进行改善。

新款上线就能提供常规工序工价,三天内就能完善工序。通过 MES 系统推送工资工价以及工资排名信息显示在工位平板上,员工能够实时看到自己不断增加的工资,提升工作的动力,调动积极性。

以高端女装加工企业为案例,通过数据对比,原来做 2000 件左右的订单效率 85%。而采用棋盘流并使用升级版的 MES 系统后,通过混线等操作手段,目前的效率能够达到 95% 以上,这种管理思路和方法通过人工管理是难以达到的。对比传统流水中 300 件以下的小单,一般单件流员工操作时间实际上被强行拉平,对于瓶颈工序压力大、操作要求太高,反而掩盖了大多数效率低于 50% 的问题。采用混线混款的棋盘流方式后,效率提高到 70% 及以上,这就是智能化生产对服装加工的巨大改变。

思考题：

1. 作为一线员工,你会支持流水线从粗略节拍改为强制节拍吗？作为管理者呢？

2. 经过测试发现某针织流水线的 18 人,工作时间 8 h,他们实际生产时间状况如下图所示,请问该流水线的编制效率如何? 该生产线采用完成目标产量下班的方法,原目标产量按照85%编制效率计算,如果不进行人员工序调整,每天需要工作多少小时才能达成目标产量?

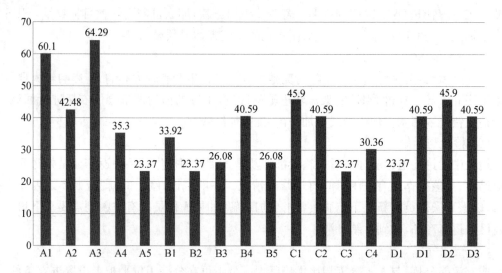

3. 根据日产量公式回答,为何很多企业按照日工作8 h 安排的生产计划产能,而实际生产中却要加班几个小时才能达成?

4. 单件流适合什么类型产品生产?

5. 依据棋盘流思路和实施效果,思考智能生产在不同方向上的趋势。

参考文献

［1］中国服装协会.服装行业发展报告.北京：中国纺织出版社，2010-2021.

［2］"十三五"纺织发展成效显著纺织强国建设取得决定性成就.中国纺织，http://www.ef43.com.cn/data/2021-01-11/339233.html

［3］蔡建飞.生产运作管理.北京：北京大学出版社，2017.

［4］潘家轺.现代生产管理学（第四版）.北京：清华大学出版社，2018.

［5］张大成，殷延海，张一祯.生产与运作管理.北京：清华大学出版社，2019.

［6］任继勤，方勇，孙泽人.生产与运作管理.北京：化学工业出版社，2020.

［7］冉恩贵，万娜娜，林超群，岳媛.现代生产管理.北京：清华大学出版社，2013.

［8］［日］加藤治彦著，党蓓蓓译.精益制造004——生产管理（修订版）.北京：东方出版社，2021.

［9］国务院发展研究中心课题组.借鉴德国工业4.0推动中国制造业转型升级.北京：机械工业出版社，2018.

［10］陈容秋，等.生产运作管理（第四版）.北京：机械工业出版社，2013.

［11］丁小月.女装供应链体系中生产计划策略研究——以中原地区高端品牌为例.中原工学院硕士论文，2020.6

［12］理查德·克劳菲特著，蒋敏丽译.零售买手操典：从基础到时尚.上海：东华大学出版社，2015.

［13］仝全新，等.生产与运营管理.北京：清华大学出版社，2020.

［14］邹奉元.成衣工艺学.杭州：浙江大学出版社，2011.

［15］张文斌.成衣工艺学.中国纺织出版社，2008.

［16］刘国联.成衣生产技术管理.北京：高等教育出版社，2009.

［17］刘国联.服装厂技术管理.北京：中国纺织出版社，1999.

［18］陈霞，张小良.服装生产工艺与流程.北京：中国纺织出版社，2011.

［19］蒋旺生，张福良，杨素瑞.服装生产现场管理.北京：中国纺织出版社，2007.

［20］师华，戴鸿.服装企业裁剪分床案例分析与探讨.山东纺织经济，2008(5).

［21］孙喜英，裴玉英.服装生产中如何制定裁剪方案.纺织导报，2003(2).

［22］刘玉梅.工业裁剪中铺料的工艺设计.吉林工程技术师范学院学报（工程技术版），2003(9).

［23］朱松文，蒋晓文.服装裁剪分床方案的研究.西北纺织工学院学报，1993(8).

［24］郑瑞平，张静.服装多款小批量生产中裁剪排定工艺方法的探讨.天津纺织科技，1997(3).

［25］曹生新.阳光集团批量定制西装裁剪归拖系统分析与开发实现.苏州大学.

［26］陈桂林.服装模板技术.北京：中国纺织出版社，2014.

［27］胡洛燕，等.服装生产管理.上海：学林出版社，2013.

［28］J. Fan，W. Yu and L. Hunte. Clothing appearance and fit：Science and technology. Woodhead Publishing Limited，Cambridge England，2004.

［29］Garment Manufacturing Technology, Rajkishore Nayak and Rajiv Padhye，Woodhead Publishing Series in Textiles，2015(168).

［30］万志琴，宋惠景.服装生产管理.5版.北京：中国纺织出版社，2018.

[31] 杨以雄. 服装生产管理(2 版). 上海：东华大学出版社,2015.

[32] 滑钧凯. 服装整理学(2 版). 北京：中国纺织出版社,2013.

[33] 蒋晓文,周捷. 服装生产流程与管理技术(4 版). 上海：东华大学出版社,2018.

[34] 张文斌. 成衣工艺学(4 版). 北京：中国纺织出版社,2019.

[35] 王文博. 服装熨烫整理技术与设备. 北京：化学工业出版社,2013.

[36] 蔡建飞. 生产运作管理. 北京：北京大学出版社,2017.

[37] 陈志祥. 生产与运作管理(4 版). 北京：机械工业出版社,2020.

[38] 冉恩贵. 现代生产管理. 北京：清华大学出版社,2013.

[39] 陈蓉秋,马士华,生产运作管理(第五版). 北京：高等教育出版社,2021.

[40] 罗国勋. 质量工程与管理. 北京：高等教育出版社,2009.

[41] 王海燕,刘军. 质量统计学. 北京：电子工业出版社,2015.

[42] [日]堀口敬著,王占平译. 精益制造 013：成本管理. 图解生产实物. 北京：东方出版社,2013.

[43] [日]加藤治彦著,党蓓蓓译. 精益制造 004：生产管理. 北京：东方出版社,2013.

[44] 胡洛燕,等. 服装生产管理. 上海：学林出版社,2013.

[45] 易树平,郭伏. 基础工业工程. 北京：机械工业出版社,2016.

[46] 孔繁学,沈津竹,杜明昊,张元龙,苏军强. 基于缝型分析的服装缝制拉筒设计. 毛纺科技,2019,47(11)：37-40.

[47] 刘婷,宋睿熙,沈津竹,苏军强. 拉筒在衬衫缝制中的应用研究. 纺织科技进展,2019(07)：36-40+64.

[48] 魏俊超. 工业工程改善手册,北京：机械工业出版社,2020.

[49] 罗振壁,朱立强. 工业工程导论. 北京：机械工业出版社,2004.

[50] 马芳,侯东昱. 服装生产工艺流程与管理. 北京：北京理工大学出版社,2010.

[51] 杨以雄. 服装生产管理(第二版). 上海：东华大学出版社,2015.

[52] 霍雅蕊. 单件流在裤装生产中的应用研究. 中原工学院硕士论文,2013.6

[53] 周雁. 基于仿真模拟技术的服装企业生产现场编排方法的研究. 中原工学院硕士论文,2015.6

[54] 刘银浩. 基于客观生产数据的服装生产企业缝纫一线员工技能评价研究. 中原工学院硕士论文,2017.6